COLLECCAO
DE
TRATADOS E CONCERTOS DE PAZES

COLLECCAO
de
TRATADOS E CONCERTOS DE PAZES
que o

Estado da India Portugueza
fez
com os Reis e Senhores com quem teve relacoes
nas partes

da Asia e Africa Oriental
desde
O principio da conquista ate ao fim do seculo XVIII
por

Julio Firmino Judice Biker
Primeiro Official e Chefe de Reparticao aposentado
da Secretaria d'Estado dos Negocios Estrangeiros, Socio
correspondente do Instituto de Coimbra,
e da Real Academia de Historia de Madrid,
e Official da Academia em Franca

Tomo II

GYAN

Published by

Gyan Publishing House
5, Ansari Road
Daryaganj, New Delhi-110002
Phone: 011-47034999, 9811692060
E-mail: books@gyanbooks.com

Distribution Network
gyanbooks.com
India, USA, Canada, UK, Australia, France

ISBN : 978-81-212-3260-9 (Set)
ISBN : 978-81-212-4774-0 (HB)
First Published, 1882

2nd Impression 2020

Printed at: Gyan Press, Delhi.

Colleccao de Tratados e Concertos de Pazes Tomo II
Author: Julio Firmino Judice Biker

Collecçao

de

Tratados e concertos de pazes

que o

Estado da India Portugueza

fez

com os Reis e Senhores com quem teve relações

nas partes

da Asia e Africa Oriental

desde

o principio da conquista até ao fim do seculo XVIII

por

Julio Firmino Judice Biker

Primeiro Official e Chefe de Repartição aposentado
da Secretaria d'Estado dos Negocios Estrangeiros, Socio correspondente
do Instituto de Coimbra,
e da Real Academia de Historia de Madrid,
e Official da Academia em França

Tomo II

Lisboa–Imprensa Nacional–1882

MINISTERIO DOS NEGOCIOS ESTRANGEIROS

REPARTIÇÃO DE CONTABILIDADE

Tendo-se espontaneamente prestado Julio Firmino Judice Biker, chefe de repartição aposentado do Ministerio dos Negocios Estrangeiros, a continuar dirigindo a publicação da *Collecção de Tratados e outros documentos diplomaticos*, no que tem prestado, com tanto zêlo e intelligencia como desinteresse, um serviço importante ao paiz; Ha por bem Sua Magestade El-Rei mandar que se lhe continue a abonar, juntamente com o seu vencimento, a gratificação annual de cento e oitenta mil réis, que lhe foi mandada dar por portaria do primeiro de Julho de mil oitocentos oitenta e um, e que percebêra como chefe de repartição effectivo, antes de ter sido aposentado, a seu pedido, depois de mais de quarenta e sete annos de bom e effectivo serviço.

Paço, em 8 de Novembro de 1882.

A. de Serpa Pimentel.

Para Julio Firmino Judice Biker.

ILLUSTRISSIMO E EXCELLENTISSIMO SENHOR

ANTONIO DE SERPA PIMENTEL

Ministro e Secretario d'Estado dos Negocios Estrangeiros

Publicando a Portaria de oito do corrente, assignada por V. Ex.ª, cumpro um dever dando a V. Ex.ª os meus sinceros agradecimentos pelos termos em que ella está concebida, devendo declarar, que a V. Ex.ª se deve a continuação dos meus trabalhos, porque, se subsistisse a portaria do primeiro de Julho de mil oitocentos oitenta e um, eu seria obrigado a abandonal-os.

De V. Ex.ª

o mais attento venerador,

Lisboa, 20 de Novembro de 1882.

Julio Firmino Judice Biker.

NOTICIA PRELIMINAR

O Tratado de paz de 15 de Novembro de 1630 entre os Reis Filippe IV, e Carlos I comprehendeu Portugal, por este, e os seus dominios, estar n'aquella epocha unido á Hespanha.

O Rei Carlos I de Inglaterra tinha, desde o principio do seu reinado, declarado abertamente a guerra á Hespanha, invadindo as suas costas com poderosas armadas, e fazendo ao mesmo tempo liga offensiva e defensiva com os Estados Geraes das Provincias unidas; porém, havendo-se empenhado depois na guerra dos Huguenotes contra o Rei de França, começou a esmorecer o seu ardor contra Hespanha, e assim mereceram a favoravel attenção daquelle Principe as proposições do Abbade Scaglia, Embaixador do Duque de Saboya, que, desejando concertar uma liga entre os Reis de Hespanha e de Inglaterra contra o de França, de quem estava descontente, offereceu com gosto os seus bons officios para a conclusão da paz entre as duas Corôas, a qual não lhe foi difficil persuadir a ambos os Reis: ao de Hespanha com a esperança de conseguir pela mediação do de Inglaterra alguma tregua com os hollandezes, e ao de Inglaterra com a promessa de que o de Hespanha comporia as differenças de seu genro o Palatino com o Imperador.

Fez-se em consequencia o Tratado de paz de 15 de Novembro de 1630, ratificado por ambos os Soberanos, e que durou até que, havendo sido publicamente degolado o mesmo Rei Carlos I, em Londres, diante do Palacio de White-Hall, no diá 30 de Janeiro de 1649, o usurpador Cromwell se ligou com a França contra a Hespanha.

TRATADO DE PAZ, CONFEDERAÇÃO E COMMERCIO ENTRE FILIPPE IV DE HESPANHA E CARLOS I DE INGLATERRA

Tratado de paz, confederação e commercio entre
concluido em Madrid a

(Collecção de Tratados de Hespanha por

1630 Novembro 15 Omnibus, et singulis notum sit, ac manifestum, quod post diutina ac cruenta bella, quibus Hispaniarum, et Angliæ Regna, jam olim invicem agitabantur, accito tandem summi Dei (qui pacis est author) immensa providentia ad Coronæ Anglicanæ successionem Serenissimo Jacobo Scotiæ Rege, cui et Hispaniarum Regibus, tutæ, et sinceræ pacis conjunctio semper intercesserat, cum eodem supremi Numinis ductu ageretur de constituenda quoque cum Angliæ Regno eadem firma pace, et concordia, ea demum vigesima octava die mensis Augusti anno Domini millesimo sexcentesimo quarto fœliciter inita fuit, ac postmodum à Serenissimis Philippo tertio Hispaniarum, et prælibato Jacobo Magnæ Britanniæ Regibus, subscripta, ac promulgata; necnon mutuis inter utrumque Regem intercedentibus amicitiæ officiis fraternæque benevolentiæ pignoribus, longa annorum serie sancte, æque ac utiliter observata. Quamvis verò rerum, et temporum vicissitudo, et acris illa contentio, qua humani generis hostis eidem indefessè studet officere; tum verò varii casus et accidentia, quibus potentiora Regna, et Imperia plerumque sunt obnoxia, nonnullis dissidiis occasionem præbuere, quæ mox in apertum bellum, et mutuas utrinque hostilitates evaserunt, Omnipotens ille Deus, in cujus manibus corda Principum sunt posita, Serenissimorum Philippi quarti Hispaniarum Regis catholici, et Caroli Regis Magnæ Britanniæ animis nequaquam voluit excidere antiquam illam amicitiam, qua Regiæ istæ Coronæ tanquam firmissimo nexu, hactenus obstringebantur, aut indefessum studium quo Regii eorum progenitores christiano sanguini parcere, et subjectos sibi Populos almæ pacis tranquillitate beare quæsiverunt, quo, et

Filippe IV de Hespanha e Carlos I de Inglaterra, 15 de novembro de 1630

Abreu y Bertudano, Filippe IV. T. 2.º, pag. 204.)

Sea notorio, y manifiesto á todos, y a cada uno, como despues de las largas, y sangrientas guerras, que tuvieron antiguamente entre si los Reynos de España é Inglaterra, haviendo finalmente por la immensa providencia de Dios, Autor de la Paz, sido llamado á la sucession de la Corona de Inglaterra el Serenissimo Jacobo, Rey de Escocia, que siempre havia conservado la union de una segura, y sincera Paz con los Reys de España: y tratandose con el mismo favor de la Divina Magestad de assentar tambien con el Reyno de Inglaterra la misma firme Paz, y Concordia, esta llegó felizmente á concluirse en veinte y ocho del mes de Agosto, año del Señor mil seiscientos y quatro; y poco despues se firmó, y mandó publicar por los Serenissimos Don Phelipe Tercero, Rey de las Españas, y el dicho Jacobo, Rey de la Gran Bretaña; y assimismo mediando entre ambos Reyes reciprocos oficios de amistad, y prendas de fraternal amor, se observó tan religiosa, como provechosamente por largo discurso de años. Y aunque la mudanza de las cosas, y tiempos, y aquella cruel porfia, con que el Enemigo del genero humano procura incessantemente ofenderle, y otros varios sucessos, y accidentes, á que los Reynos, é Imperios mas poderosos estan comunmente sujetos, dieron ocasion á algunas diferencias, que prorumpieron despues en guerra abierta, y reciprocas hostilidades; aquel Dios todo poderoso, en cuyas manos estan los corazones de los Principes, no ha permitido que los Serenissimos Phelipe Quarto, Rey Catholico de las Españas, y Carlos, Rey de la Gran Bretaña, olviden aquella antigua amistad, con cuyo firmissimo lazo se ha estrechado hasta aqui la union de estas Reales Coronas, ni aquel infatigable 1630 Novembro 15

1630 Novembro 15 præviis apud utrumque Regem nomine Caroli Emmanuelis Ducis Sabaudiæ à D. Alexandro Cæsare Scaglia Abbate de Staffarda, Sussa, et Mulegio, ejus intimo Consiliario, et legato, aliisque Ministris eundem in finem, adhibitis amicabilibus officiis factum est, ut pacis non ita pridem injecta mentio, non lubenti solum animo excepta, sed etiam Regii legati, qui de ea sancienda agerent, utrinque missi fuerint: à Serenissimo quidem Magnæ Britanniæ Rege, ad aulam Hispanicam Eques Baronettus D. Franciscus Cottingtonus, Regis ab intimis Consiliis; in Angliam vero ab Hispaniarum Rege Catholico D. Carolus Coloma ejusdem ab intimis Consiliis, et supremus præfectus arcis, et territorii Cameracensis. Explorata igitur utriusque Regis pia, et innatæ Regiæ generositati, et magnanimitati consentanea, ad pacem propensione, instituta fuit Matriti desuper tractatio, et ad eam à Rege Catholico specialiter deputati D. Gaspar de Guzman Comes Olivarensis, Dux de Sanlucar majori nuncupata, ejus summus Cubicularius, et Equitii Regii præfectus, magnus Indiarum Cancellarius, &c., D. Inicus Velez de Guevara, Comes de Onãte, &c., et D. Petrus de Çuniga, Marchio de Flores Davila, &c., omnes ab intimis Serenissimi Regis Consiliis, sub commissione, et mandato tenoris subsequentis. Philippus Dei gratia Hispaniarum, utriusque Siciliæ, Hierusalem et Indiarum, &c. Rex, Archidux Austriæ, Dux Burgundiæ, Mediolani, &c., Comes Abspurgii, Tirolis, &c. Cum instaurandæ paci, veterique illi restituendæ amicitiæ, quæ inter Serenissimos Principes Philippum tertium beatæ memoriæ, optimum Patrem nostrum, et charissimum nostrum fratrem Jacobum Angliæ defunctum Regem per longum temporis cursum, donec intempestivæ quædam acciderunt interruptiones, fœliciter duravit, Carolum Magnæ Britanniæ Regem, fratrem nostrum charissimum, animum jam serio applicare, quorumdam Principum interventione cognoverimus; Nos itidem nostram in pacem propensionem, si pax Deo grata, et communi Christianæ Reipublicæ bono cessisset perutilis, ostendere non recusavimus: ex quo noster legatos utrinque mittendi mutuus intercessit consensus, idque pro communi subdito-

desvelo, con que sus Reales Progenitores procuraron no derramar la sangre christiana, y hacer felices á sus Pueblos con la tranquilidad de la Paz: mediante lo quál, y haviendo precedido con ambos Reyes los amigables oficios hechos á este mismo fin en nombre de Carlos Manuel, Duque de Saboya, por Don Alexandro Cesar Scaglia, Abad de Estafarda, Susa y Mulegio, de su Consejo Secreto, y su Embaxador, y por outros Ministros; no solo ha sido admitida con gusto la proposicion de la Paz, de que poco antes se havia hablado, sino que tambien se han embiado Embaxadores de ambas partes, para tratar de establecerla, es á saber: por parte del Serenissimo Rey de la Gran Bretaña á la Corte de España, el Cavallero Baroneto Don Francisco Cottington, del Consejo de Estado de Su Magestad; y á Inglaterra por el Rey Catholico de las Españas, D. Carlos Coloma, de su Consejo de Estado, y Governador de la Plaza, y Territorio de Cambray. Conocida pues la piadosa inclinacion de ambos Reys á la Paz, tan conforme á su innata Real generosidad, y magnanimidad; se dió principio en Madrid al Tratado de ella, y para este fueron especialmente diputados por el Rey Catholico: Don Gaspar de Guzman, Conde de Olivares, Duque de San Lucar la Mayor, Su Sumiller de Corps, y Cavallerizo Mayor, Gran Canciller de las Indias, etc., Don Iñigo Velez de Guevara, Conde de Oñate, y Don Pedro de Zuñiga, Marques de Flores Davila, todos del Consejo de Estado del dicho Serenissimo Rey, en virtud del poder, y comission del tenor siguiente: Phelipe, por la Gracia de Dios, Rey de las Españas, de las dos Sicilias, de Jerusalen, de las Indias, etc., Archiduque de Austria, Duque de Borgoña, de Milan, etc., Conde de Abspurg y de Tirol, etc. Haviendo entendido que Carlos, Rey de la Gran Bretaña, nuestro muy amado Hermano, con la intervencion de algunos Principes, dessea seriamente renovar y restablecer la Paz, y antigua amistad, que duró felizmente largo tiempo entre los Serenissimos Principes Phelipe Tercero, de feliz memoria, nuestro buen Padre; y el difunto Jacobo, Rey de Inglaterra, nuestro muy amado Hermano, hasta que sucedieron algunas intémpestivas inter- 1630 Novembro 15

1630 Novembro 15 rum bono insimul exequi confestim curavimus. Cum igitur D. Franciscus Cottingtonus Caroli Regis intimus Consiliarius ipsius mandato plena tractandæ, et stabiliendæ pacis authoritate hodie apud nos gratissimus adsit Orator, nostros itidem Commissarios cum quibus pacis tractatus iniri, et confici possit nominandos et delegandos decrevimus. Plurimum igitur confidentes de prudentia, fidelitate, industria, dexteritate, et zelo Domini Gasparis de Guzman Olivarensis Comitis, Ducis de Sanlucar majori nuncupata, nostri summi Cubicularii, et Equitii Regii Præfecti, magni Indiarum Cancellarii, &c., et Domini Inici Velez de Guevara Comitis de Ognate, &c., necnon Domini Petri de Zuñiga Marchionis de Flores Davila, &c., qui quidem omnes et singuli à nostris sunt intimis Consiliis; illos præsenti pacis tractationi nostros præficere Commissarios æqui bonique consulimus, et harum serie ipsos tales nostros Commissarios et Deputatos nominamus, et declaramus, plenam ipsis potestatem, et authoritatem, et mandatum generale et speciale concendentes, ut cum dicto D. Francisco Cottingtono sui Regis nomine quæcumque inter nos et prælibatum Magnæ Britanniæ Regem, ad firmam pacem et amicitiam restituendam et stabiliendam necessaria et opportuna videbuntur, possint agere, tractare, concordare, et usque ad finalem conclusionem perducere, eaque omnia et singula nostro Regio nomine agant, tractent, concordent, conficiant, et concludant, sicque ad finem peractis una cum prænominato Magnæ Britanniæ Regis Oratore, Commissario et Deputato tractationis articulos et instrumenta ordinare, subscribere, et expedire valeant, necnon sub bona fide, et verbo nostro Regio promittere nos ea omnia grata, rata, et firma habituros, et ex parte nostra æque et firmiter servaturos. Dat. Matriti, pridie Kalend. Maii anno Domini millesimo sexcentesimo trigesimo. Philippus. Andreas de Roças. Pro parte verò Serenissimi Regis Magnæ Britanniæ præfatus ejus legatus D. Franciscus Cottingtonus vigore specialis mandati, et commissionis Regiæ in Palatio Westmonasteriensi vigesimo die Octobris anno Christi millesimo sexcentesimo vigesimo nono desuper expeditæ, quæ de verbo ad verbum sic se habet. Carolus

rupciones: hemos tenido por bien de manifestar igualmente nuestra inclinacion á la Paz, siendo esta agradable á Dios, y muy util al bien comun de la Christiandad: y assi haviendose acordado reciprocamente embiar por una y otra parte Embaxadores, hemos procurado ponerlo luego en execucion para el bien comun de nuestros Subditos. Por lo que, hallandose al presente por Embaxador cerca de nuestra persona, con particular satisfaccion nuestra, Don Francisco Cottington, del Consejo de Estado del Rey Carlos, con poder, y plena facultad de dicho Rey para tratar, y assentar la Paz; hemos resuelto nombrar, y elegir tambien nuestros comissarios, con quienes se pueda hacer, y concluir el Tratado de ella: y assi confiando mucho de la prudencia, fidelidad, destreza y zelo de Don Gaspar de Gusman, Conde de Olivares, Duque de San Lucar la Mayor, nuestro Sumiller de Corps, y Cavallerizo Mayor, Gran Canciller de las Indias, etc., de Don Iñigo Velez de Guevara, Conde de Oñate, etc., y de Don Pedro de Zuñiga, Marqués de Flores Davila, etc., todos de nuestro Consejo de Estado: hemos tenido por bien de nombrarlos por nuestros comissarios, como por el tenor de las Presentes los nombramos, y declaramos por tales nuestros Comissarios y Diputados, dandoles plena facultad y authoridad, y Poder general, y especial para que con el dicho Don Francisco Cottington puedan hacer, tratar, concertar y concluir qualesquiera cosas, que parecieren necessarias y convenientes para restablecer, y assentar una firme Paz y Amistad entre Nos, y el dicho Rey de la Gran Bretaña; y para que en nuestro Real nombre hagan, traten, concierten, finalizen y concluyan todas, y cada una de las dichas cosas; y assi concluidas, puedan juntamente con el referido Embaxador, Comissario y Diputado del Rey de la Gran Bretaña, ordenar, firmar y otorgar los articulos é instrumentos del dicho Tratado; y assi mismo prometer de buena fé, y en nuestra Real palabra, que tendremos por gratas, ratas y firmes todas las dichas cosas, y las guardaremos por nuestra parte religiosa y firmemente. Dada en Madrid a treinta de Abril, año del Señor mil seiscientos y treinta. Phelipe. Andrés de Roças. Y

1630 Novembro 15

1630 Novembro 15 Dei gratia, Magnæ Britanniæ, Franciæ, et Hiberniæ Rex, fidei defensor, &c. Omnibus et singulis ad quos præsentes nostræ litteræ pervenerint salutem. Cum firma pax, et amicitia inter optimum nostrum Patrem, Regem Jacobum beatæ memoriæ, et Serenissimos Principes Philippum tertium defunctum Regem, et charissimum nostrum fratrem Philippum quartum nunc temporis Regem Hispaniarum per multos annos fœliciter duraverit, donec intempestivæ quædam interruptiones acciderunt, et intercesserunt, ad quas tamen dissensiones tollendas, veteremque amicitiam mutuò restituendam Principes quidam inter nos intervenientes, nobis asserere voluerunt dictum Hispaniarum Regem fratrem nostrum charissimum, animum jam serio applicare, adeoque nihil superesse ad pacem redintegrandam et æquis conditionibus stabiliendam, nisi ut idonei, et sufficienti authoritate utrinque instructi et muniti mutuo mittantur ministri, et legati. Nos itidem, quibus animus à pace nunquam fuit alienus, sed potius desiderium pristinam amicitiam firmiori, si fieri possit, et arctiori vinculo vinciendi et sanciendi, non dubitantes quin istud opus in bonum publicum, et amicorum nostrorum, confœderatorumque salutem, et emolumentum, inque nostram nostrorumque utrinque regnorum mutuam utilitatem ad prosperum, et exoptatum finem perduci possit, promptos nos ipsos atque paratos ad rem tantam promovendam præbere voluimus. Igitur sciatis quod Nos de prudentia, fidelitate, et industria viri nobilis fidelis et prædilecti nostri Francisci Cottingtoni Equitis Baroneti, Consiliarii nostri, et cancellarii Regii nostri Scacarii, plurimum confidentes, ipsum Franciscum Cottingtonum nostrum verum, et indubitatum Commissarium, Legatum, Procuratorem, et Deputatum ad prædictum negotium fecimus, constituimus, ordinavimus, et deputavimus ac per præsentes facimus, constituimus, ordinamus, et deputamus, Dantes eidem, et committentes plenam potestatem, et authoritatem pariter, ac mandatum generale ac speciale nomine nostro cum præfato Serenissimo Hispaniarum Rege fratre nostro charissimo, ejusque procuratoribus, deputatis, et nuntiis, ad hoc sufficientem authorita-

por parte del Serenissimo Rey de la Gran Bretaña, el dicho Don Francisco Cottington, su Embaxador, en virtud de Poder, y Comission especial de Su Magestad para ello, despachada en el Palacio de Westminster á veinte de Octubre del año de Christo mil seiscientos y veinte y nueve, que es á la letra como se sigue: Carlos, por la gracia de Dios, Rey de la Gran Bretaña, Francia, é Irlanda, Defensor de la fé, etc. A todos, y á cada uno de los que las presentes nuestras Letras vieren, salud. Porquanto ha durado felizmente muchos años la Paz y Amistad entre nuestro buen Padre el Rey Jacobo, de feliz memoria, y los Serenissimos Principes, el Rey Phelipe Tercero, yá difunto, y nuestro muy amado Hermano Phelipe Quarto, al presente Rey de las Españas, hasta que sucedieron algunas intempestivas interrupciones; y para quitar estas diferencias, y restablecer entre ambas partes la antigua amistad, se han interpuesto algunos Principes, assegurandonos que el dicho Rey de las Españas, nuestro muy amado Hermano, se inclina muy de veras á la Paz, y que para renovarla, y establecerla con justas condiciones, solo falta que se embien de una y otra parte Ministros y Embaxadores idoneos, y con bastante authoridad para ello: portanto, no haviendo jamás tenido el animo opuesto á la Paz, antes bien desseado unir, y assegurar aquella antigua amistad con mas firme, y estrecho vinculo, si fuesse possible; y no dudando que esto se pueda llevar á la feliz conclusion que se dessea, para el bien publico, salud y conveniencia de nuestros Amigos y Confederados, y para la comun utilidad nuestra, y de ambos nuestros Reynos: hemos querido manifestar nuestra prontitud, y disposicion á promover una cosa tan importante. Sabed pues, que teniendo mucha confianza en la prudencia, fidelidad y destreza del noble varon nuestro fiel e muy amado Francisco Cottington, Cavallero Baroneto de nuestro Consejo, y Canciller de nuestro Exchequer, hemos hecho, constituido, ordenado y diputado, como por las Presentes hacēmos, constituimos, ordenamos y diputamos al dicho Francisco Cottington por nuestro verdadero, é indubitable Comissario, Embaxador, Procurador y Diputado para 1630 Novembro 15

1630 Novembro 15 tem, et potestatem habentibus, communicandi, tractandi, concordandi, et concludendi omnia, et singula quæ ad firmam pacem, et amicitiam inter nos, nostras Coronas, atque Consanguineos, Amicos et Confœderatos nostros, cum dicto nostro charissimo fratre Hispaniarum Rege conficiendam, et stabiliendam conducunt, et faciunt, atque super iis articulos, litteras, et instrumenta necessaria conficiendi, et ab altera parte petendi, et recipiendi. Denique omnia ea quæ ad præmissa vel circa eadem erunt necessaria et opportuna, faciendi et expediendi. Promittentes bona fide, et in verbo Regio Nos quæ inter dictum fratrem nostrum charissimum Hispaniarum Regem ejusque procuratores, deputatos, et nuntios, atque prænominatum Franciscum Cottingtonum nostrum Commissarium, Oratorem, et Deputatum in præmissis seu præmissorum aliquo erunt tractata, facta, et conclusa, ea omnia grata, rata et firma habituros, et ex nostra parte servaturos. In cujus rei testimonium hisce litteris manu nostra Regia firmatis, magnum Regni nostri Angliæ sigillum apponi fecimus. Quæ dabantur è Palatio nostro Westmonasteriensi die vigesimo Octobris anno Christi supra millesimo sexcentesimo vigesimo nono, Regnique nostri quinto. Carolus Rex. Qui quidem utriusque Regis Commissarii, et Deputati facto aliquoties Congressu, præviaque solerti tantæ rei discussione, et matura adhibita deliberatione, Deo piis cœptis favente, ad majorem ejus gloriam, Orbis Christiani beneficium, utriusque vero Regis subditorum commodum et tranquillitatem subsequentes pacis perpetuò duraturæ articulos concordarunt, et stabilierunt.

1. Primo conclusum, stabilitum, et concordatum fuit, et est, ut, ab hodie inantea sit bona, sincera, vera, firma, et perfecta amicitia, et confœderatio, ac pax perpetuò duratura, quæ inviolabiliter observetur inter Serenissimum Regem His-

el referido negocio; dandole y concediendole plena facultad y authoridad, y assi mismo Poder especial y general, para que en nuestro nombre comunique, trate y concierte con el sussodicho Serenissimo Rey de las Españas, nuestro muy amado Hermano y sus Procuradores, Diputados y Nuncios, que tengan bastante authoridad y facultad para ello, todas y cada una de las cosas que conduzcan, y convengan para hacer, y assentar una firme Paz y Amistad entre Nosotros y nuestras Coronas, Parientes, Amigos y Confederados, con el dicho nuestro muy amado Hermano el Rey de las Españas; y para que sobre ellas haga los Articulos, Escrituras y Instrumentos necessarios, y los pida y reciba de la otra parte, y finalmente para que haga, y despache todo aquello, que para las cosas sussodichas, ó en razon de ellas fuere necessario y conveniente; prometiendo de buena fé y en palabra Real, que tendremos por grato, rato y firme, y cumpliremos de nuestra parte todo lo que en orden á las sussodichas cosas, ó alguna de ellas se tratare, hiciere y concluyere entre el dicho nuestro muy amado Hermano el Rey de las Españas, y sus Procuradores, Diputados y Nuncios, y el expressado Francisco Cottington, nuestro Comissario, Embaxador y Diputado. Em testimonio de lo qual, hicimos poner el gran Sello de nuestro Reyno de Inglaterra á las Presentes firmadas de nuestra Real mano. Dadas en nuestro Palacio de Westminster á veinte de Octubre el año de Christo mil seiscientos veinte y nueve, y de nuestro Reynado el quinto. Carlos Rey. Los quales Comissarios y Diputados de ambos Reyes, haviendo tenido algunas Juntas, y precedido diligente examen y madura deliberacion sobre un negocio tan importante, favoreciendo Dios las justas intenciones, para mayor gloria suya, beneficio de la Christiandad, y utilidad, y quietud de los subditos de ambos Reyes, acordáron y establecieron los siguientes Articulos de perpetua Paz. 1630 Novembro 15

1. Primeramente se ha concluido, establecido, y acordado, y se concluye, establece, y acuerda, que desde hoy en adelante aya una buena, sincera, verdadera, firme, y perfecta Amistad, y Confederacion, y perpetua Paz, la qual se ob-

1630 Novembro 15 paniarum, et Serenissimum Magnæ Britanniæ Regem, eorumque hæredes ac successores quoscumque, eorumque regna, patrias, Dominia, terras, populos, homines, Ligios, ac Subditos quoscumque præsentes et futuros, cujuscumque conditionis, dignitatis, et gradus existant, tam per terram, quam per mare, et aquas dulces; ita ut prædicti vassalli et subditi, sibi invicem favere et mutuis prosequi officiis ac honesta affectione invicem se tractare habeant.

2. Cessetque in posterum omnis hostilitas ac inimicitia, offensionibus omnibus, injuriis, et damnis, quæ durante bello, partes quoquomodo percepissent, sublatis, et oblivioni traditis, ita ut in posterum nihil alter ab altero occasione quorumcumque damnorum, offensionum, captionum, aut spoliorum prætendere possit, sed omnium abolitio sit, et censeatur facta ab hodie inantea, omnisque actio extincta habeatur, salvo et præterquam respectu captionum factarum intra districtum maris arctioris spatio quindecim dierum, et intra arctioris maris Insularumque tractus spatio trium mensium, atque ultra lineam spatio novem mensium integro elapso, à die publicatæ pacis, sive statim à significatione pacis infra dictos limites, et loca sufficienter facta per declarationes, aut diplomata authentica respectivè monstranda, quia de illis debebit reddi ratio, fierique restitutio, abstinebuntque in futurum ab omni præda, captione, offensione, et spolio in quibuscumque Regnis, Dominiis, locis, et ditionibus alterutrius ubivis sitis, tam in terra quam in mari et aquis dulcibus, nec per suos vassallos, incolas vel subditos aliquid ex prædictis fieri consentient, omnemque prædam, spolium, ac captionem aut damnum, quod inde fiet vel dabitur, restitui facient.

3. Item quod nullus dictorum Serenissimorum Regum, suorumque hæredum et successorum quorumcumque per

serve inviolablemente entre el Serenissimo Rey de las Españas, y el Serenissimo Rey de la Gran Bretaña, y qualesquiera sus herederos, y sucessores, y qualesquiera sus Reynos, paises, dominios, tierras, pueblos, vassallos, ligios, y subditos presentes, y venideros de qualquier condicion, dignidad, y grado que sean, assi por tierra, como por mar, y aguas dulces; de manera que los sussodichos vassallos, y subditos se ayan de favorecer unos á otros, corresponder-se con reciprocos beneficios, y tratar-se mutuamente con honesta amistad. 1630 Novembro 15

2. Y cesse de aqui en adelante toda hostilidad, y enemistad; desterrandose, y olvidandose todas las ofensas, injurias, y daños, que de qualquier modo huvieren recebido las Partes durante la guerra; de suerte que en adelante no puedan pretender los unos de los otros cosa alguna con ocasion de qualesquiera daños, ofensas, presas, ó despojos; sino que todo generalmente se olvide, y se entienda olvidado desde hoy en adelante; y se tenga por extinguida toda accion, salvo, y excepto en quanto á las presas, que se hicieren en los parages estrechos del mar, passados quince dias, y en los parages estrechos del mar, y de las Islas, passados tres meses, y mas allá de la Linea, passados nueve meses cumplidos despues de publicada la Paz; ó luego que dentro de los dichos limites, y lugares se aya hecho bastantemente notoria por declaraciones, ó Diplomas authenticos, que se han de manitar respectivamente; porque de estas presas se havrá de dar cuenta, y se havran de restituir. Y en adelante se abstendrán de todo genero de presa, captura, ofensa, y despojo en qualesquiera Reynos, Dominios, Lugares, y distritos de qualquiera de las dos partes, en dondequiera que esten situados, assi en tierra, como en mar, y aguas dulces: y no consentirán que por sus Vassallos, habitantes de sus Reynos, ó Subditos se cometa cosa alguna de las sussodichas; y harán restituir todo genero de presa, despojo, y captura, ó satisfacer el daño, que de ello procediere, ó resultare.

3. Iten, que ninguno de los dichos Serenissimos Reys, ni de qualesquiera sus herederos, y sucessores por si, ni por

1630 Novembro 15 se, nec per quemvis alium contra alium et sua Regna, patrias, et dominia quæcumque quidquam aget, faciet, et tractabit, vel attentabit quocumque in loço, sive in terra, sive in mari, portubus, vel in aquis dulcibus, quacumque occasione vel causa. Nec alicui bello, consilio, attentationi, vel tractatui quæ fierent, vel fieri possent in præjudicium unius contra alium, consentiet, vel adhærebit.

4. Item quod neutra partium præstabit, nec præstari per aliquos suos vassallos, subditos, incolasve consentiet, auxilium, favorem, vel consilium directê, nec per indirectum, tam per terram quam per mare, et aquas dulces; nec subministrabit, nec subministrari consentiet per dictos vassallos, incolasve, ac subditos regnorum suorum, milites, commeatum, pecunias, instrumenta bellica, munitiones, vel aliquodvis aliud auxilium ad bellum confovendum hostibus, inimicis ac rebellibus alterius partis, cujuscumque generis sint, tam invadentibus regna, patrias, et dominia alterius, quam se subtrahentibus ab obedientia, et dominio alterius.

5. Renunciabuntque præterea, prout tenore præsentium dicti Reges, ac quilibet eorum renunciavit, et renunciat cuicumque Ligæ, Confœderationi, Capitulationi, et intelligentiæ in prejudicium unius vel alterius quomodolibet factæ, quæ præsenti paci et concordiæ, omnibusque et singulis in ea contentis repugnet, vel repugnare possit, easque omnes et singulas quoad effectum prædictum cassabunt et annullabunt, nulliusque effectus et momenti declarabunt.

6. Item pactum et conventum ut iidem Serenissimi Reges subditos suos ab omni vi, et injuria abstinere curent, revocentque quascumque Commissiones ac litteras tam Repræsaliarum seu de Marca, quam facultatem prædanti continentes, cujuscumque generis aut conditionis sint, in præjudicium alterius Regis, vel subditorum, subditis suis, sive incolis, sive extraneis datas, et concessas, easque nullas, cassas, et irritas declarent, ut hoc pacis tractatu, nullæ, cassæ, et irritæ declarantur, et quicumque contravenerint puniantur, et præ-

qualquier otro hará, obrará, tratará, ó intentará en qualquier lugar, sea en tierra, ó en mar, puertos, ó aguas dulces, con qualquier ocasion, ó motivo que sea, cosa alguna contra el otro, ni contra sus Reynos, tierras, y dominios; ni consentirá, ó adherirá á guerra, consejo, intento, ó Tratado alguno, que se hiciere, ó pudiere hacer en perjuicio de uno de los dos. 1630 Novembro 15

4. Que ninguna de las dos partes dará, ni consentirá, que por ninguno de sus Vassallos, Subditos, ó Habitantes de sus Reynos se dé ayuda, favor, ó consejo directa, ni indirectamente, assi por tierra, como por mar, y aguas dulces; ni subministrará, ni consentirá que por los dichos sus Vassallos, Habitantes, y subditos de sus Reynos se subministren soldados, bastimentos, dinero, petrechos de guerra, municiones, ú otra qualquier ayuda para fomentar la guerra, á los Enemigos, Contrarios, y Rebeldes de la otra parte, de qualquier genero que sean, assi á los que acometieren los Reynos, tierras, y dominios del otro, como á los que se apartaren de su obediencia, y dominio.

5. Demás de esto, los dichos Reyes renunciarán, como por el tenor de las presentes qualquiera de ellos ha renunciado y renuncia, qualesquiera Ligas, Confederaciones, Capitulaciones, é Inteligencias hechas en qualquier manera en perjuicio del uno, ó del otro, que se opongan, ó puedan oponer á la presente Paz, y Concordia, y á todas, y cada una de las cosas, que en ella se contienen; y las cassarán, anularán, y declararán por de ningun efecto, y valor todas, y cada una de ellas en quanto al sussodicho efecto.

6. Iten, se ha pactado, y convenido, que los dichos Serenissimos Reyes procuren que sus subditos se abstengan de toda violencia, é injuria, y revoquen qualesquiera Comissiones, y Patentes, assi de Represalias, ó de Marca, como las que contengan facultad para apresar, de qualquier genero, ó condicion que sean, dadas, y concedidas á sus subditos, ó habitantes de sus Reynos, ó á estrangeros, en perjuicio del otro Rey, ó de sus subditos; y las declaren por nulas, y de ningun valor, y fuerza, como por tales se declaran en este

1630 Novembro 15 ter inflictam criminalem pœnam, subditis læsis, et id requirentibus illata damna resarcire compellantur.

7. Item conventum et stabilitum fuit, et est, quod inter Serenissimum Regem Hispaniarum, et Serenissimum Regem Angliæ, ac cujuslibet eorum vassallos, incolas, et subditos, tam per terram, quam per mare, et aquas dulces in omnibus, et singulis Regnis, Dominiis, et Insulis, aliisque terris, Civitatibus, oppidis, villis, portubus, ac districtibus dictorum Regnorum et Dominiorum sit, et esse debeat commercium liberum, in quibus inter dicta Regna fuit Commercium ante bellum inter Philippum secundum Hispaniarum Regem, et Elisabeth Angliæ Reginam, prout stabilitum fuit in tractatu pacis anni millesimi sexcentesimi quarti articulo nono, juxta et secundum usum et observantiam antiquorum fœderum, et tractatuum supradictum tempus antecedentium : ita ut absque aliquo salvo conductu, aliaque licentia generali, vel speciali, tam per terram, quam per mare et aquas dulces, subditi et vassalli unius, et alterius Regis possint et valeant ad omnia prædicta eorumque omnium Civitates, Oppida, portus, littora, sinus et districtus accedere, intrare, navigare, et quoscumque portus subire, in quibus ante supradictum tempus fuit mutuum commercium; et juxta, et secundum usum, et observantiam antiquorum fœderum, et tractatuum prædictorum, cum plaustris, Equis, Sarcinulis, navigiis, tam onustis, quam onerandis merces importare, emere, vendere in iisdem quantum voluerint, commeatum resque ad victum et profectionem necessarias justo pretio sibi assumere, restaurandis navigiis; et vehiculis propriis, vel conductis aut commodatis operam dare : illinc cum mercibus, bonis ac rebus quibuscumque, solutis juxta locorum statuta telonnis et vectigalibus, præsentibus tantum, eadem libertate recedere, indeque ad patrias proprias, vel alienas, quomodocumque velint, et sine impedimento exire.

8. Item, conventum et pariter stabilitum fuit, et est, ut

Tratado de Paz: y qualesquiera que contravinieren á ello, 1630
sean castigados, y además de la pena criminal impuesta, sean Novembro
compelidos á resarcir los daños á los subditos damnificados, 15
que lo pidieren.

7. Iten, se ha convenido, y establecido, y se conviene, y establece, que entre el Serenissimo Rey de las Españas, y el Serenissimo Rey de Inglaterra, y los vassallos, habitantes, y subditos de los Reynos de qualquiera de ellos, assi por tierra, como por mar, y aguas dulces, en todos, y cada uno de los Reynos, Dominios, Islas, y demas Tierras, Ciudades, Villas, Aldeas, Puertos y Districtos de los dichos Reynos, y Dominios, sea, y deba ser libre el Comercio, en donde lo fue antes de la guerra entre Phelipe Segundo, Rey de las Españas, é Isabel Reyna de Inglaterra, como se estableció en el Tratado de Paz del año de mil seiscientos y quatro en el Articulo nono, conforme, y segun el uso, y observancia de las antiguas Alianzas, y Tratados anteriores al sussodicho tiempo: de manera, que sin salvoconducto, ni otra licencia general, ó especial, puedan, y tengan facultad los subditos, y Vassallos de uno, y otro Rey, assi por tierra, como por mar, y aguas dulces, para llegar, entrar, y navegar á todos sussodichos Reynos, y Dominios, y á las Ciudades, Villas, Puertos, Riberas, Ensenadas y Distritos de todos ellos, y entrar en qualesquiera Puertos, en donde antes del sussodicho tiempo huvo Comercio reciproco; y conforme, y segun el uso, y observancia de las sussodichas antiguas Alianzas, y tratados, con carros, cavallos, equipages, y embarcaciones, assi cargadas, como por cargar; llevar mercadurias, comprar, y vender; tomar en ellos todos los bastimentos que quisieren, y las cosas necessarias para su sustento, y viage á justos precios; reparar sus navios, y carruages proprios, alquilados, ó prestados; y con la misma libertad salir de alli con sus mercadurias, bienes, y otras qualesquiera cosas, pagando, conforme á los Estatutos de los lugares, solo los derechos actualmente impuestos; y volver á sus proprias tierras, ú á otras, como quisieren, sin embarazo alguno.

8. Iten, se ha convenido, y assimismo establecido, y se

1630 Novembro 15 liceat ad dictorum Regum Portus accedere, morari, et redire cum eadem libertate, nedum cum navibus ad usum Commercii, et mercium convehendarum, sed etiam cum aliis suis navigiis armatis ad hostium impetus cohibendos paratis, sive vi tempestatis appulerint, sive ad reficiendas naves, vel ad emendum commeatum, modo si sponte accesserint, numerum sex, vel octo navium non excedant, neque diutius vel in portubus, vel circa portus hæreant, vel persistant, quam illis ad refectionem, et alia necessaria paranda fuerit necesse; ne impedimento quoquomodo sint libero aliarum amicarum nationum intercursui et commercio: Ubi autem de majori numero navium armatarum agatur, tunc non nisi consulto Rege liceat ingredi; et modo in dictis portubus nihil hostiliter agant in præjudicium ipsorum Regum; sed ut amici et confœderati degant, et conquiescant.

Hoc semper cauto, ne sub colore et prætextu Commercii auxilia aliqua sive commeatus, sive armorum sive instrumentorum bellicorum, sive cujusvis alterius bellici auxilii genus ad utilitatem et beneficium inimicorum unius, vel alterius Regis per eorum subditos, vassallos, vel incolas quoscumque deferantur; sed quicumque hæc attentaverint acerrimis pœnis puniantur quibus seditiosi et fidei et pacis infractores coerceri solent. Ita ut subditi unius, in territorio alterius, non pejus tractentur quam ipsimet naturales in venditione et contractatione suarum mercium, tam ratione pretii quam aliter, sed par et æqua sit in prædictis tam forensium, quam naturalium conditio, non obstantibus quibuscumque statutis vel consuetudinibus in contrarium.

9. Item conventum et stabilitum fuit et est, quod dictus Serenissimus Rex Angliæ prohibebit, edictoque publico, statim post firmationem præsentium capitulorum publicando, cavebit ne aliquis suus subditus, incola, vel vassallus levet aut transferat quoquomodo directè vel per indirectum proprio nomine, vel alieno: nec aliquam navim aut aliud vehicu-

conviene, y establece, que puedan llegar á los Puertos de los dichos Reyes, estar en ellos, y volverse con la misma libertad, no solo con navios mercantiles, sino tambien con otros navios suyos armados en guerra, yá sea que la tempestad, ó la necessidad de reparar las naves, ó de comprar bastimentos, los obligue á ello; con tal, que si llegaren voluntariamente, no passen de seis, ú ocho los navios, ni se detengan, ó permanezcan en los Puertos, ni cerca de ellos, mas tiempo del que huvieren menester para su reparo, y provision de otras cosas necessarias, á fin que de ningun modo impidan el libre trato, y comercio de las demás naciones amigas; pero quando llegare á ser mayor el numero de los navios de guerra, no puedan entrar, sin haver dado cuenta al Rey; y sea de manera, que no cometan en los dichos Puertos hostilidad alguna en perjuicio de los dichos Reys, sino que estén quietos, como Amigos, y Confederados.

1630 Noviembre 15

Atendiendo siempre, á que con color, y pretexto de Comercio, no se dé socorro alguno de bastimentos, armas ó pertrechos militares, ú otro qualquier auxilio de guerra en utilidad, y beneficio de los Enemigos de uno, ú otro Rey, por qualesquiera Subditos y Vassallos suyos, ó Habitantes de sus Reynos; y que qualesquiera que lo intentaren, sean castigados con las severissimas penas, con que se suelen castigar los sediciosos, y quebrantadoros de la Fé, y de la Paz; de manera que los Subditos del uno no sean peor tratados en el territorio del otro, que los mismos Naturales, en la venta, y contratacion de sus mercadurias, assi en quanto al precio, como en quanto á lo demás; sino que sea semejante, é igual en lo sussodicho la condicion, assi de los Estrangeros, como de los Naturales; sin embargo de qualesquier Estatutos y Costumbres en contrario.

9. Iten, se ha convenido, y establecido, y se conviene, y establece, que el dicho Serenissimo Rey de Inglaterra mandará, y ordenará por edicto publico, que se ha de publicar inmediatamente despues de firmados los presentes capitulos, que ningun Subdito ni Vassallo suyo, ó Habitante de sus Reynos lleve, ó transporte de ninguna manera, directa, ni

1630 Novembro 15 lum, vel nomen suum commodabit ad transferendum, vel traducendum aliquas naves, merces, manufacturas, vel quævis alia ex Hollandia, et Zelandia in Hispanias ac alia Regna et Dominia ipsius Serenissimi Regis Hispaniarum, nec aliquem mercatorem Hollandum, vel Zelandum in suis navibus transferet ad dictas partes, sub pœna indignationis Regis et aliarum pœnarum contemptoribus mandatorum Regiorum indictaram, et ad effectum ut magis cautum sit ne fraudes sequantur ob similitudinem mercium, præsenti capitulo cautum est, ut merces ex Anglia, Scotia et Hibernia advehendæ, vel traducendæ ad Regna et Dominia dicti Regis Hispaniarum registro Villæ vel Civitatis, ac sigillo, ex qua levabuntur, obsignentur; atque ita obsignatæ, sine difficultate aliqua, aut quæstione quacumque pro Anglicanis, Scoticis et Hibernicis habeantur, et respective juxta obsignationem approbentur, salva probatione fraudis, non retardato tamen, nec impedito cursu mercium. Illæ vero merces, quæ nec registratæ, nec sigillatæ fuerint, cadant in confiscationem, et sint (ut dicitur) de bona præda, et similiter omnes Hollandi et Zelandi qui in dictis navibus reperiantur, possint capi et arrestari.

10. Pariter etiam conventum est quod Britanniæ, Scotiæ, et Hiberniæ merces liberè possint ex eisdem Regnis in Hispaniam, cæterasque Serenissimi ejusdem Regis Provincias adferri, solutis tantum datiis ac teloniis consuetis.

11. Conventum etiam est, et stabilitum quod mercibus quas Mercatores Angli, Scoti et Hiberni ement in Hispaniis, vel aliis Regnis dicti Serenissimi Regis Hispaniarum et in propriis eorum navibus, vel conductis, vel commodatis ad eorum usum (exceptis tamen, ut superius dictum est, navibus Hollandorum et Zelandorum) levabunt nova datia et vectigalia non augeantur, modo illas merces conducant et deferant ad Regna dicti Serenissimi Regis Angliæ, vel ad portus Provinciarum Belgicarum obtemperantium; et ad finem ne fraus sequatur, et ne dictæ merces ad alia loca et Regna, et in spe-

indirectamente en nombre propio, ú ageno, ni preste navio alguno, ú otro carruage, ni su nombre, para transportar, ó conducir algunas naves, mercadurias, manifacturas, ú otras qualesquiera cosas de Holanda, y Zelanda á España, y demás Reynos, y Dominios del dicho Serenissimo Rey de las Españas; ni passe en sus navios á las dichas partes Mercader alguno Holandés ó Zelandés, so pena de la indignacion del Rey, y otras penas establecidas contra los que menosprecian las Reales ordenes: y para mejor precaver, que no se sigan fraudes de la semejanza de las mercadurias, se previene en el presente capitulo, que las mercadurias, que de Inglaterra, Escocia é Irlanda se llevaren, ó conduxeren á los Reynos, y Dominios del dicho Rey de las Españas, estén selladas con el registro, ó sello de la Villa, ó Ciudad de donde se sacaren; y assi selladas, se tengan por Inglesas, Escocesas, é Irlandesas, sin dificultad, ni disputa alguna; y se aprueben respectivamente segun el sello que traxeren, salvo si se probare el fraude, no retardandose, ni impidiendose el curso de las mercadurias; y las que no estuvieren registradas, y selladas, se confisquen, y sean, como se dice, de buena presa: y assimismo todos los Holandeses, y Zelandeses, que se hallaren en los dichos navios, puedan ser presos, y arrestados. 1630 Novembro 15

10. Igualmente se ha convenido, que las mercadurias de Inglaterra, Escocia é Irlanda puedan traherse libremente de estos Reynos á España, y á las demás Provincias del dicho Rey, pagando solamente los derechos, é impuestos acostumbrados.

11. Tambien se ha convenido, y establecido, que á las mercadurias, que los mercaderes Ingleses, Escoceses, é Irlandeses compraren en España, ú otros Reynos del dicho Serenissimo Rey de España, y sacaren en navios proprios, ó fletados, ó que ayan tomado prestados para su uso (exceptuando no obstante, como queda dicho, los navios de Holandeses, y Zelandeses) no se les impongan nuevos derechos, é impuestos, con tal que conduzcan, y lleven las dichas mercadurias á los Reynos del dicho Serenissimo Rey de Inglaterra, ó á los Puertos de las Provincias obedientes de los Es-

1630 Novembro 15 cie ad Hollandiam et Zelandiam deferantur, conclusum est, quod dicti Mercatores se obligabunt tempore quo onerabunt naves in Hispania, vel aliis Regnis, et Dominiis dicti Serenissimi Regis Hispaniarum, quibus supra, coram magistratu loci, in quo merces levabunt, de solvendo vectigali triginta pro centum, ubi dictas merces ad alias provincias deferant, et de consignanda certificatione à magistratibus locorum obtinenda exonerationis dictarum mercium, vel in Regno Angliæ, vel in portubus Provinciarum sub obedientia et Dominio dicti Regis Hispaniarum existentium, termino duodecim mensium, qua certificatione exhibita, obligationes prius datæ eandem certificationem adferentibus tradentur.

12. Quod Serenissimus Rex Angliæ prohibebit statim post firmationem præsentis concordiæ, quod nullus exportabit merces ex Hispaniis vel aliis Regnis Serenissimi Regis Hispaniarum aliunde deferendas, quam ad Regna sua, et dictus portus Provinciarum Belgicarum obedientiam, sub pœna confiscationis omnium ipsarum mercium versus fiscum dicti Serenissimi Regis Angliæ, data medietate dictarum mercium, seu valoris notificatori, et in primis deducto datio triginta pro centum, quod solvetur Ministris deputatis Serenissimi Regis Hispaniarum, adhibita fide probationibus legitimis in Hispaniis receptis, in Angliam transmittendis, in authentica forma.

Declaratur etiam supradictam prohibitionem mercium exportandarum ex Hispaniis ad alia quàm ad Britannica Regna, et obedientes Provincias Flandriæ, nullo modo illa Regna et Dominia comprehendere, quæ Hispaniæ Regnorum libero fruuntur commercio, ad hos enim quibus cum Hispaniis mutuum est commercium, subditi Serenissimi Regis Angliæ horum Hispaniæ Regnorum merces (supradictis cautionibus et conditionibus, pœnisque in præcedentibus Capitulis contra

tados de Flandes. Y para que no se siga fraude, y que las dichas mercadurias no se lleven á otros lugares, y Reynos, y especialmente á Holanda, y Zelanda: se ha concluido, que los dichos Mercaderes, al tiempo de cargar sus navios en España, ó en otros Reynos, y Dominios del dicho Serenissimo Rey de España, arriba dichos, se obligarán ante la Justicia del lugar, de donde sacaren las mercadurias, á pagar un Treinta por ciento, en caso que las lleven á otras Provincias; y á presentar dentro de doce meses certificacion de los Magistrados de los lugares, de haver descargado las dichas mercadurias en el Reyno de Inglaterra, ó en los puertos de las Provincias de Flandes, que están debaxo de la obediencia, y dominio del dicho Rey de las Españas; y presentada la dicha certificacion, se volverán á los que la traxeren las obligaciones, que huvieren entregado. 1630 Novembre 15

12. Que el Serenissimo Rey de Inglaterra, luego que se aya firmado la presente concordia, mandará que ninguno saque mercadurias de España, ó de otros Reynos del Serenissimo Rey de España para llevarlas á otra parte, sino á sus proprios Reynos, ó á los dichos puertos de las Provincias obedientes de Flandes, só pena de confiscacion de todas las dichas mercadurias á favor del fisco del dicho Serenissimo Rey de Inglaterra, aplicada la mitad de dichas mercadurias, ó su valor, al denunciador, y sacado ante todas cosas el derecho de Treinta por ciento, que se pagará á los Ministros nombrados por el Serenissimo Rey de España, en virtud de las Probanzas, que se huvieren hecho legitimamente en España, y se remitieren á Inglaterra en authentica forma.

Assimismo se declara, que la sussodicha prohibicion de sacar mercadurias de España para otros Reynos, que los de Inglaterra, y las Provincias obedientes de Flandes, de ninguna manera comprehende aquellos Reynos, y Dominios, que gozan del comercio libre con los Reynos de España; porque á los que tienen comercio con España, les podrán llevar los Subditos del Serenissimo Rey de Inglaterra las mercadurias de estos Reynos de España: quedando en su fuerza, y

1630 Novembro 15 transgressores appositis in suo robore, et effectu permanentibus) poterunt asportare.

13. Item quod nullus Magistratus Villarum, vel Civitatum dictorum Regnorum suorum, qui certificationes exonerationis navium faciet, fidemque de registro mercium dabit, nullam in ea re admittat fraudem sub pœna indignationis Regis, privationis officii, et alia arbitrio suo.

14. Quod dictum est de libero dictorum Serenissimorum Regum subditis concesso Commercio, id ipsum eodemque modo intelligendum etiam inter subditos Provinciarum obedientium Flandriæ, et Serenissimi Regis Angliæ, Scotiæ, et Hiberniæ, scilicet ut ubique locorum se invicem amanter complecti, sibi favere, seque mutuis officiis prosequi teneantur, possintque terra, marique et aquis dulcibus sine aliquo salvo conductu nec ulla petita licentia generali, aut speciali, ad dicta Regna, Dominia, Terras, Villas, Oppida, Civitates, littora, portus, et sinus quoscumque liberè, tutè et securè accedere, intrare, navigare, merces importare, atque reportare, emere, ac vendere, in iisdem quandiu voluerint subsistere, versari, et conversari, commeatum, resque ad victum et profectionem necessarias justo pretio sibi assumere, restaurandis navigiis, et vehiculis propriis, conductis et commodatis operam dare. Illinc cum mercibus, bonis et rebus quibuscumque, solutis juxta locòrum statuta teloniis et vectigalibus, eadem libertate recedere, negotia sua liberè exercere, indeque proprias aut alienas patrias, quandocumque velint, et sine ullo impedimento redire; modo Serenissimi Regis Angliæ subditi Hollandorum, unitorumve navigiis non utantur, nihil ex Hollandiæ, aut Provinciarum unitarum opificiis, quocumque loco emptis, aut acceptis, nihil pro quo soluta sint in Hollandia, aut partibus unitis tributa, in Provincias obedientes deferant, nihil inde ad eos, nisi firmata pacificatione referant, nihil quod Hollandorum aut unitorum sit, in suis navibus recipiant, aut quod suum sit, Hollandis navibus fidant, nomina sua Hollandis ac unitis fraudulenter non præstent, ut siquid in eorum aliquo contraventum reperiatur, id omnino pro justa et licita habeatur præda.

vigor las condiciones, y cautelas arriba dichas, y las penas impuestas á los transgressores en los capitulos antecedentes. 1630 Novembro 15

13. Iten, que ningun Magistrado de las Villas, ó Ciudades de los dichos sus Reynos, que diere certificaciones de la descarga de los navios y fé del registro de las mercadurias, admita en ello fraude alguno, so pena de la indignacion del Rey, privacion de oficio, y otras á su voluntad.

14. Lo mismo, que se ha dicho del libre comercio concedido á los Subditos de los dichos Serenissimos Reys, se ha de entender tambien del mismo modo entre los Subditos de las Provincias Obedientes de Flandes, y los del Serenissimo Rey de Inglaterra, Escocia, é Irlanda, para que estén obligados a tenerse reciproco amor, favorecerse, y corresponderse con buenos oficios en todas partes, y puedan sin salvo conducto, ni pedir licencia alguna general ó especial, por tierrá, y por mar, y aguas dulces llegar, entrar, y navegar libre, segura, y confiadamente á qualesquiera de los dichos Reynos, Dominios, Tierras, Puertos y Ensenadas, y llevar, y traher mercadurias; vender, y comprar; estar, tratar, y conversar en ellos todo el tiempo que quisieren; tomar bastimentos, y demás cosas necessarias para su sustento, y viage á justos precios; reparar los navios, y carruages proprios, alquilados, ó prestados, y con la misma libertad salir de alli con sus mercadurias, bienes, y otras qualesquiera cosas, despues de haver pagado los derechos, é impuestos, conforme á los Estatutos de los lugares; hacer sus negocios libremente, y de alli volverse a sus tierras, ó a otras, quando quisieren, y sin embarazo alguno; con tal que los Subditos del Serenissimo Rey de Inglaterra no usen de los navios de los Holandeses, ni de los que están unidos con ellos; ni lleven genero alguno de Holanda, ó de las Provincias Unidas, dondequiera que le ayan comprado ó tomado, ni cosa alguna que aya pagado derechos en Holanda, ó en las Provincias Unidas, á las Provincias Obedientes; ni de estas lleven nada á aquellas, sino despues de assentada la Paz; ni reciban en sus navios cosa alguna que sea de los Holandeses, ó de los Unidos, ó carguen lo que fuere suyo en navios Holandeses; ni

1630 Novembro 15

15. Supradicta autem, non solum intelligenda de navibus, commercii causa vel onustis, vel onerandis, sed de his etiam, quas dicti Serenissimi Reges armatas habent, et habebunt cohibendis hostium conatibus, ut scilicet iis æque liceat eo numero, quo supra, sive vi tempestatis sint coactæ, sive commeatui aliisve rebus emendis, sive, navibus reficiendis eadem libertate uti, appelendo, subsistendo, et abeundo, modò in dictis portubus nihil hostiliter agant, sed se honestè et quietè, ut amicus et confœderatos decet, contineant, modò diutius vel in iisdem portubus, vel circa portus non hæreant, vel persistant, quam illis ad refectionem, et alia necessaria paranda fuerit necesse, ne impedimento quoquomodo sint libero aliarum nationum amicarum intercursui et commercio; ubi autem de majori numero navium agatur, non nisi consulto rege licebit ingredi.

16. Quemadmodum autem iidem Reges sanctè pollicentur nihil se subsidii bellici alicujus eorum hostibus unquam laturos: ita quoque cautum est, ne eorum subditi, incolæve, cujuscumque sint nationis, aut qualitatis, sive prætextu intercursus et commercii, sive alio quocumque quæsito colore, possint eorumdem Regum, aut alicujus eorum hostes ulla ratione juvare, pecunias conferre, commeatum, arma, machinas, bombardas, instrumenta bello gerendo apta, aliosve bellicos apparatus subministrare: et qui contra facient, sciant in se pœnis acerbissimis animadversum iri, ut in fœdifragos, et sediciosos solet animadverti.

17. Et quo uberiores fructus ex hac concordia subditis Serenissimi Regis Hispaniarum in suis Provinciis obedientibus, et Serenissimi Regis Angliæ provenire possint, conventum et conclusum est, dictos Serenissimos Reges conjunctim et divisim daturos operam, ne subditis eorum ad omnes por-

presten fraudulentamente sus nombres á los Holandeses, y Unidos, y si en algo de esto se contraviniere, tengase enteramente por justa y licita presa. 1630 Novembre 15

15. Lo sussodicho se ha de entender, no solo de los navios mercantiles cargados, ó por cargar, sino tambien de los de guerra, que tienen, y tuvieren los dichos Serenissimos Reyes: para que estos puedan tambien, no passando del numero arriba dicho, tener la misma libertad para llegar, y estar, quando la tempestad, ó la necessidad de comprar bastimentos, ú otras cosas, ó de repararse los obligare á ello; y assimismo para volverse, con tal que en los dichos Puertos no cometan hostilidad alguna, sino que procedan honesta, y pacificamente, segun corresponde á Amigos, y Confederados; y como no estén, ni se detengan en los dichos Puertos, ó cerca de ellos, mas tiempo del que huvieren menester para repararse, y proveerse de las demás cosas necesarias, á fin que no causen impedimento alguno al libre trato, y comercio de las otras naciones amigas; pero quando fuere mayor el numero de los navios, no será licito entrar, sin haverse dado primero cuenta al Rey.

16. Y assi como los dichos Reyes prometem firmemente no dar jamás socorro alguno militar á los Enemigos de alguno de los dos; assi tambien se prohibe, que sus Vassallos, ó Habitantes de sus Reynos, de qualquier nacion, ó calidad que sean, puedan, ó con pretexto de trato, y comercio, ó con otro qualquier color, ayudar en manera alguna á los Enemigos de dichos Reyes, ó de alguno de ellos, darles dinero, ó subministrarles viveres, armas, machinas, artilleria, instrumentos de guerra, ù otros petrechos militares: y los que contravinieren á esto, sepan que se les castigará con rigurosissimas penas, como se acostumbra castigar á los infractores de la Paz, y á los sediciosos.

17. Y para que de esta Concordia se puedan seguir mayores frutos á los Subditos del Serenissimo Rey de las Españas en sus Provincias Obedientes, y á los del Serenissimo Rey de Inglaterra, se ha convenido, y concluido que los dichos Serenissimos Reyes juntos, y cada uno de por si procurarán

1630 Novembro 15 tus, regna, et dominia eorum via præcludatur, quo minus liberè et sine impedimento cum suis navigiis, mercibus, et plaustris, solutis ordinariis portoriis et teloniis, ad omnes dictos portus, regna et dominia accedere possint, eademque, quando videbitur, libertate cum aliis mercibus recedere.

18. Quod verò attinet ad antiquos intercursus et commercii tractatus, qui varii existunt inter regna, tùm Angliæ, Scotiæ et Hiberniæ, tùm Burgundiæ duces, Principesque Belgii, quique durantibus his motibus sunt intermissi, varieque fortasse læsi, conventum est, idque provisionaliter, ut pristinam vim, et authoritatem retineant, idemque sit utrinque eorum usus, qui fuit ante bellum inter Philippum secundum Hispaniarum Regem et Elisabeth Angliæ Reginam, prout stabilitum fuit in tractatu pacis anni millesimi sexcentesimi quarti articulo vigesimo secundo. Quod siquis, vel utrinque, vel ab alterutra parte allegetur excessus, aut conquerantur subditi pacta non servari, onerave sibi imponi solito graviora, committentur utrinque deputati, qui conveniant, et adscitis (si fuerit opus) Mercatoribus earum rerum gnaris, amicè tractent, eaque bona fide restaurent, ac restituant, quæ vel injuria temporis, vel corrupto usu collapsa, aut immutata reperientur.

19. Et quia jura commercii, quæ ex pace consequuntur, infructuosa reddi non debent, prout redderentur, si subditis Serenissimi Regis Angliæ, dum eunt et redeunt ad Regna et Dominia dicti Serenissimi Regis Hispaniarum, et ibi ex causa commercii vel negotii moram trahunt, eis molestia inferatur ex causa conscientiæ. Ideo ut commercium sit tutum et securum, tam in terra, quam in mari, dictus Serenissimus Rex Hispaniarum curabit, et providebit, ne ex prædicta causa conscientiæ contra jura commercii molestentur, et inquietentur, ubi scandalum aliis non dederint.

que á sus Subditos no se les cierre el passo para todos sus Puertos, Reynos, y Dominios, ni se les impida el poder llegar libremente, y sin embarazo á todos los dichos Puertos, Reynos, y Dominios con sus naves, mercadurias, y carros, pagando los derechos, y portazgos acostumbrados, y salir con la misma libertad, quando les pareciere, con otras mercadurias. 1630 Novembro 15

18. Por lo que mira á los varios antiguos Tratados de trato, y comercio, que ha havido entre los Reynos de Inglaterra, Escocia, é Irlanda, y los Duques de Borgoña, y Principes de Flandes, y se han interrumpido, y acaso de diferentes modos quebrantado durante estas alteraciones; se ha convenido provisionalmente, que se mantengan en su primera fuerza, y authoridad, y que por una, y otra parte se use de ellos, como se usaba antes de la guerra de Phelipe II Rey de las Españas con Isabel Reyna de Inglaterra, conforme se ajustó en el Tratado de Paz del año de mil seiscientos y quatro, en el Articulo veinte y dos. Y si por ambas partes, ó qualquiera de ellas se alegare algun excesso, ó se quexaren los Subditos de que no se guarda lo pactado, y que se les imponen mayores cargas de lo que se acostumbra; se nombrarán por ambas partes Diputados, para que se junten, y llamando, si fuere necessario, Mercaderes praticos en estas materias, traten amigablemente sobre ello, y renueven, y restablezcan de buena fé las cosas, que por la injuria del tiempo, ó por la corrupcion del uso se hallaren perdidas, ó mudadas.

19. Y por quanto los derechos del Comercio, que se siguen de la Paz, no se deben hacer infructuosos como se hicieran, si á los Subditos del Serenissimo Rey de Inglaterra, que passan frequentemente á los Reynos, y Dominios del Serenissimo Rey de las Españas, y con motivo del Comercio, ó de sus negocios se detienen en ellos, se les molestasse en punto de conciencia: por tanto, para que el Commercio corra seguro, y sin peligro, assi por tierra, como por mar, el dicho Serenissimo Rey de las Españas cuidará, y proveerá, que en el referido punto de conciencia no se les moleste, ni inquiete, mientras no dieren escandalo.

1630 Novembro 15

20. Item quod ubi contingat aliqua ex bonis, et mercibus prohibitis ex Regnis el Dominiis Serenissimorum Regum prædictorum per subditos unius vel alterius exportari, vel extrahi, quod eo casu persona solummodo delinquens pœnas incurrat, et bona tantum prohibita fisco cedant.

21. Item quod bona morientium subditorum in regnis et provinciis alterutrius conserventur suis hæredibus et successoribus, salvo jure tertii.

22. Item quod concessiones, et privilegia indulta per ipsos Reges Mercatoribus Regnorum utriusque advenientibus ad eorum regna, et quæ ob bella cessaverunt, omnino reviviscant, et suum sortiantur effectum.

23. Item si contingat post hæc (quod Deus avertat) ut displicentiæ inter Serenissimos Hispaniarum et Angliæ Reges oriantur, quo periculum esse possit, ne commercii intercursus interrumpatur, tum ut subditi hinc inde ea de re ita admoneantur, ut sex menses à tempore monitionis habeant ad transportandas merces suas, nulla interea arrestatione, interruptione, aut damno personarum, aut mercium suarum faciendis, vel dandis.

24. Item quod nullus Serenissimorum Regum prædictorum naves subditorum alterius in portubus, vel aquis suis existentes detineat aut demoretur ad belli apparatum aliudve servitium in præjudicium Dominorum, nisi prius admonito Rege ipsorum ad quos naves pertineant eoque etiam consentiente.

25. Item conventum est, quod si durantibus pace et amicitiis aliquid contra vires et effectus earumdem per terram, mare, vel aquas dulces per aliquos ipsorum Regum, hæredum et successorum vassallos, subditos, aut alligatos, aut eorum alligatorum hæredes et successores in his amicitiis comprehensorum subditos, vel vassallos fuerit attentatum, ac actum, aut gestum; nihilominus hæc pax, et amicitia in suis viribus, et effectu permanebunt, at pro ipsis attentatis

20. Iten, que quando sucediere el caso de sacarse, ó extraherse algunos bienes, y mercadurias prohibidas de los Reynos, y Dominios de los dichos Serenissimos Reyes, por los subditos del uno, ó del otro; solo la persona delinquente incurra en las penas, y se confisquen solo los bienes prohibidos. 1630 Novembro 15

21. Iten, que los bienes de los Subditos, que murieren en los Reynos, y Provincias del uno, ó del otro, se guarden para sus Herederos, y Sucessores, sin perjuicio de tercero.

22. Iten, que las Concessiones, y Privilegios dados por los dichos Reys á los Mercaderes de los Reynos de uno, y otro, que vienen á sus Reynos, los quales cessaron con motivo de la guerra, vuelvan á quedar enteramente en su fuerza, y tengan su efecto.

23. Iten, que si en adelante (lo que Dios no permita) se originaren entre los Serenissimos Reys de España, é Inglaterra algunos disgustos, que puedan ocasionar la interrupcion del Comercio; en tal caso se les avise á los Subditos por una y otra parte, de manera que desde el tiempo del aviso tengan seis meses para transportar sus mercadurias, sin que en el interin se les haga, ó cause arresto, interrupcion, ó daño alguno en sus personas, ó mercadurias.

24. Iten, que ninguno de los sussodichos Serenissimos Reys embargue, ó detenga para alguna expedicion militar, ú otro servicio, los navios de los Subditos del otro, que estuvieren en sus Puertos, ó aguas, en perjuicio de los dueños, sin que primero tenga aviso de ello el Rey de aquellos, cuyos fueren los navios, y dé su consentimiento.

25. Iten, se ha convenido, que si durante la Paz, y Amistades se intentare, hiciere, ó tratare alguna cosa contra la fuerza, y efectos de ellas, en tierra, mar, y aguas dulces por algunos Vassallos, Subditos, ó Aliados de los dichos Reyes, y de sus Herederos, y Successores, ó por los Herederos, y Sucessores de sus Aliados, Subditos, y Vassallos de los comprehendidos en estas amistades; esta Paz, y Amistad quedarán sin embargo en su fuerza, y efecto, castigandose por los

1630 Novembro 15 solummodo puniehtur ipsi attentantes et damnificantes, et non alii.

26. Item quod captivi in bello facti ex utraque parté, etiamsi sint ad triremes damnati, liberè hinc inde relaxentur, et dimittantur, solutis tamen expensis victus ab iis qui in triremibus non sunt, et soluto lytro, ab iis qui de eo prius convenerint.

27. Item conclusum est, quod omnes actiones civiles, quæ tempore belli cœpti vigebant et subsistebant, possint adhuc exerceri, non obstante lapsu temporis durante bello, ita ut quandiu bellum duravit, nullum censeatur eis præjudicium illatum, salvis iis quæ in fiscum pervenerunt.

28. Item quod si moveatur aliqua controversia in Regnis et Dominiis unius vel alterius per alium quemque non subditum occasione captionum et spoliorum, remittatur ad suum judicem in territorio illius regis, contra cujus subditum, vel subditos agatur.

29. Item quod si Hollandi et cæteri status confœderati voluerint pacificationum conditiones proponere cum Serenissimo Rege Hispaniarum, eisque successoribus medio Serenissimi Regis Angliæ, dictus Serenissimus Rex Hispaniarum, et successores libenter semper audient quidquid justum, et rationi consentaneum proponetur, et optabunt ut opera dicti Serenissimi Regis Angliæ illi æquas proponant conditiones, cognoscentque quantum authoritati dicti Serenissimi Regis Angliæ fratris sui charissimi deferatur.

30. Item conclusum et stabilitum fuit, quod in præsenti tractatu pacis comprehendantur adhærentes, amici et confœderati ipsorum Regum, videlicet. Ex parte Serenissimi Regis Hispaniarum Ferdinandus Romanorum Imperator, ejusque fratres et alii Principes, Austriæ Archiduces, Principes Imperii, Electores, Civitatesque, et Status Imperio obedientes, Rex Galliæ, Rex Poloniæ, et Sueciæ, Rex Da-

dichos attentados, solamente á los que los huvieren cometido, y causado el daño, y no á otros. 1630 Novembro 15

26. Que los Prisioneros hechos en la guerra por una, y otra parte, aunque ayan sido condenados á galeras, se suelten, y pongan en libertad por una, y otra parte; pagando sin embargo el gasto de su manutencion los que no estuvieren en galeras, y su rescate los que le huvieren antes ajustado.

27. Iten, se ha concluido, que todas las acciones Civiles, que estaban en su vigor, y subsistian al tiempo que se empezó la guerra, se puedan seguir, sin embargo del tiempo que ha passado durante la guerra: de suerte, que no se entienda haverseles seguido perjuicio alguno, mientras esta ha durado, excepto en aquello que huviere entrado en el fisco.

28. Iten, que si con ocasion de presas, ó despojos se moviere alguna controversia en los Reynos, y Dominios del uno, ó del otro, por alguno que no sea su Subdito, se remita á su Juez en el territorio del Rey, contra cuyo Subdito, ó Subditos se procediere.

29. Iten, que si los Holandeses, y demás Estados Unidos quisieren proponer condiciones de Paz con el Serenissimo Rey de las Españas, y sus Successores, por medio del Serenissimo Rey de Inglaterra; el dicho Serenissimo Rey de las Españas, y sus Successores oirán siempre con gusto todo lo que se les propusiere, como sea justo, y conforme á rason; y dessearán que por la mediacion del dicho Serenissimo Rey de Inglaterra propongan condiciones razonables; y reconocerán el aprecio, que se hace de la authoridad del dicho Serenissimo Rey de Inglaterra, su muy amado Hermano.

30. Iten, se ha concluido, y establecido, que en el presente Tratado de Paz se comprehendan los Adherentes, Amigos, y Confederados de los dichos Reyes, es á saber: de parte del Serenissimo Rey de las Españas, Ferdinando Emperador de Romanos y sus Hermanos, y los demás Principes Archiduques de Austria, los Principes Electores del Imperio, y las Ciudades, y Estados sujetos al Imperio; el Rey de

1630 Novembro 15 niæ; Dux et Respublica Veneta, Dux Sabaudiæ, Dux Bavariæ, Dux Cliviæ, Dux de Holstein, Dux Lotharingiæ, Dux Parmæ et Placentiæ, Episcopus et Provincia Leodiensis, Dux Florentiæ, Dux Mutinæ et Regii, Dux Urbini, Ligæ et Cantones Helvetiæ, et Grisones, Civitates Hansiaticæ, Comes Frisiæ Orientalis, sine tamen præjudicio juris per Regem Hispan. et Archid. pretensi super ejus statibus: Dux et Resp. Genuensis, Respub. Lucensis, Caput Domus Columnæ, Princeps Doria, Caput Domus Ursinæ, Dux Sermonetæ, Dominus de Monaco, Dux de la Mirandula, Princeps Massa, Comes de Sala et Comes de Colorno.

Ex parte Serenissimi Regis Angliæ, etc. Ferdinandus Romanorum Imperator cum Archiducibus Austriæ et Electoribus Imperii, simulque Status, et Civitates Imperii; Dux Lotharingiæ, Dux Sabaudiæ, Dux Brunsvicensis, Luneburgensis, Mechelburgensis, Wirtembergensis; Landgravius Hassiæ, Marchio de Baden, Dux Pomeraniæ, Princeps de Anhalt, Comes Frisiæ Orientalis, Cantones Helvetiorum ac Grisonum, Civitates Maritimæ Hansiaticæ; Rex Christianissimus, Rex Poloniæ, et Sueciæ, Rex Daniæ, Dux et Respublica Veneta, Dux de Holstein et Dux Hetruriæ.

31. Item concordatum et conclusum est, quod dictus Serenissimus Philippus, Hispaniarum Rex, etc., et Carolus Serenissimus Angliæ Rex, etc., omnia et singula capitula, in præsenti tractatu conventa et stabilita, sincera et bona fide observabunt, per suosque subditos, et incolas observari et custodiri facient, nec illis directè nec indirectè contravenient, et singula supradicta per patentes utriusque litteras manu Regia signatas, et sigilli magni impressione munitas, et in sufficienti debitaque forma expeditas, firma et rata habebunt; et cum primum sese obtulerit occasio, tradent, seu

Francia, el Rey de Polonia, el Rey de Suecia, y el de Dinamarca; el Dux, y Republica de Venecia; el Duque de Saboya, el Duque de Baviera, el Duque de Cleves, el Duque de Holstein, el Duque de Lorena, el Duque de Parma y Placencia; el Obispo, y Provincia de Lieja; el Duque de Florencia, el Duque de Modena, y Regio, el Duque de Urbino; las Ligas, y Cantones de los Suizos, y los Grisones; las Ciudades Hansiaticas, el Conde de la Frisia Oriental, aunque sin perjuicio del derecho que pretenden tener sobre sus Estados el Rey de España, y los Archiduques; el Dux, y Republica de Genova, la Cabeza de la Casa Colona, el Principe Doria, la Cabeza de la Caza de los Ursinos, el Duque de Sermoneta, el Señor de Monaco, el Duque de la Mirandula, el Princepe de Massa, el Conde de Sala, y el Conde de Colorno. 1630 Novembro 15

De parte del Serenissimo Rey de Inglaterra, etc. Ferdinando, Emperador de Romanos, con los Archiduques de Austria, y los Electores del Imperio, y assimismo los Estados, y Ciudades del Imperio; el Duque de Lorena, el Duque de Saboya, los Duques de Brunswich, Luneburg, Meckelburgo, y Wirtemberg; el Landgrave de Hassia, el Marqués de Baden, el Duque de Pomerania, el Principe de Anhalt, el Conde de la Frisia Oriental, los Cantones de los Suizos, y Grisones, las Ciudades maritimas Hansiaticas; el Rey Christianissimo, el Rey de Polonia, el de Suecia, y el de Dinamarca; el Dux, y Republica de Venecia, el Duque de Holstein, y el Duque de Toscana.

31. Iten, se ha acordado, y concluido, que el dicho Serenissimo Phelipe, Rey de las Españas, etc. y el Serenissimo Carlos, Rey de Inglaterra, etc. observarán con sincera, y buena fé, y harán observar, y guardar, por sus Subditos, y Habitantes de sus Reynos, todos, y cada uno de los Capitulos convenidos, y establecidos en el presente Tratado; y no vendrán directa, ni indirectamente contra ellos; y ratificarán y confirmarán todas, y cada una de las cosas arriba dichas, por sus Letras patentes, firmadas de sus Reales manos, selladas con sus Sellos grandes, y despachadas en suficiente,

1630 Novembro 15 tradi facient cum bona fide, realiter et cum effectu instrumentum sponsionis, quo se mutuo devinciant sub verbo regio, et jurejurando manuum appositione super librum evangeliorum solemniter præstito, omnia, et singula supradicta, cum alter ab altero fuerit requisitus, integrè executuros, necnon stabilitæ pacis tractatum forma, et loco solitis, quanto citius commode possint, facient publicari. Quæ omnia supra contenta a Nobis prænominatis legatis et commissariis dictarum commissionum vigore, nostrorum Regum nomine concordata, stabilita, et conclusa fuerunt. In quorum omnium et singulorum fidem manu propria subscripsimus. Matriti decimo quinto die novembris anno Domini milesimo sexcentesimo trigesimo. Don Gaspar de Guzman. El Conde de Oñate. El Marques de Flores. D. Franciscus Cottingtonus.

Artigo 9.º do Tratado de paz, aliança e commercio, entre o Rey catholico D. Filippe e o Rey de Inglaterra Jacobo I de outra, feito em Londres

9. Item conventum ac stabilitum fuit et est, quod inter dictum Serenissimum Rex Hispaniarum ac dictum Serenissimum Rex Angliæ ac cuiuslibet eorum Vassallos, incolas, et subditos, tam per terram, quam per mare, et aquas dulces in omnibus et singulis Regnis, dominiis, ac insulis, aliisque terris, civitatibus, oppidis, villis, portibus, districtibus dictorum Regnorum ac dominiorum fit, et esse debeat commercium liberum, in quibus ante bellum fuit commercium juxta et secundum usum, et observantiam antiquorum federum et tractatuum ante bellum, itant absque aliquo salvo conductu, aliaque licentia generali vel speciali tam per terram, quam per mare, et aquas dulces subditi et Vassalli unius et alterius Regis possint et valeant ad regna et dominia predicta eorumque omnium Civitates, oppida, portus, littora, sinus, ac districtus accedere, intrare, navigare, et quoscumque portus

y debida forma: y en la primera ocasion entregarán, ó harán entregar con buena fé, realmente, y con efecto Escritura de promessa, por la qual se obliguen reciprocamente debaxo de palavra Real, y juramento, que harán solemnemente, tocando con sus manos el Libro de los Evangelios, á cumplir enteramente todas, y cada una de las cosas arriba dichas, siempre que el uno fuere requerido por el otro; y assimismo mandarán publicar el Tratado de la assentada Paz, en la forma, y lugar acostumbrado, lo mas antes, que comodamente pudieren. Todas las quales cosas arriba contenidas, fueron acordadas, assentadas, y concluidas por Nos los sussodichos Embaxadores, y Commissarios, en virtud de las dichas Comissiones, en nombre de nuestros Reyes: y en fé de todas, y cada una de ellas, las hemos firmado de nuestras próprias manos. En Madrid á quince de Noviembre, año del Señor mil seiscientos y treinta. Don Gaspar de Guzman. El Conde de Oñate. El Marqués de Flores. Don Francisco Cottington. 1630 Novembro 15

III e os Archiduques Alberto e Izabel Clara Eugenia, seus irmãos de uma parte, a $^{28}/_{18}$ de agosto de 1604, a que se refere o artigo 7.º

9. Iten, se ha convenido, y establecido, que entre el dicho Serenissimo Rey de las Españas, y el dicho Serenissimo Rey de Inglaterra, y los Vassallos, Habitantes, y Subditos de qualquiera de ellos, tanto por tierra, como por mar, y aguas dulces en todos, y cada uno de los Reynos, Dominios, Islas, y demas Tierras, Ciudades, Plazas, Villas, Puertos, y Districtos de dichos Reynos, y Dominios, sea, y deba ser libre el comercio en aquellos Lugares, en que lo fue antes, segun, y conforme al uso, y observancia de las antiquas Alianzas, y Tratados anteriores á la Guerra; de tal suerte que, sin salvoconducto alguno, ni otra Licencia general, ó especial, los Subditos, y Vassallos de uno, y otro Rey puedan tanto por tierra, como por mar, y aguas dulces, llegar, entrar, navegar á los Reynos, y Dominios sobredichos, y á las Ciudades, Villas, Puertos, Riberas, Ensenadas, y Districtos de todos

1630 Novembro 15 subire, in quibus ante bellum fuit commercium, et juxta et secundum usum et observantiam antiquorum federum et tractatuum ante bellum cum plaustris, equis, sarcinutis, navigiis, tam onustis quam onerandis merces importare, emere, vendere, in iisdem quantum voluerint commeatum, resque ad victum et profectionem necessarias justo precio sibi assumere restaurandis navigiis et vehiculis propriis vel conductis, aut commodatis operam dare, illinc cum mercibus, bonis ac rebus quibuscumque solutis juxta locorum statuta theloniis ac vectigalibus presentibus tantum, eadem libertate recedere, indeque ad patrias proprias vel alienas, quomodocumque velint et sine impedimento recedere.

Contrato de pazes feito com El-Rey de Candea Maastaná, sendo Viso Rey o Conde de Linhares, feito em Goa, a 15 de abril de 1633

(Arch. da India, livro 1.º de pazes, fol. 22.)

1633 Abril 15 Em nome de Deos todo poderoso. Saibão quantos este contrato de paz, e perpetua amisade virem que no anno do nascimento de nosso Senhor Jesu Christo de 1633 aos 15 dias do mez de abril do dito anno, nesta cidade de Goa, na salla real, e fortaleza, em que os senhores V. Reis fazem o seu assento, estando o ex.^mo^ senhor Dom Miguel de Noronha, conde de Linhares, do conselho de estado de sua magestade, seu gentil homem da camara, V. Rey e capitão geral da India, com os embaxadores do dito Rey de Candea, Jasindrá Modeliar, do conselho do dito Rey, e Dissava de Uranorá, e Curaparralá, e Dom Rodrigo, lingoa dos ditos embaxadores, e o secretario do estado Ambrosio de Freitas da Camara, e assy mais o rev.^mo^ bispo de Hyerapolis Dom João da Rocha, do conselho de sua magestade, Dom Francisco de Moura, tambem do conselho do dito senhor, e capitão desta cidade, Gonçalo Pinto da Fonseca, chanceller do estado, Joseph Pinto Pereira, veedor da fazenda geral, e Lourenço de Mello d'Eça,

ellos, y entrar en qualesquiera Puertos, en que antes de la Guerra huvo comercio, segun, y conforme al uso, y observancia de las antiguas Alianzas, y Tratados anteriores á la Guerra, con Carros, Cavallos, Cargas, Navios, assi cargados, como por cargar, transportar Mercadurias, comprar, y vender en ellos, tomar quantos bastimentos quisieren, y todas las cosas necessarias para su sustento, y viage á justo precio, reparar sus Navios, y carruages proprios, alquilados, ó prestados, y salir de alli con sus Mercadurias, bienes, e otras qualesquiera cosas, pagando solamente segun los Estatutos de los lugares, los Derechos, è Impuestos que al presente se pagan, y con la misma libertad se puedan volver á sus proprias Tierras, ó á las agenas, y salir como quisieren, y sin impedimento.

1630 Novembro 15

e sendo todos juntos, foi vista a carta de crença, que os ditos embaxadores trouxerão do seu Rey, juntamente com os capitulos das pazes, que pede o dito Rey a sua magestade para sempre, para effeito de assentarem e jurarem as pazes, que entre este estado e o dito Rey de Candea Maastaná se tratavão, e o teor da dita carta e capitulos de pazes, que pede, he o seguinte.

1633 Abril 15

Carta de El-Rey de Candea para o Viso Rey Conde de Linhares

O processo de meus negocios sobre a paz com s. magestade, que muito desejo, será com este, e meus embaxadores, presente a v. ex.ª e servirão de advertencia sobre a contraria informação, que a v. ex.ª haverá chegado; e posto que entre a pessoa de v. ex.ª e a minha seja este o primeiro conhecimento, fico mui certo em que v. ex.ª me não negará todo o favor, a que o tempo der lugar, e a esta conta poderá v. ex.ª entender que tem em my quem não hade faltar com o agradecimento, e quando neste reino de v. ex.ª haja particular cousa, em que eu possa mostralo, como tudo he de

1632 Dezembro 5

1632 Dezembro 5 v. ex.ª de tudo disponha v. ex.ª como cousa sua, e de minha pessoa na mesma conformidade que de amigo que eu, como de quem deseja que não haja outra cousa, que v. ex.ª o seja meu me não falta confiança, assy em dispôr de minhas cousas como proprias, como tambem como proprias favorecêlas e amparalas. Guarde nosso senhor a pessoa e estado de v. ex.ª 5 de dezembro, em Candea, de 632.

Domingos Carvalho Cão, Miguel da Fonseca, e Gaspar da Costa envio a v. ex.ª São procuradores meus. Sirvase v. ex.ª de os ouvir e ajudar, não como a cousas minhas, mas como pessoas, que tratão o bem publico.

Por embaxador veo a este reino Jeronimo Taveira da Cunha, pessoa de grandes partes e entendimento, e como as resoluções de meu conselho não dessem outro lugar, que ao que fica assentado, não faltou por parte sua a ultima conclusão desta paz, que por via de v. ex.ª espero que nestes reinos será perpetua.[1]

Capitulo das pazes que pede El-Rey de Candea a Sua Magestade para sempre, cujas condições são as seguintes:

1. Primeiramente que o reino de Candea está repartido em tres Reis filhos da rainha Dona Catherina, legitima herdeira destes reinos de Candea, e elles são os seus herdeiros della, os quaes estão com suas terras repartidas já por ElRey seu pai, que elles acceitarão de sua vontade, e como o reino de Candea he a cabeça destes reinos, ElRey Maastaná fica sendo o cabeça, e nesta conformidade será sua magestade obrigado, e seus capitães geraes favorecer e ajudar os ditos Reis, e elles terão a mesma obrigação em todas as cousas do serviço de sua magestade que se offerecer nesta ilha.

2. Diz ElRey de Candea que será amigo dos amigos de sua magestade, e inimigo de seus inimigos; que todos os mercadores, que quizerem passar ao dito reino, o poderão

[1] O original em portuguez com o signal do Rei está no Livro 1.º de pazes, fol. 93.

fazer livremente, não havendo nenhum modo de engano em sua vinda, e mercancia. 1632 Dezembro 5

3. Diz mais ElRey de Candea que qualquer pessoa que por caso crime se vier para o dito seu reino, lhe não será pedida, nem elle será obrigado a entregala, mas querendo a dita pessoa irse, lhe não impedirá o passo, e os seguros, que se passarem de parte a parte, serão guardados, e o mesmo se usará com todas as pessoas, que dos seus reinos forem ás terras de sua magestade.

4. Diz mais ElRey que todo o cativo, que vier das terras debaixo, não será obrigado a entregalo, porem a pessoa, em cuja mão cahir, o pagará pollo preço que valer em Columbo, e quando não, se entregará a seu dono, e quando o dito cativo não caya em mão de pessoa nenhuma, será o dito Rey obrigado a entregalo, e o mesmo se usará com os cativos, que das terras de Candea forem ás terras debaixo.

5. Diz mais que todo o ladrão forro ou cativo se entregará com os furtos que fizer, assy de huma parte como da outra, constando do furto.

6. Diz mais que nenhum capitão geral poderá quebrar esta pax ao dito Rey de Candea, sem dar primeiro conta ao senhor V. Rey, e a sua magestade da rasão que tem para o fazer, e ao senhor V. Rey, ou a sua magestade mandará as culpas, que lhe forem apresentadas do dito Rey, para elle dar sua defesa.

7. Diz mais que no porto de Baticalou, e nos mais que pertencerem ao reino de Candea, terá o dito Rey seus direitos e costumes como sempre os ditos portos lhe pagarão, e suas embarcações navegarão com cartazes do dito Rey, e as armadas de sua magestade lhe darão todo o favor, e a ajuda, que lhe for necessaria.

8. Diz mais que visto fazerse no seu porto de Baticalou com engano, estando de pax, a fortaleza, pede lha tirem.

9. Diz mais que nem os elefantes os pode dar, a respeito de em nenhum tempo estes reinos o pagarem, por onde pede rasão e justiça.

10. Diz mais que nesta cidade de Candea estará hum re-

1632 Dezembro 5 ligioso de S. Francisco com sua igreja, para administrar os sacramentos aos christãos que houver, e dará liberdade em seu reino a toda a pessoa que de sua vontade quizer receber a fé, tirando os cativos, pollos inconvenientes que pode haver entre seus senhores e os padres.

11. Diz mais que nas demarcações que se fizerão nas pazes passadas se não moverá nada de novo, as quaes são Guauhiã Balava, estrema de Ponava, e Valavé, estrema de Vellavava, Andaolutota, estrema de Cosgama, Verahunahela, estrema de Bulatgam, Bacarabevila, estrema de Urupalata, Ambuluava, estrema de Urunuara, Canugahahinua de Jatlnuara, Balané de Tupanha, Muangamana Galabava de Haraciapattu, Bocavalla de Asguena, Dehigashinna de Urugora, Milavalcara de Nuara Calavia. Estes são os limites das extremas.

12. Diz mais ElRey de Candea que fazendo se as pazes deste modo, entregará todos os capitães, e mais portuguezes com suas armas, aos quaes guardou no rigor da guerra, e atégora com tão bom trato, como podem confessar, por serem vassallos de sua magestade, de cuja grandeza espero me faça tudo o que aqui peço[1].

E sendo lida a dita carta, e capitulos das pazes, que ElRey de Candea pede, se assentou pelo senhor conde Viso Rey em cada hum delles o seguinte com os ditos embaxadores.

1. No primeiro resolveo s. ex.ª que aceitava as pazes, que ElRey de Candea pede, com tanto que os dous filhos do Rey de Uvá e Matalé as confirmem; e jurem com ElRey velho e Maastaná, Rey de Candea, sem embargo de conhecer a ElRey velho por cabeça nellas.

2. No segundo disse s. ex.ª que obrigação he dos tres tributarios serem amigos de amigos, e inimigos de inimigos; porem por s. ex.ª fazer honras a estes Reis de Candea, Uvá, e Matalé, disse que seria amigo dos amigos destes Reis, e inimigo de seus inimigos, com tanto que estes seus inimigos

[1] Estes capitulos escriptos em portuguez têem o signal, e o sello em lacre preto do Rei de Candia, e estão no Livro 1.º de pazes, fol. 95.

não sejão amigos do estado, porque neste caso será o estado neutral. 1632 Dezembro 5

3. Ao terceiro disse s. ex.ª que isto se entenderia só nos soldados e lascarins, que andarem no nosso arrayal, e nos mais naturaes da terra como não forem escravos cativos, e em outro genero de gente não, e inda a gente apontada, se commeter algum caso de treição, ou alguma desobediencia contra seus capitães, não poderão ser amparados nos ditos reynos, antes os entregarão, e o mesmo fará o geral daquella ilha aos que commetterem semelhantes delictos contra o dito Rey de Candea.

4. A quarto capitulo resolveo s. ex.ª que não convinha senão pollo modo que está apontado no capitulo antecedente.

5. E com o quinto capitulo se conformou o sr. Viso Rey.

6. E no sexto disse que assi o faria o estado, mas que na mesma forma o farião tambem os ditos Reis; e que o dito Rey de Candea, querendolhe quebrar a paz o capitão geral daquella ilha, ou o dito Rey a elle, como o dito Rey não tem embarcações, por que faça aviso, bastaria avisar por meio da camara da cidade de Columbo.

7. No setimo capitulo resolveo s. ex.ª que as terras de Baticalou, e aquella fortaleza são de sua magestade, porem porque o senhor V. Rey quer fazer honra e mercê a estes Reis em nome de sua magestade, lhe concede que as terras de Baticalou fiquem ao dito Rey de Candea, com tal declaração que ficará de terra ao redor da dita fortaleza dous mil passos geometricos, e sendo menos, o que mais alcançar huma peça de alcance da nossa artelharia, a qual se medirá polla pessoa que o capitão geral daquella ilha ordenar, pondolhe seus marcos e balizas, e que os rendimentos da alfandega daquella fortaleza serão ametade do dito Rey de Candea, e a outra ametade de sua magestade, e para não haver duvida, nem embaraço na arrecadação delles, assistirá hum recebedor do dito Rey de Candea na dita alfandega com os officiaes de sua magestade, para cada hum haver o que lhes tocar, e se evitarem por este modo entrarem e sahirem cou-

1632 Dezembro 5 sas defezas, e o capitão de Baticalou terá ordem pera passar todos os cartazes a ElRey de Candea, e a seus vassallos para navegarem, e comerciarem suas embarcações, e nos ditos cartazes se declarará que fazendas vão nellas, e que pessoas, e com declaração que não meterão cousas defezas, como armas, e todo o genero, e estromento dellas, porque em tal caso perderão as mesmas embarcações e fazendas que nellas vierem.

8 e 9. Aos octavo e nono capitulos respondeo s. ex.ª que era materia a que nelles se tratava, que nem ouvila propôr queria, porque parece que não só offendião a grandeza de sua magestade, mas ainda a fidelidade, que se espera d'ElRey de Candea, mas que por lhe fazer graça e mercê, em nome de sua magestade lhe concedia que hum dos dous elefantes, que he obrigado a pagar de pareas em cada hum anno, não pagasse hum delles por tempo de seis annos, e acabados elles, tornaria a pagar os dous elefantes de pareas, como sempre pagava, e os que devesse atrazados pagará logo, tendo respeito á entrega que fazia dos portuguezes, que tem cativos, e aos trezentos amanões de nélle de pareas, que antigamente pagavão os vaneas de Baticalou aos capitães de Manar, e por outras boas considerações que se teve na materia.

10. Ao decimo capitulo respondeo s. ex.ª que aceitava o que nelle se continha, e cumpriria de sua parte a parte que lhe tocava, com tal declaração, que ElRey sustentará o dito religioso, como sempre foi costume.

11. No 11.º acordou s. ex.ª que pollo modo das demarcações passadas no tempo de Dom Nunalvres concedia, com a declaração do capitulo setimo, em que se diz ficará ao redor da fortaleza de Baticalou dous mil passos geometricos de terra, e sendo menos, o que mais alcançar a nossa artelharia.

12. E ao 12.º e ultimo capitulo respondeo s. ex.ª que acceitava a entrega dos capitães e mais portuguezes, que o dito Rey de Candea tinha cativos, a qual já se entendia se havia de fazer, porque ahy não havia pazes ficando os portuguezes cativos, nem outros que forão cativos na guerra.

E feitas e accordadas as ditas capitulações de pazes e amizade perpetua entre os ditos embaixadores e s. ex.ª de commum consentimento, ordenou o dito senhor V. Rey os ditos embaixadores apresentassem o poder que tinhão do dito seu Rey para jurar este contrato de pax na forma nelle declarado, e por elles foi apresentado o papel, cujo treslado he o seguinte. 1632 Dezembro 5

Poder do Rey de Candea

ElRey de Candea &c. Faço saber ao muito ex.^mo senhor Dom Miguel de Noronha, conde de Linhares, Viso Rey da India, ou a quem em seu lugar estiver, em como lhe mando por meu embaixador a Jassundra Modeliar, do meu conselho, Dissava de Uranuará, e em sua absencia a Curupurralá, que com elle vai para tratar as pazes, e jurallas nessa corte, querendoo assy o senhor V. Rey, as quaes pazes fará conforme meus capitulos e regimento, e quererá minha justiça em todo tribunal, que lhe for necessario, e para que se lhe dê inteira fé e credito a tudo, lhe dei esta carta por my assinada, e sellada com o sello das minhas armas reaes. Em Candea aos 4 de dezembro de 1632[1]. 1632 Dezembro 4

E em conformidade do dito poder aceitarão os ditos embaixadores d'ElRei de Candea Jasundra Modeliar, do seu conselho, e Dissava de Unanora, e Curupurralá as resoluções, que s. ex.ª tomou em cada capitulo das pazes, que trazião do dito seu Rey, e prometerão em seu nome, e dos mais Reis, que lhe sucederem, cumprir e guardar, ter e manter em tudo assy como nellas se continha, sob pena de que, não o fazendo assy, ElRey Maastaná pagaria ao estado todas as perdas e danos, que vierem ao estado, por se não cumprirem as ditas pazes; e porque o senhor Viso Rey disse que não era bastante o poder inserto nestas capitulações polla alteração, que nellas houve, os ditos embaixadores apresentarão de novo o sinal do dito seu Rey em branco em huma

[1] O original em portuguez com o signal e sêllo do dito Rei em lacre preto, está no Livro 1.º de pazes, fol. 97.

1632 Dezembro 4 folha de papel, que fica junta a este assento de pax[1], juntamente com a chapa do dito Rey em hum annel de prata, que ficou em poder do secretario do estado; e com isso o dito senhor conde V. Rey em nome delRey nosso senhor aceitou as ditas capitulações de paz e prometeo de cumprir, e guardar, e manter esta amisade por sy, e pollos V. Reis e governadores, que ao diante forem deste estado, sob a mesma pena de pagar ao dito Rey de Candea todas as perdas, e despezas, e danos, que se causarem por se não cumprir este contrato; o que tudo os ditos embaixadores aceitarão em nome do seu Rey, e para firmeza de tudo jurou o dito senhor conde V. Rey em hum missal, em que poz sua mão direita, e assy jurarão tambem os ditos embaixadores d'ElRey de Candea por Deos todo poderoso, por seu pagode, e pollo seu Rey, conforme o seu costume, de que se fez este assento em virtude dos ditos poderes, que apresentarão, e chapa do dito seu Rey, e sinal em branco em huma folha de papel, e a copia deste se enviou ao dito Rey pollos ditos seus embaixadores, assinada pollo senhor V. Rey, e pollos ditos embaixadores, e mais pessoas acima nomeadas, para o dito Rey as mandar apregoar em seus reinos, jurandoas primeiro, como o senhor conde Viso Rey mandará tambem fazer nesta corte, e em Columbo. Francisco Gonçalves o fez em Goa no dito dia, mez, e era acima declarada. E eu o secretario Ambrosio de Freitas da Camara a fiz escrever. = *O conde de Linhares* = signal de *Jasundra Modeliar* = signal de *Coropurralá* = *Dom Francisco de Moura* = *Francisco de Mello d'Eça* = *Gonçalo Pinto da Fonseca.*

Termo do juramento das pazes atrás referidas

Em Goa aos 15 dias do mez d'abril de 1633 annos, nos aposentos do ex.mo senhor conde de Linhares, V. Rey e capitão geral da India, estando elle ahy de presente, e Jasun-

[1] Esta folha em branco com o signal, e sêllo em lacre vermelho do dito Rei está no Livro 1.º de pazes, fol. 99.

dra Modeliar, do conselho d'ElRey de Candea, e Dissava de Uranora, e Crupanalá, embaixadores d'ElRey de Candea Maastaná, com o lingoa da embaixada Dom Diogo, e o secretario do estado Ambrosio de Freitas de Camara, e os mais fidalgos e pessoas nomeados no assento da paz atraz escrito, mandou o dito senhor conde Viso Rey vir hum missal, e pondo sobre elle sua mão direita, jurou em presença dos ditos embaixadores de guardar, e cumprir tudo o capitulado no dito contrato assy, e da maneira que se nelle contem, e prometteo que o mesmo farião os V. Reis e governadores que lhes succedessem, e logo os ditos embaixadores jurarão tambem em nome do dito seu Rey, por Deos todo poderoso, por seu pagode, e sobre o dito Rey Maastaná, dizendo que em seu nome, e de seus successores juravão de cumprir o dito contrato da paz e amisade com todo o capitulado nelle sem duvida alguma; de que se fez este termo, em que o dito senhor conde V. Rey se assinou com os ditos embaixadores, e testemunhas que a este acto forão presentes. E eu o secretario Ambrosio de Freitas da Camara o fiz escrever. — *O conde de Linhares* — signal de *Jassundra Mudeliar* — signal de *Corupurralá* — *Dom Francisco de Moura* — *Lourenço de Mello d'Eça* — *Gonçalo Pinto da Fonseca.*

1632 Dezembro 4

Memorial que faz El-Rey de Candea a v. ex.ª, em que lhe pede as mercês que estiverem em sua mão, e seja seu terceiro para com Sua Magestade lhe fazer outras que elle lhe pede, e mostra ter razão e justiça

1. Diz ElRey de Candea que estes reinos, que hoje tem e governa, não forão nunca tributarios, nem pagarão parias ao Rey da Cota, que foi sempre o principal nesta ilha, e sempre tiverão herdeiro natural, que governasse os ditos reinos, como agora o fazem os filhos de Dona Catherina, direitos herdeiros delles.

2. Diz mais que socedendo o Rajú nos reinos da Cota que por força e tirania se fez senhor delles, nomeou a ElRey Preapandar, que disse era legitimo herdeiro, o qual se valeo dos portuguezes. Despois do que o dito Rajú, vendose pode-

1632 Dezembro 4 roso, com a mesma soberba se veo a estes reinos de Candea, e os conquistou, e foi senhor delles por alguns annos, e os ditos Reis de Candea, que então erão, tinhão amisade com os portuguezes, e com o mesmo Rey da Cota Preapandar, sem differença alguma, e tinhão parentesco com elle por via de casamentos, a cujo respeito pedirão socorro aos portuguezes contra o Rajú, e elles lhe mandarão por vezes em sua ajuda os capitães das fortalezas de Columbo e Manar, e sempre os naturaes destes reinos de Candea concorrerão em paz e amizade com os portuguezes, sem da sua parte darem nunca occasião a que sua magestade, nem os seus vassallos lhe fizessem guerra, para que lhe tomassem os seus reinos e terras.

3. Diz mais que vindo a esta ilha por conquistador Pero Lopes de Sousa, sem mais comprimentos, tratou logo de conquistar, e tomar estes reinos, e fazerse senhor delles, em cuja competencia quiz sua má fortuna que elle acabasse com os mais que em sua companhia vierão, ficando estas guerras em aberto, e sangrentas até o tempo que Dom Nuno Alvares Pereira socedeo por geral nesta ilha, em cujo meio se passarão vinte e quatro annos, e em todos ouve grandes socessos de guerra, e muitas mortes, e miserias em toda a calidade de pessoa, ora de huma parte, ora da outra, conforme a ventura de cada hum.

4. Diz mais ElRey de Candea que vendo estas cousas tão abertas encaminhadas para se destruir e acabar toda esta ilha, e por atalhar a estes males, cometeo pazes ao dito geral Dom Nuno Alvares Pereira, com os partidos e juramentos que v. ex.ª verá pelos apontamentos, que os meus embaixadores e procuradores lhe apresentarem. Estas pazes se guardarão inteiramente, por de nenhuma parte se dar occasião de discordia, nem alterações.

5. Diz mais que socedendo por geral na dita ilha Constantino de Noronha, com quem teve esta paz a maior parte dos treze (*sic*) annos, que elle dito geral sem occasião, sorreticiamente se foi a Baticalou, onde fez huma fortaleza no seu porto e terras, e sendo elle Rey avisado, lhe mandou reque-

rer da parte de sua magestade não fizesse a tal fortaleza, pois estavão em paz e quietação, respondeolhe com enganos, que fazia só huma casa e igreja, pera nella se fazer christandade, e vendo elle que tudo erão enganos, e que a fortaleza se hia fazendo, e sendo requerido dos seus vassallos, e de todos os mais povos desta ilha que a tal fortaleza não deixasse fazer, sobre a qual se rompeo a guerra, de maneira que em toda a redondeza desta ilha não ficou lugar, que não fosse tinto com o sangue dos pobres, e de toda a sorte de pessoas; no meio destes trabalhos acabou o mesmo geral a sua vida, e na mesma guerra cativára, e tomára o dito Rey duzentos e cincoenta portuguezes com o capitão mór, e mais alguns Dissavas, e outros capitães, e que a todos dera as vidas, e bom trato ha passante de dous annos e quatro mezes, esperando alguma boa occasião de concerto, movido das grandes perdas e danos que tem dado esta guerra em todas as terras desta ilha, e da mais que hade dar, se por esta via das pazes se não atalhar. 1632 Dezembro 4

6. Diz mais que vendo já lugar e occasião para acudir a todos estes danos, e não passarem mais avante, mandara seus embaixadores a tratar destes negocios com Dom Jorge de Almeida, capitão geral que de presente o he desta ilha, offerecendolhe todo o bom modo de paz e amizade, e lhe largaria todos os cativos que tinha em seu poder, e lhe guardaria os contratos que nas ditas pases assentassem, o dito capitão Dom Jorge d'Almeida mandou logo a esta sua corte e reinos por seu embaixador a Jeronimo de Oliveira da Cunha, pessoa de muita calidade, e tratando os negocios destas pazes de parte a parte, em que se gastarão quatro mezes, vierão a concluir que se avisasse dellas a v. ex.ª e entretanto vai e vem a reposta se fizerão tregoas, e suspensão de armas, e se jurarão de ambas as partes com toda a segurança.

7. Diz mais que de presente manda seus embaixadores e procuradores a essa corte de v. ex.ª para que nella os ouça de sua justiça, e lhe faça as mercês que espera, informandose verdadeiramente de todas as cousas desta ilha, e da

1632 Dezembro 4 pouca culpa que da sua parte deo para se moverem estas guerras, pedindo tambem a v. ex.ª se informe do particular de Baticalou, assy do pouco rendimento, e importancia daquellas terras, como tãobem daquella fortaleza, e do pouco que importa a sua magestade, para que assy me faça mercê de a tirar daly, e darme o meu porto livre, para que assy fiquem estes reinos com perpetua paz com os vassallos de sua magestade, eu obrigado a servilo em tudo o que neste reino se offerecer, e o mais que de sua parte requererão os embaixadores e procuradores assy para com v. ex.ª como de quem espero grandes mercês.

Assento feito entre o Vice-Rey o Conde de Linhares, e Guilherme Methewold, Presidente da Companhia de Inglaterra, para se haverem de guardar as pazes celebradas em Madrid, em 15 de novembro de 1630, entre El-Rey de Portugal e El-Rey da Gran-Bretanha, feito em Goa a 20 de janeiro de 1635

(Arch. da India, livro 1.º de pazes, fol. 42.)

1635 Janeiro 20 Em Goa a vinte de Janeiro e anno de 1635, estando o excellentissimo senhor Dom Miguel de Noronha, conde de Linhares, do conselho d'estado da Magestade d'ElRey Dom Phelippe, seu gentil homem da camara, V. Rey e capitão geral da India, e estando em sua presença e nobilissimo senhor Guilherme Methewold, presidente da muy honorable companhia dos mercadores Inglezes nas partes da India oriental, por commissão do Serenissimo Carlos Rey da Gram Bretanha, com poder, jurisdição, e alçada sobre a dita nação thé morte *inclusive;* e por se haver proposto por parte do nobilissimo senhor Guilherme Methewold a sua excellencia por meio dos reverendos padres provinciaes da companhia, Antonio d'Andrade, e Alvaro Tavares, as grandes utilidades, e authoridades, que se seguirião a dous monarchas tamanhos, como erão ElRey de Espanha e Inglaterra, de haver nestas partes orientaes não só cessão, mas união de armas contra os enemigos communs, com que os vassallos de ambas as coroas accrescentarião bens, e os Reis credito, e havendo visto s. ex.ª esta tão justa proposta, considerandoa, e mandandoa ver pelo seu conselho muitas vezes; resolveo que se aceitasse a tal proposta assy e da maneira que está capitulado pelas Magestades dos Reis de Spanha e Inglaterra, em Madrid a 15 de Novembro de 1630, sem acrecentar nem diminuir, nem dar sentido a nenhuma cousa, que não seja a forma das mesmas pazes: porem estas se entenderão tregoas, e cessão de armas, em quanto os Serenissimos Reys de Spanha e Inglaterra não declararem hum ao outro, e outro ao outro que não estão por ellas, e ainda então durarão seis mezes depois de chegar á noticia do Viso Rey da India, e presidente inglez no mesmo estado da India, para que os mercadores tenhão tempo de retirar e recolher suas fazendas. De que se mandou fazer este assento por mim Ambrosio de Freitas da Camara, secretario do estado, em que se assinou s. ex.ª e por testemunhas e seu conselho d'estado, e o dito nobilissimo senhor Guilherme Metheowld, presidente da mui honorable companhia dos Inglezes, com os seus conselheiros Richardo Cupar (Cooper), Nathaniel Mounteney, Malachias Martyn, Thomas Turner, e o secretario Benjamin Rabison. E esta escritura, de que se fazem duas copias, levará huma o dito senhor presidente, e outra ficará na secretaria deste estado, e se ajuntará ao livro das capitulações das pazes referidas, aonde tambem se ajuntão os poderes, que os Serenissimos Reis d'Espanha e Inglaterra derão aos ditos senhores. Ambrosio de Freitas da Camara o fez escrever. = *O conde de Linhares = Cons. Methwold = Nath. Mounteney = Tho. Turn. = Malachy Martyn = Dom Jorge de Almeida = Dom Francisco de Moura = Lourenço de Mello d'Eça = Antonio de Faria Machado = Gonçalo Pinto da Fonseca = Joseph Pinto Pereira = Richard Cooper.* 1633 Janeiro 20

Esta capitulação de tregoa foi jurada em hum missal aos santos evangelhos por s. ex.ª e presentes dos senhores In-

1635 Janeiro 20 glezes de se guardar fielmente nas mãos do rd.º Bispo de Hyerapolis Dom João da Rocha, em Goa a 20 de Janeiro 1635.=*Ambrosio de Freitas da Camara.*

The 20th of January in the year of our Lord God one thousand six hundred and thirty five, *stilo novo,* the most excellent sr. Don Miguel de Noronha, Count of Linhares, Counsellour of state to his Majesty Don Phillip, gentleman of the bedchamber, Viceroy and Captain General of India, &c., being at present in Goa, and there being in his presence the Wor.thy William Methwold, president for the much Honorable Company of English merchants in these parts of East India by commission from the most Illustrious Charles King of Great Britain, handing power and authority as to the people of said (?) nation entire; unto death, and the most Reverend Fathers Provincialls Antonio de Andrade and Alvaro Tavares of the Society of Jesus having propounded to his Excellency in behalf of the Wor.thy William Methwold the great profit and honours which may ensue to two such great monarchs as are the Kings of England and Spain, in these eastern parts, not only by a cession of arms, but a union thereof against the common enemies, by which the subjects of both shall not only increase in their States but also both Kings in their renown: His Excellence having seen and considered of this just proposition, and oftentimes communicated the same to his council, resolved to condescend to that proposition so and in such manner as it was capitulated between the Kings of England and Spain in Madrid the 15th of November anno 1630, without addition or diminuition, or giving any other sense to any other thing that is not conformable to that peace notwithstanding it shall be understood that there shall be a truce and cessation of armes till such time as the most illustrious Kings of England and Spain shall reciprocally themselves each to other that they are not pleased therewith, and it shall so continue six months after such notice shall be given into said Vice Roy of India, and the President for the English nation then being in India, that so the merchants may have time to withdraw and retire their merchandizes for which cause it is commanded that J. Benjamin Robinson, secretary to the President and council of India shall write out this accord, whereunto his Excellency hath signed, together with his council of Estate for witnesses, as also the Wor.thy William Methwold, President for the Honorable Company of English, with those of his council, Nathan, Mountney, Thomas Turner, Malachy Martyn, Richard Cooper, whereof there are made two copies, one that the President shall take along with him, the other shall remain with the Secretary of State, which shall be annexed to the articles of peace aforesaid, as also there shall be adjoined unto them the commissions which the most Illustrious Kings of England and Spain have given to the aforesaid seigniores.=*Cons. Methwold*=*O conde de Linhares*=*Dom Francisco de Moura*=*Dom Jorge d'Almeida*=*Lourenço de Mello d'Eça*=*Gonçalo Pinto da Fonseca*=*Antonio de Faria Machado*=*Nath. Mountney*=*Tho. Turner*=*Malachy Martyn*=*Richard Cooper*=*Gaspar de Mello de Sampayo*=*Joseph Pinto Pereira.* 1635 Janeiro 20

Patente do Viso Rey o Conde de Linhares

Dom Phelippe por graça de Deus Rey de Portugal e dos Algarves d'aquem e d'alem mar em Africa, senhor de Guiné, e da conquista, navegação, commercio de Ethiopia, Arabia, Persia, e da India, etc. 1629 Fevereiro 17

Faço saber a vós meus capitães das minhas fortalezas do estado da India, e dos outros lugares de fora della, que pelo meu viso Rey e governador daquellas partes são governados, e ao chanceller e desembargadores da Relação de Goa, ouvidores do crime e civel d'ella, e de todas as mais fortalezas, e aos veedores de minha fazenda, escrivães della, alcaides móres, feitores, e a todos os mais officiaes da justiça, guerra, e fazenda, capitães das náos da carreira, e das outras náos, e navios da armada, e trato d'aquellas partes, fidalgos, e outros criados meus, mestres, pilotos, e homens d'armas,

1629 Fevereiro 17 soldados, marinheiros, e bombardeiros, e a todas as outras pessoas de qualquer qualidade, estado, e condição que sejão, a que o conhecimento desta patente pertencer, que polla muita confiança que tenho de Dom Miguel de Noronha, Conde de Linhares, meu muito presado sobrinho, meu gentil homem da camara, e do meu conselho d'estado, por sua muita experiencia, e as mais qualidades e boas partes, que concorrem em sua pessoa, que em tudo o de que o encarregar me saberá muito bem servir, e dar de sy toda a boa conta, como o espero, e por lhe fazer honra, e mercê, o envio ora por meu viso Rey das ditas partes na armada deste anno, de que tambem vai por capitão mór: pelo que vos mando a todos em geral, e a cada um em particular, que tanto que elle ás ditas partes chegar, ou a qualquer lugar dellas, o hajaes por meu viso Rey, e tudo o que por elle de minha parte vos for mandado cumpraes, e façaes inteiramente com aquella diligencia e cuidado que de vós confio, como o fizereis, se por mim em pessoa vos fosse mandado, porque assy o hey por meu serviço, e d'aquelles que assy o fizerdes, como deveis, e de vós creo, me haverei por mui bem servido, e aos que o contrario fizerem, que não espero, mandarei por isso dar o castigo que por taes casos merecerem, e porque as cousas do meu serviço sejão guardadas e feitas como devem, assy nas ditas fortalezas, como em quaesquer armadas, e castigados aquelles, que alguns delictos, e maleficios commetterem, assy na terra como no mar, em qualquer parte que meus vassallos estiverem, ora sejão de meus naturaes, ora de meus subditos das ditas partes da India, em quaesquer casos que possão acontecer, lhe dou todo o poder, e alçada sobre todos os capitães das ditas fortalezas, e pessoas que nellas estiverem, e que andarem nas ditas armadas, e sobre todos os fidalgos, e quaesquer outros meus subditos de qualquer qualidade, estado, e condição que sejão, da qual em todos os casos, assy crimes, como civeis, athe morte natural *inclusive*, poderá usar inteiramente, e se darão á execução seus juizos e mandados, sem delles haver mais appellação, nem aggravo, e sem tirar, nem exceptuar pessoa alguma, em que o dito poder e alçada se não entenda, porque sobre todos e cada um delles usará do dito poder e alçada, confiando delle que em tudo fará o que com justiça e rasão deve fazer, conforme as minhas ordenações; e outrosy lhe dou poder que nas cousas de minha fazenda elle ordene, e faça o que ouver por mais meu serviço, e mando aos ditos meus veedores da fazenda, feitores, e escrivães de minhas feitorias, que tudo o que por elle lhe for da minha parte mandado acerqua da minha fazenda, gastos, e despesas della, e em todas outras cousas, que a ella tocarem, o cumpraes inteiramente, porque para tudo lhe dou inteiro poder e superioridade; e outrosy lhe dou poder que nos casos que lhe parecer, e que cumprir por meu serviço, elle possa remover e tirar capitães das fortalezas, e das náos da carreira, feitores das feitorias, e escrivães dellas, e quaesquer outros officiaes de justiça, guerra, ou fazenda, quando cometerem taes casos, porque com direito devão ser suspensos, ou tirados dos ditos cargos, e poderá encarregar delles outras pessoas, não as havendo providas por mim, athé eu nisso mandar prover, porque confio delle que quando o fizer, será com causas tão justas e taes, porque o deva assy fazer per meu serviço; e este poder e alçada lhe dou em todos os casos aqui declarados, e em quaesquer outros que possão acontecer, de que hey por bem e mando que use em quanto me servir no dito cargo de meu Viso Rey; e outrosy lhe dou comprido poder para que possa fazer guerra, e mandala fazer por mar e terra a todos os Reys e senhores da India, e das outras partes de fora della, quando entender que por mais segurança das cousas daquelle Estado se deve fazer, e despois de começada a guerra, lhes possa dar tregoa, e fazer com todos e cada hum delles paz e assento de amizade em meu nome com os pactos, e condições, e clausulas, que mais proveitosas por meu serviço lhe parecerem, e os assentos, e capitulos, que assentar, capitular, e fizer, approvarei, confirmarei, e mandarei inteiramente cumprir e guardar em tudo e por tudo, como nas capitulações, e assentos por elle assinados for declarado, e assy como se por mym mesmo, e em minha pessoa fosse capitu-

1609 Fevereiro 17

1629 Fevereiro 17 lado, e assentado, cumprindo porem, e satisfazenho os Reys e senhores, com que a dita paz e amizade se assentar, tudo o que pelas ditas capitulações e assentos forem a mym obrigados; o que tudo assy hei por bem nas ditas cousas, como dito he, confiando que nellas elle conde de Linhares procederá com toda a consideração, e bom conselho devido a meu serviço nas mesmas cousas, para as quaes todas, e cada huma dellas lhe dou cumprido poder, e mandado especial, e o mesmo poder lhe dou para as que á sua chegada á India achar em alguma quebra, ou guerra com aquelle Estado; pollo que lhe mandei dar dito cargo, e deste poder, jurisdição, e alçada, que por esta maneira lhe dou, esta minha carta patente, por mim assinada, e sellada do meu sello pendente; e antes que o dito conde parta destes Reynos, me fará polla dita governança da India o preito, menagem, e juramento, que me costumão fazer os meus Viso Reys e governadores della, de que mostrará certidão nas costas desta do meu secretario, a que pertencer. Dada na villa de Madrid aos 17 dias do mez de Fevereiro. Antonio Pereira a fez anno do nascimento de nosso senhor Jesus Christo de 1629. Gabriel d'Almeida de Vasconcellos a fez escrever. = *El Rey.*

Carta patente do cargo de Viso Rey da India, de que V. Magestade encarrega a Dom Miguel de Noronha, conde de Linhares, gentil homem da camara de V. Magestade, e do seu conselho d'estado. Para V. Magestade ver toda. = *O Duque dè Villa Hermoza, Conde de Ficalho.*

Fica assentado, e pagou mil reis. = *Manuel da Costa.* — Registada. = *Diogo Soares* = *Antonio Coelho de Carvalho,* gratis. — Pagou vinte e seis mil reis, em Lisboa a 6 dias do mez de Março de 1629 annos, e aos officiaes somente dous mil trezentos e oitenta réis. = *Miguel Maldonado.* — Registada na chancelaria a folhas 464. = *Pedro da Costa Homem.*

Fez o conde de Linhares preito homenagem nas mãos de Sua Magestade em 18 de Fevereiro de 1629 da governança da India na forma costumada, em Madrid no dito dia, mez, e anno. = *Gabriel d'Almeida de Vasconcellos.*

O conde de Linhares, Viso Rey da India contheudo nesta carta, ouve pagamento no thesoureiro da casa da India de nove mil cruzados adiantados, que he ametade do ordenado que tem com o dito cargo de Viso Rey em cada hum anno, os quaes lhe hão de ser descontados nos primeiros vencimentos que ouver do dito ordenado n'aquellas partes, como mais largamente era declarado na provisão, que se passou para o dito thesoureiro dar ao dito conde viso Rey os ditos nove mil cruzados, feita n'esta cidade de Lisboa em 28 de fevereiro d'este presente anno de 1629, por bem da qual se fez aqui esta declaração em 6 de março do dito anno.= *Diogo Soares.*

1629 Fevereiro 17

Registada na casa da India no livro trinta dos registos, a folhas 116, em 7 de março de 1629.=*Francisco Cordovil de Sousa.*—Registada em seu titulo, folhas 14, anno 629 por mim, *Saraiva.*

Patente de Guilherme Methwold

James by the grace of God King of England, Scotland, France and Ireland, etc.

To all to whom those presents shall come, greeting. Whereas in and by our letters patents sealed with our great seal of England bearing date at Westminster the 14th day of December in the 13th year of our reign of England, France, and Ireland, and of Scotland the nine and fortieth we did amongst other powers, privileges and things therein contained grant unto our well-beloved subjects the governor and company of merchants of London trading into the East Indias, and their successors, that it should and might be carefull to and for the governors of the said company or his deputy and committees or the greater number of them that should be as in the said letters patents is directed to nominate, elect, and choose, and to employ in any and every of their voyages thereafter to be made, one or more captain or captains, or principal commander or commanders to rule and govern all and every of our subjects in such voyages in a due

1629 Fevereiro 17 obedience to be by them yielded unto the said captains or principal commanders in the observing and executing of all such orders and good constitutions as the said company should think fit to order and make for the furtherance of such voyages, and the said captains and principal commanders to remove and displace at the will and pleasure of the said governor, or his deputy and committees or the greater number of them that should be assembled by the appointment of the said governor or his deputy for the time being, and for the better effecting of our will and pleasure therein we did by the said letters patents for us, or heirs, and successors give and grant full power and authority unto all such captains or principal commanders as should be so as aforesaid nominated and chosen and employed to go in any such voyage handing commission and directions from the said governor or his deputy and committees and the greater number of them that should be so assembled by the appointment of the said governor or his deputy for the time being under the seal of the company appointed for that purpose, unto whom we did likewise thereby for us our heirs and successors give full power and authority to grant commission or commissions or directions and instructions unto the captains and principal commanders for the punishing of officers, and executing of martial law under their said seal according to our pleasure afterwards in the said letters patents declared to chastize, correct, and punish all and every of our subjects or other persons to be employed in any such voyage which should not give due obedience and respect towards the said captain and principal commanders, or not bear themselves one towards another in good order and quietness for avoiding of any occasion that might breed quarrel and dissention amongst them to the hinderance of the good sense which might be hoped by God's providence in any such voyage according to the quality of theirs offences, with such punishments as were coming and used in all armies at sea when they are not capital, and for capital offences as murder wilfully acted which is hateful in the sight of God, or mutiny, an offence which might tend to the overthrow of such voyage, the same being duly and justly proved against any of their person or persons aforesaid to use and put in execution the said law called martial law, and nevertheless by the verdict of twelve of the company sworn thereunto for the trial of such offenders as in such a case appertain as by the said letters patents appear. 1629 Fevereiro 17

Now for as much as the said governor and company of merchants of London trading into the East Indias have humbly presented unto us the great inconvenients, loss, and hinderance they daily sustain and meet with all by the dissordered demeanour of their factors and servants on land in the said East Indias, and in the ports and havens there, to the dishonour and scandal of our nation among the heathen people for want of power and authority sufficient to punish the offenders there on land or the ports thereabout according to their deserts.

We gracioulsy tendering the prosperous success of our merchants affairs as heretofore we have been induced for the advancement of good government amongst our subjects abroad to give power and authority as aforesaid for punishing offences at sea, do likewise at the humble suit and intercession of the said governor and company, and in the confidence we repose in the fidelity, care, and sufficiences of them, and of such commanders as by them or their successors shall be elected and authorised, of our genial (?) grace, certain knowledge, and mere motion have given and granted and by these presents for us, our heirs and successors we do give and grant unto the said governor and company of merchants of London trading into the East Indias and their successors full power and authority to make forth commissions, instructions and directions unto their president and such persons as are now appointed to be of the council of defence in the East Indias or to any other president or coun-cil of defence which hereafter shall be, or to any choice person or persons whom they shall hereafter from time to time appoint for government of their affairs in the East Indias,

1629 Fevereiro 17 to chastize, correct, and punish all and every the subjects of us, our heirs and successors now employed or hereafter to be employed on land, or in any ports, havens, creeks or places where ships shall lie at anchor at any of the ports of the East Indias which shall not *behave* themselves in due odedience to us, our heirs and successors and to the laws and customs of this our Realm of England or to such lawfull orders and directions as from time to time the said governor and company and their successors shall prescribe, according to the quality of their offences, be it by fine, imprisonment, or any other punishment capital or not capital as the laws of this kingdom and the law called martial law, usually executed in all armies at land do permit and require.

And likewise we do for us, our heirs and successors, hereby give power and authority unto such president and council or such other person and persons so to be appointed as aforesaid, to chastize, punish, and correct all such offenders accordingly; provided always that the said offences be duly and justly proved, and that no such capital punishment be inflicted upon any but only in case of mutiny, murder, or fellony, and that the offender or offenders therein shall be tried by the verdict of twelve or more of the subjects of us, our heirs and successors sworn therunto for trial of such offenders, and we also will and require that there be used such discretion and moderation in the executing of this our grant and authority, as we expect, and the present state of the affairs in those parts shall necessarily require, and these our letters patents, and the enrollement of them shall be as well into the said governor and company of merchants of London trading into the said East Indias, as to the president and council of defence in the said East Indias for the time being, and to such other choice person or persons as shall be in manner aforesaid hereafter appointed for the government of the affairs of the said company in the East Indias a sufficient warrant and discharge for the doing, executing, and effecting of the premises according to the true intent and meaning of this our grant; notwithstanding our pleasure is that the said power use and exercise of punishment of capital offences, and of martial law shall continue in force until the same shall upon good cause by six or more of the privy council of us, our heirs, or successors for the time being (whereof the Lord Treasurer of England for the time being to be one) be revoked any thing herein contained to the contrary notwithstanding; and our will and pleasure is that these our letters shall be good and effectual according to the true meaning of the same, although express mention of the true yearly value or of the premises, or any of them, or of any gifts or grants by us or any of our progenitors or predecessors to the aforesaid governor and company heretofore made in these presents, is not made, or any statute, act, ordinance, provision, proclamation or restraint to the contrary thereof, heretofore had made, ordained, or provided for any other matter, cause, or thing whatsoever to the contrary in any wise notwithstanding. 1629 Fevereiro 17

In witness whereof we have caused these our letters to be made patents, witness ourself at Westminster the 4th day of February in the twentieth year of our reign of England, France and Ireland, and of Scotland the six and fiftieh.

This the true copy of the commission granted by our sovereign of England seal.=*B. Robinson,* secretary.

Contrato de pazes entre o Rey de Asarcela e o capitão de Damão no anno de 1635, ratificadas no anno de 1670 com outros de 1719

(Arch. da India, livro 1.º de pazes, fol. 195.)

Saibão quantos este publico estromento de amigavel contrato e capitulação de pazes, e retificação de outros virem que no anno do nacimento de nosso Senhor Jesus Christo de 1670 aos 26 dias do mez de novembro do dito anno, nesta 1635 Março 12

1635 Março 12 aldea Carmalla, da jurisdicção da cidade de Damão, na torre da dita aldea, estando presente o senhor Mathias Carneiro de Sousa, capitão e governador da dita cidade, e terras da sua jurisdição por Sua Alteza, e o Rey d'Asarceta Soma de Ranna, e seus filhos Crusnadasgy, e Surrata Singa, e bem assy os juizes, vreadores, e mais oficiaes da camara, com os fidalgos, cavalleiros, e cidadões abaixo nomeados e assinados, e eu André da Motta, taballião publico de notas, e escrivão dos feitos da fazenda de Sua Alteza da sobredita cidade, pelo dito Rey foi praticado ao senhor capitão por meo do enterprete, e paravú do dito senhor capitão e governador Simão de Teve, bramane, natural de Goa, que o Rey Rama de Ranna, seu avô, celebrára com o capitão e governador que fora desta dita cidade Fernão de Miranda de Azevedo contrato de pazes no anno de 1579, e elle dito Rey no de 1635 com o capitão e governador que foi da dita cidade Francisco de Sousa e Castro celebrára outro contrato retificando o primeiro na maneira seguinte:

Saibão quantos este publico estromento de contrato e capitulações de pazes, e ratificação de outro virem que no anno do nascimento de nosso Senhor Jesus Christo de 1635 annos aos doze dias do mez de março do dito anno nesta cidade de Damão, na fortaleza della, e aposentos do senhor Francisco de Sousa de Castro, capitão e governador della, e terras de sua jurisdição por Sua Magestade, estando elle de presente, e o Rey de Asarceta Soma de Rana e Arjunagy seu tio, e os juizes e vereadores, e mais officiaes da camara, e bem assim os fidalgos, e cavalleiros, e cidadões abaxo nomeados, e assinados, e eu Francisco de Serpa, taballião publico das notas, e escrivão dos feitos da fazenda de Sua Magestade da dita cidade; pelo dito Rey foi praticado ao senhor capitão por meio do interprete e lingoa Mangogy Sinay, bramene, que o Rey Ramo de Rana, seu avô, celebrára com o capitão Fernão de Miranda de Azevedo contrato de pazes no anno de 1579, e nelle se relatarão[1] os capitulos dellas para se haverem de

[1] Outra copia diz: «e delle se retificarão».

guardar e cumprir inteiramente, e por quanto se continuou no dito contrato pelos Reis que lhe socederão, elle quer continualo e reteficalo ainda com mais ampliação, em serviço de Sua Magestade por verificar ser seu vassallo leal, celebra ora este segundo contrato, pelo qual disse que ratifica o primeiro em tudo nelle resumido, e repete neste as capitulações daquelle, com mais algumas cousas de muito momento, e declarações na maneira seguinte: 1635 Março 12

1. Principal e primeiramente disse que o chouto, que elle hade arrecadar, que lhe pagão as aldeas destas terras, sitas nas seis Praganãs, a saber, Puary, Calana, Naer, Lauassa, Sangens, e Bara, como nas mais Tanadarias de Trapor e Mahym, serão a dezasete por cento, e isto nas Praganãs das terras desta fortaleza, que são as sobreditas seis, e de Mahym a doze e meio por cento da moeda do dito Mahym, e na de Trapor a catorze por cento, como se assentou no sobredito primeiro contrato, sem acrescentar, nem alterar neste dito numero mais.

2. E que não arrecadará das sobreditas aldeas, e seus curumbins e foreiros nenhuma pensão, nem costume, porque todas vão incluidas nos ditos dezasete, catorze, e doze e meio por cento, e somente haverá o dinheiro dos gracias sorretores (*sic*), palmeiras, tanques, e hortas, de que estiver de posse, a qual arrecadação fará do modo que thé agora se fez, sem inovar nada alem do que está em costume, assym do tempo dos mouros, como depois que as terras são da Real Coroa.

3. E que as recadações dos choutos, estas e outras se hão de fazer nesta cidade, e em suas Tanadarias, e não pelas aldeas, tudo por junto, no mez de outubro em cada anno. E posto que no primeiro contrato esteja a arrecadação seja em dous coarteis, hum em agosto, e outro em outubro, se não usou delle a pagarem em agosto, assim pelos foreiros neste tempo do anno não terem possibilidade, como por então serem mui occupados os curumbins na muda (*sic*) do bate da novidade que hade vir.

4. Que chegado o tempo das arrecadações do dito chouto,

1633 Março 12 elle dito Rey mandará a esta dita cidade o seu Pardane e recebedor pera as fazer, e receber o dinheiro dellas, e dandose comprimento á ordem que se tem de presente nisso, que he dos senhores V. Reis, se elegerão duas pessoas nobres, e de boa conciencia para serem juizes do dito chouto; huma nomeará da vereação pelos officiaes della, entervindo com elles homens que andarem no governo a camara, que he o que hade ser juiz por parte da cidade, e foreiros della, e elle Rey, ou seu recebedor com sua commissão e autoridade, elegerá outra pessoa por juiz da sua parte, e ambos os juizes serão pessoas, com que não haja suspeição.

5. E os ditos juizes mandarão lançar pregão que todos os Pateis, curumbins, e em falta delles os foreiros, venhão em termo de vinte dias fazer e pagar seus choutos, e não vindo, mandarão á custa dos mesmos Pateis e foreiros, que não acudirem no dito limite, fazer todas as diligencias necessarias a bem da arrecadação, assim nesta cidade, como nas proprias aldeas, fazendo que com effeito dêm satisfação a tudo o que deverem do dito chouto; e pera o receber terá elle Rey nesta cidade seu recebedor, o qual terá comprido poder e chapa pera fazer malvazar, e arrecadar, e dar quitações por nivaros a cada hum dos Pateis e foreiros da quantia que delles receberem, assignado pelo dito recebedor e juizes do chouto, e chapado com a chapa real do dito Rey.

6. E que se ao fazer do chouto e malvazar do pagamento delle, ouver algum foreiro, ou outra pessoa dos que pagão chouto a elle dito Rey, que lhe negue a verdade do que delle deve conforme a este contracto, e outro primeiro, lhe pagará quatro por hum, e que se elle Rey, ou seu recebedor arrecadar mais do que lhe vier e couber verdadeiramente do dito chouto, outrosim pagará quatro por hum á pessoa de quem o arrecadar.

7. E das aldeas, que elle Rey traz de arrendamento da Praganã Bará, e das mais que lhe arrendarem daqui em diante, segurará as rendas dellas a seus foreiros, com os choutos, que tem, e arrecada das aldeas destas terras conforme as escripturas dos arrendamentos, que são feitos, e

se fizerem, e na conformidade delles dará sempre inteira satisfação, e havendo algumas differenças sobre as mesmas aldeas, ou nellas, não darão nas ditas aldeas os Portuguezes, nem outra gente delles, nem as queimarão, nem destruirão; e isto sob condição, e declaração que não meterá, nem terá nellas elle Rey, nem outras pessoas do seu reino gente alguma de peleja nem de guerra, de cavallo ou de pé, mas somente estarão com os curumbins e naturaes, que as lavrão e grangeião. 1635 Março 12

8. E que os furtos que ouver, e se fizerem nestas terras e aldeas dellas de gado, carretas, gente, fato, e de outra qualquer cousa que seja pelas terras delle dito Rey, ou que sua propria gente faça nas ditas aldeas, elle será obrigado a entregar os ladrões que aquelles roubos fizerem, pera se lhes dar o castigo que elles merecerem, e isto não lho dando elle, sendo seus vassallos, no rigor que a culpa e latrocino merecerem, e será tal que fique satisfeito delle o dito senhor capitão, e os mais capitães que lhe soccederem; e não no fazendo assim, será obrigado a todas as perdas, e danos, que dos ditos furtos resultarem, e a satisfazer ás partes danificadas pelos ditos choutos, que a isso obriga, e o mesmo fará o dito senhor capitão a elle Rey, quando das nossas terras lhe for feito damno nas suas, sem haver para elle causa.

9. E nenhuns piães delle dito Rey, nem de outra pessoa do seu reino hirão pelas aldeas destas terras de Damão a fazer arrecadação nem outra cousa, sem mandado e licença do senhor capitão, e sendo para a arrecadação do chouto, dos juizes delle, e se forem sem ella achados, sejão presos e captivos pera as galés deste Estado, e as pazes por isto quebradas.

10. E será elle Rey obrigado de não faltar na obrigação em que está pelo Rey seu avô Ramo de Rana, e continuada pelos mais Reys seus successores, e pelo pay delle Rey no reino de Asarceta, conforme o contracto já dito do capitão Fernão de Miranda de Azevedo, e de novo por este segundo contrato, e firma de pazes, que ora faz, por que fica prome-

1635 Março 12 tendo verdadeira e limpa amisade com este Estado e cidade de Damão, e todas as terras de sua jurisdição.

11. E não se achará por si, nem por seus capitães ou gente em companhia de nenhum guerreador inimigo, que com esta dita cidade e as ditas terras tenha guerra, nem o favorecerá, ajudará, nem lhe dará por modo algum acolhimento nos lugares do seu reino.

12. E promete outrosim todas as vezes que seja chamado em occasião de guerra, que o peça, pelos senhores capitães e governadores desta fortaleza, acodir, e servir a Sua Magestade.

13. E querendo elle Rey mover guerras a seus inimigos, dará disso primeiro conta ao senhor capitão pera ver se he justa, e sendo, o ajudar e favorecer nella, como o fará sendo necessario, contra o Colle, na conformidade das provisões dos senhores ministros conselheiros.

14. E que tambem o mesmo senhor capitão, e os mais senhores despois delle guardarão e cumprirão a elle Rey todas as provisões, que são passadas pelos senhores V. Rey e pelos ditos senhores ministros conselheiros, enviados pelo senhor Conde V. Rey, que ao presente he.

15. E todos os escravos, e escravas, que estiverem fugidos nas terras delle Rey, dos moradores desta cidade e sua jurisdição, e assim de todos os mais Portuguezes, e os que daqui em diante fugirem pera lá, se obriga a entregar a seus donos, sendo-lhe pedidos.

16. E assim mais se obriga elle dito Rey a entregar todos os curumbins, e seus servidores, a alas, que das aldeas destas terras de Damão e sua jurisdição fugirem, sendo dellas naturaes e obrigatorios, e se passarem pera as delle, e os que nella estiverem passante oito e dez annos e mais, querendo-se vir voluntariamente para as aldeas, de que forem naturaes, o poderão fazer sem serem impedidos pelo dito Rey, nem forçados a tornaremse para lá, nem terá acção nem direito nenhum delles, e o mesmo se cumprirá, e usará nos curumbins, e seus servidores, e alas, que vierem de suas terras pera estas, se entregarão a elle dito Rey.

E todos os capitulos contheudos, e tudo o mais relatado neste contrato prometeo e se obrigou o dito Rey, e o dito Arjunagy, seu thio, cumprirem firmemente, e sem duvida nem falta alguma, por si e seus filhos, parentes, e vassallos, em maneira que as pazes contratadas, e firmadas, fiquem e sejão perpetuas, e as amizades dellas leaes e verdadeiras, sem em tempo algum se mudarem, nem quebrarem. 1635 Março 12

E pelo dito senhor capitão foi respondido ao dito Rey que elle em nome de Sua Magestade, e do senhor Conde V. Rey acceita este contrato de pazes assim e na forma nelle relatado, e a rectificação feita do outro primeiro contrato, havendo-o o dito senhor V. Rey por bem, ou o Principe que governar este Estado; e promete e se obriga de sua parte guarda-lo e cumpri-lo em tudo e por tudo o nelle contheudo; e pera firmeza de verdade mandou a mim dito tabellião fizesse este estromento, no qual os ditos senhor capitão, e Rey Soma de Rama, e Arjunagy, seu thio, se assinarão, e os vereadores João Pereira de Almeida, vereador da vara, e Fernão Coadrado de Almada, e os juizes Francisco Dias Cerveira, e Manoel Carvalho de Almeida, e o procurador da cidade Manoel Pequeno, e o escrivão da camara Carlos Botelho, e as testemunhas presentes Gonçalo Pereira de Sousa, fidalgo da caza de Sua Magestade, e Antonio de Barros, viuvo, cidadão desta dita cidade, e bem assim se assinou o dito interprete Mangogy Sinay, e eu dito tabellião que o escrevi—*Francisco de Sousa de Castro*—Chapa real do Rey—*Antonio de Barros*—Sinal de *Arjunagy*—*Fernão Cordrado de Almada*—*João Pereira de Almeida*—*Manuel Carvalho de Almeida*—*Francisco Dias Cerveira*—*Manoel Pequeno*—*Carlos Botelho*—*Gonçalo Pereira de Sousa*—*Mangogy Sinay*.

E por quanto elle dito Rey Soma de Ranna continua com a dita paz athé o presente, agora desejoso de se unir com maiores vinculos de amizade com este estado, e em particular com a cidade de Damão e terras de sua jurisdição, e por verificar ser vassalo de Sua Alteza, que Deos guarde, disse

1635 Março 12 elle dito Rey de Asarceta que havia por retificados, e de novo retificava os dous contratos primeiros feitos pelos Rey Ramo de Ranna, seu avô, e elle dito Rey Soma de Ranna com os capitães e governadores que forão desta dita cidade Fernão de Miranda de Azévedo, e Francisco de Sousa de Castro, e se obriga de novo a guardallos na forma e maneira, em que estão; e agora accrescenta de novo com o senhor capitão e governador Mathias Carneiro de Sousa este contrato com mais ampliação outras addições e clausulas de huma e outra parte mais convenientes ao serviço de Sua Alteza, e utilidade destas terras como as de Ramanaguel.

1. Primeiramente que quanto ao assentado n.º 1.º 2.º 3.º 4.º 5.º 6.º e 7.º capitulos do contrato acima referido com Francisco de Sousa de Castro, ficão em seu inteiro vigor pera dar inteiro comprimento sem se accrescentar nem diminuir cousa alguma.

2. Que quanto ao 8.º capitulo do dito contrato, em que diz o dito Rey de Asarceta Soma de Ranna, que os furtos que ouver e se fizerem nestas terras de Damão, de gado, carretas, e gente, fica em seu vigor, accrescentando porem o dito Rey agora de novo que os ladrões, que fizerem semelhantes furtos nas ditas terras, será elle dito Rey obrigado a lhes mandar logo cortar as cabeças, mandando restituir a seus donos o furto que tiverem feito, e não o fazendo assim, será tido por inimigo do estado, por quebrantador da paz, e tratado por tal.

3. Quanto ao 9.º 10.º e 11.º capitulos do contrato do capitão Francisco de Sousa de Castro, ficão em seu inteiro vigor na mesma forma capitulada.

4. Quanto ao dozeno capitulo do dito contrato do dito capitão Francisco de Sousa de Castro, em que diz o Rey de Asarceta que promete todas as vezes que seja chamado em occasião de guerra, que o peça, pelos senhores capitães e governadores etc. accrescentou o dito Rey de mais prometendo ao senhor capitão e governador Mathias Carneiro de Sousa, debaixo de sua palavra real, que particularmente ficava obrigado, como de feito se obrigou por este contrato,

a ajudar o dito senhor capitão e governador com todo o seu poder e gente de armas de suas terras, de pé e de cavallo, ao menos quinhentos homens de espingardas, e sessenta de cavallo, e mil Biles contra o inimigo Colle, a quem neste presente tempo determina fazer guerra por justas considerações do serviço de Sua Alteza, e ordens repetidas que tem dos senhores governadores o dito senhor capitão e governador, que todas comunicou ao dito Rey de Asarceta Soma de Ranna, o qual ficou obrigado a acodir com a sobredita gente de guerra no tempo que o dito senhor capitão e governador lhe fizer aviso pera o dito intento, sem pera isto ter o dito Rey de Asarceta rezão alguma que encontre a esta resolução, porque desde agora fica avisado para a referida guerra pelo dito senhor capitão e governador, e em caso que por parte do dito Rey de Asarceta aja alguma falta neste contrato, ou demora que impossibilite o intento assentado, no tempo que o dito senhor capitão e governador pera isso enleger, por esta causa será tido por quebrantador da paz, e inimigo declarado do estado, e como tal ficará perdendo o direito, que tem à cobrança do chouto das terras da jurisdição de Damão, conforme a ordem que o dito senhor capitão e governador pera isso tem dos senhores governadores, que já fizera presente ao dito Rey de Asarceta Soma de Ranna; e outrosy declarou o dito Rey que a sobredita gente de armas, de pé e de cavallo, que está obrigado a mandar pera a dita guerra, ficará toda á ordem do dito senhor capitão e governador, ou hindo em sua companhia, ou mandando pessoa sua pera a governar, e antes disso elle dito Rey será obrigado a mandar pera a dita cidade de Damão hum filho seu, que ficará em refens, como he estilo. 1635 Março 12

5. E quanto aos 13 e 14 capitulos do contrato já dito com o capitão e governador que foi Francisco de Sousa de Castro, ficão estabelecidos na mesma forma em que estão.

6. E quanto ao capitulo 15 do dito contrato feito com o dito capitão e governador que foi Francisco de Sousa de Castro, em que elle dito Rey está obrigado a entregar todos os escravos e escravas cativos a seus donos, dos moradores

1635 Março 12 da dita cidade de Damão, disse que este capitulo em todo de novo o ratificava o dito Rey, e se obrigava que em caso que elle dito Rey, ou seus successores não entregassem os escravos fugidos, sendo-lhe pedidos por seus donos, se obrigava a pagar a justa valia delles, justificando seus donos estarem nas terras delle dito Rey, cujos preços poderão haver nos seus choutos, e sendo caso que os ditos escravos se tornem para as nossas terras depois de o Rey satisfazer a sua justa valia a seus donos, ficarão livres por serem christãos.

7. E quanto ao capitulo 16 do contrato já dito com o dito capitão e governador que foi Francisco de Sousa de Couto, disse o dito Rey que ficava estabelecido na mesma forma, em que está.

E porque este terceiro contrato de paz celebrado entre o dito Rey de Asarceta Soma de Ranna e o senhor capitão e governador Mathias Carneiro de Sousa, e pera maior união das terras e gente de Damão e Ramanaguel, assentarão de novo o dito senhor capitão e governador, e o dito Rey que todos os mercadores de nossas terras livre e desimpedidamente poderão entrar nas terras do dito Rey a venderem e comprarem toda a sorte de mantimento, gado, ferro, e outras drogas, que se acha nas suas terras, sem pera isso poderem ser impedidos do dito Rey e de sua gente em seus passos e caminhos, porque da mesma sorte se use nas nossas terras com sua gente, e se usará daqui em diante com a mesma correspondencia.

E porque a união, que se acha hoje em o Rey de Asarceta e as terras de Damão e Baçaim, he tão grande, que vem a ser o mesmo Damão e Ramanaguel e Baçaim que huma só cousa em amor e amizade, desejoso o senhor capitão e governador Mathias Carneiro de Sousa corresponder ao dito Rey de Asarceta, aceita em seu nome, e dos vreadores e mais officiaes da camara desta dita cidade os capitulos, que pelo dito Rey de Asarceta forão apresentados ao dito senhor capitão e governador, o qual se obriga por si e pelos senhores capitães e governadores que socederem, aos guardarem, e darem inteiro comprimento, os quaes capitulos são os seguintes. 1635 Março 12

1. Primeiramente que as sentenças que hande dar os juizes nas duvidas que se offerecerem sobre o chouto do dito Rey, fará elle dito senhor capitão e governador que guardando-se toda a justiça, não fique ao dito Rey queixa alguma, mandando tambem arrecadar todo o chouto, que directamente lhe pertencer, pagas as rendas, no que o dito senhor capitão e governador se haverá como particular amigo do dito Rey.

2. Sendo pois esta amizade entre o Rey de Asarceta com a cidade de Damão e suas terras tão unida, e agora com novos empenhos avantajada, pode succeder que a este respeito se offereça alguma desinquietação, que possa ter o Reino de Ramanaguer, e seja conveniente ao dito Rey mudarse pera a cidade de Damão com sua pessoa e familia, se lhe pagará dentro na dita cidade o dito chouto assy e da maneira que o lograva estando em Ramanaguer, tendo porém elle dito Rey aquelle direito, por cuja causa se lhe paga o chouto.

3. E porque em algum tempo pela mesma causa se pode offerecer alguma guerra, que obrigue ao dito Rey a se recolher na dita cidade de Damão, será recebido do capitão e cidade com todo o amor e amizade, dando-selhe para sua morada huma cazas sobradadas capazes pera recolher sua familia, aonde assistirá seguramente todo o tempo que lhe parecer, sem que pessoa alguma da dita cidade possa entender com cousa sua, nem offender a sua gente, e quando o dito Rey queira sahir da dita cidade pera a parte que lhe parecer, não será impedido, antes o fará livremente, e sendo caso que por sua assistencia na dita cidade se mova contra ella alguma guerra, estará o dito Rey seguro, e muito bem recolhido com sua familia, guardando-se-lhe toda a fé devida á boa amizade, pera o que se obrigou o dito senhor capitão e governador Mathias Carneiro de Souza mandar buscar huma provisão dos senhores governadores pera maior firmeza deste capitulo.

4. Promette mais o dito senhor capitão e governador de

1635 Março 12 ajudar ao dito Rey de Asarceta com polvora e pelouros, e a gente que for necessario pera sua defensa, offerecendoselhe alguma guerra contra o Colle, guardandose primeiro as circunstancias e clausulas do capitulo 13 do contrato celebrado com o dito capitão e governador Francisco de Souza de Castro.

5. Em caso que se ache despeso o dito Rey de Asarceta, estando nesta dita cidade pelos casos acima referidos, se lhe emprestará o dinheiro, que lhe for necessario, para o satisfazer do seu chouto, o qual se obriga a esta satisfação.

6. E tendo alguma desinquietação o dito Rey dos ladrões e formigueiros Billes, se lhe dará toda a ajuda e favor, como amigo desta fortaleza, e suas terras.

7. Que os enviados do dito Rey de Asarceta assistentes em Damão estarão seguros de serem presos e avexados de pessoa alguma de qualquer calidade que seja, guardando o seguro real passado em favor do dito Rey e sua gente.

8. E pelo dito Rey de Asarceta Soma de Ranna foi dito por meio do seu lingoa Ganes Paravú, que se obrigava a guardar e dar inteiro comprimento a todos os capitulos, e tudo o mais relatado neste contrato firmemente sem duvida nem falta alguma, per si, e por seus filhos e successores, parentes e vassallos, em maneira que as pazes contratadas, firmadas, e retificadas fiquem e sejão perpetuas, e as amizades dellas leais e verdadeiras, sem em tempo algum se mudarem e quebrarem.

9. E logo pelo dito senhor capitão e governador Mathias Carneiro de Sousa foi respondido ao dito Rey que elle em nome de Sua Alteza, e dos senhores governadores aceita este contrato de pazes assy e na forma nelle relatada, e a retificação de outros contratos feitos com os ditos capitães e governadores Fernão de Miranda de Azevedo, e Francisco de Sousa de Castro, avendo os ditos senhores governadores por bem, ou o Principe que governar este estado, e promette e se obriga da sua parte guardalo e cumprilo em todo e por tudo o nelle conteudo, e pera firmeza da verdade mandou a mim dito tabalião fizesse este estromento, no qual o dito se-

nhor capitão e governador Mathias Carneiro de Sousa, e Rey 1635 Março 12
de Asarceta Soma de Ranna, e os Princepes seus filhos Crusnadasgy e Surata Singa se assinarão, e com o genro do dito Rey Crusnadar Bagul, e seu sobrinho Gobagi Bagul, e seu Pardane e recebedor Baigi, e o Pardane Dabir Ganes, e o seu lingua Ganes Paravú, e bem assim os vreadores, e mais officiaes da camara, a saber, os vreadores Manoel de Moura Rolim, e Nicoláo de Leão, e os juizes João Gomes Gracez, e Domingos de Brito da Silva, e o procurador da cidade Francisco Teixeira, e o escrivão da camara Antonio Mourão Coutinho, e as testemunhas Manoel Cirne da Silva, fidalgo da casa de Sua Alteza, capitão e governador que foi da dita cidade, e Manoel de Barros, capitão mór do campo, e Bento Teixeira de Figueiredo, cavalleiro professo da ordem de nosso Senhor Jesus Christo, e os cidadãos Luiz Carneiro de Almada, e Jorge Martins da Maya, e Antonio Peixoto da Silva, e Manoel de Sousa de Vasconcellos, e Antonio Lopes Aljofarinho, e o dito interprete e Paravú do dito senhor capitão Simão de Teive, que tudo lhe declarou ao dito Rey, e aos seus filhos delle e parentes seus, e gente delle aqui nomeados e declarados; e eu dito tabalião que o escrevi, e tudo lhe declarou na lingua da terra, e o escrevi, e declaro que se não assinou o dito Manuel Cirne da Silva, por não estar presente; e eu dito tabalião que o escrevi, nem se assinou o dito Jorge Martins da Maya, e o escrevi.—*Mathias Carneiro de Sousa*—Chapa real do Rey—Sinal do Princepe *Surata Singa*—Sinal do Principe *Crusna Dasgi*—Sinal do genro d'ElRey *Crusnadas Bagul*—Sinal de *Gebagi Bagul*—Sinal de *Condagi Pardane*—Sinal de *Baigi Pardane*—Sinal de *Ganesgi Dabir*—*Manoel de Moura Rolim*—*Nicoláo de Leão*—*João Gomes Graces*—*Francisco Teixeira*—*Domingos de Brito da Silva*—*Antonio Mourão Coutinho*—*Manoel de Barros*—*Bento Teixeira de Figueiredo*—*Luis Carneiro d'Almada*—*Antonio Peixoto da Silva*—*Manoel de Sousa de Vasconcellos*—*Antonio Lopes Aljofarinho*—*Simão de Teive*—*Ganes Paravú*.

1635 Março 12 A qual escritura de contrato de pazes aqui vai tresladada do proprio livro de minhas notas, adonde está lançado, e assinado pelas partes e testemunhas, bem e fielmente, sem delle acrescentar nem diminuir, entrelinha e borraduras, riscado, nem cousa que duvida faça, salvo na quinta lauda huma entrelinha que está por cima da primeira regra, e diz —ficão — e ahi mais abaixo tres letras emendadas que diz —das — que se fez por fazer verdade. Pagou nada. Eu André da Mota sobredito tabalião o fiz escrever, e sobscrevi, e me assinei do meu publico sinal, que tal he como se segue (logar do sinal publico).

No mesmo livro fl. 332 está outro instrumento das pazes de 1635, que comprehende tambem as que adiante se seguem: tudo em certidão passada em Damão a 15 de março de 1729.

Treslado das ultimas pazes e condições que feichou (sic) o capitão e governador desta cidade, Luiz de Mello Pereira, com o Rey de Asarceta

1719 Maio 25 Em nome de Deos, amen. Saibão quantos este publico estromento de capitulações e assento de pazes virem que no anno do nascimento de nosso Senhor Jesus Christo de 1719 aos 25 dias do mez de mayo do dito anno, nesta cidade de Damão, em a fortaleza della, aposentos dos capitães e governadores, sendo de presente o capitão e governador desta dita cidade e sua jurisdição Luis de Mello Pereira, fidalgo da caza de Sua Magestade, que Deos guarde, o senado da camara por seus vereadores, juizes, e procurador, e bem assim o feitor e alcaide mór de Sua Magestade, e os fidalgos nobres moradores avante assinados, e outrosy Ramagy Ganessagy, embaixador e Pardane mór do Rey de Asarceta Soma Deo Ranna, e o lingoa desta fortaleza Vissanagy, e logo por meio delle foi dito pelo dito Pardane mór embaixador em lingoa da terra, declarado pelo dito lingoa em portuguez, a mim Manoel de Freitas e Menezes, tabalião publico das notas, e escrivão da fazenda dos defuntos nesta dita ci-

dade e suas terras, em presença das testemunhas ao diante 1719
nomeadas, e assinadas, que elle dito Pardane mór embaixa- Maio
dor Ramagy Ganessagy trazia, como de feito logo apresentou, 25
procuração abastante do dito seu Rey em letra gentilica com sua chapa real, traduzida pelo dito lingoa, pera com ella, e os poderes que lhe dava firmar as pazes e amizade perpetua com esta cidade e sua jurisdição, e se conformar em tudo com o dito capitão, e guardar no que fosse em utilidade e conservação das terras de ambas as partes, com todas as capitulações e reformações necessarias do tempo do general Joseph de Mello de Castro a esta parte, as quaes todas ficão em sua força e vigor, e as mais que o dito capitão e governador fosse servido acrescentar, por ser o animo e vontade do seu Rey ajustarse em tudo com a razão e paz, que de novo se assentavão por este presente contrato, cujo teor da dita procuração em portuguez he o seguinte:

Procuração do Rey de Asarceta

Eu o grandioso Rey de grandiosa linhagem dos Ráos feito 1719
pelo animo do grandissimo Senhor Deos de todo o globo, o Maio
Rey Soma Deo Ranna, Rey de Asarceta, e do reino de Rama- 13
naguer ao Matona do Itamady Ramagy Ganessagy, Pardane mór, embaixador, em como tenho encarregado a vossa merçê os negocios da embaixada, que tenho mandado para o porto de Damão, por rezão que ouve guerras com os Portuguezes, e por isso lhe mando pera fazer as pazes; assy que tudo quanto vossa mercê fizer e obrar, e as pazes que fizer, tudo o haverei eu por bem feito. Hoje dez de escuro do mez de maio de 1775, que vem a ser 13 do dito mez de maio de 1719 annos. No principio da cabeceira da dita procuração está a chapa real do dito Rey. E na ultima regra abaixo está confirmação do embaixador e Pardane mór de sua letra propria, em que diz — Cumpra-se o que está escripto conforme uso — Na mesma regra está huma palavra de confirmação do seu Muzumadar, que diz — Mortobo —.

Treslado da carta do dito Rey, escripta ao dito capitão e governador, a qual trouxe o Embaixador Ramagy Ganessagy Pardane mór, que veio a effectuar as pazes, e entregou na primeira vista ao dito capitão e governador, aos 16 de máio de 1719

1719 Maio 13 Carta, etc. Em a fortaleza de Damão, senhor irmão, e senhor maior irmão, Luis de Mello Pereira, capitão e governador da cidade de Damão, feita por Maha Rana Diragi[1] Maha Ranna Raul Somo Deo Rannã, Rey de Asarceta, e terras de Ramanaguer[2], cá de saude passo; vossa mercê me mande boas novas de sua saude pera fazer a estimação, e de mais dias passados muitas vezes escreveu sobre o embaixador, e agora por escripto de amigo tenho enviado o acreditado Ramagy Ganessagy, Pardane mór; depois de encontrar hade representar alguns capitulos, e conforme elles he necessario fazer, e a vontade que tem he certa mesma; vossa mercê, senhor, he gente boa, e perà as cousas verdadeiras não tem que escrever mais, porque nisso fica ao querer de Deos, e vosa mercê he de consideração; ao diante será a amizade mais aventajada, e não seja que ao diante seja dissenções. Não tem que escrever mais, que Deos guarde a vossa mercê. Hoje dez de escuro do mez de maio de 1775, que vem á ser 13 do dito mez de maio de 1719.—Chapa real. E sendo assim tresladada a dita procuração e a dita carta do dito Rey de que eu dito tabalião porto minha fé e credito.

Contratos

1719 E logo pelo dito capitão e governador foi proposto e declarado pelo dito lingoa desta fortaleza Vissanagy Paravú em lingua da terra que elle dito capitão e governador era contente de que por seu meio se fizessem estas pazes e amizade com o dito Rey, e de conformar em tudo com a razão para a conservação de suas terras e nossas, pera o qual effeito tenho visto os contratos dos capitaes passados do tempo do general Joseph de Mello de Castro a esta parte, e que lhe

[1] Outra copia diz — *Diraza.*

[2] Outra copia diz — *Ramo Nagar.*

pareciāo mui conformes as capitulações delles, e tudo o assentado nelles bastante pera a conservação de huma boa pax, e assim satisfazia de que ficassem todos os ditos contratos firmes e valiosos, e ratificados novamente em toda a sua força e vigor, pera por elles se rejurar e guardar huma limpa e fiel amizade, por assy ser sua vontade em cumprimento de todos os capitulos nelles resumidos, e de outros que novamente neste presente contrato se acrescentão, os quaes são seguintes. 1719

1. Primeiramente perderá o dito Rey de Asarceta o chouto de todo o tempo que durou a guerra, que foi começado aos 23 de Dezembro de 1717 thé o dia que se lhe passou o seguro real pera poder vir o seu embaixador a tratar das pazes, que foi aos 29 do mez de abril de 1719, que faz hum anno quatro mezes e seis dias; mas como he justo o requerimento que faz pelo seu embaixador de não pagar o arrendamento das aldeas da coroa de Portugal, que traz arrendadas, pelas não lograr, visto serem invadidas pelas nossas armas, e porque ao dito arrendamento estava obrigado o mesmo chouto, não será obrigado á satisfação do dito arrendamento do dia em que as nossas armas quebrando o seguro, entrarão nas ditas aldeas thé o mesmo dia em que se passou o seguro.

2. Assim mais seria obrigado o dito Rey a pagar todas as perdas e danos, que nas terras da coroa causou com as guerras que abrio, que como foi tão dilatada, se fizerão gravissimas; mas attendendose a não ser o dito Rey presente o que abrio as guerras, e á pontualidade com que procurou logo as pazes assy que entrou a governar por morte do Rey Jadeo Ranna; e ponderandose tambem a grande perda que as nossas armas lhe causarão, se obriga por seu embaixador a pagar do dinheiro do chouto trinta mil xerafins, a saber, vinte e seis mil xerafins pera a satisfação das perdas e danos, e quatro mil xerafins pela restituição dos resgates que pela nossa gente levou, os quaes trinta mil xerafins se pagarão da terceira parte do chouto que ficar liquido, satisfeitas as suas consignações, e se lhe passarão as quitações necessarias.

1719 3. E assym mais que só pera as aldeas da coroa, que o Rey traz de arrendamento, o qual ratifica, lhe valerá o seguro, com condição ainda que haja guerras, sempre virão os Pateis e curumbins dellas a dar a obediencia, e assistir ao serviço das nossas tranqueiras, como vassallos que são de Sua Magestade, que Deos guarde, e nas ditas aldeas não haverá gente de guerra, nem cousa que indique a menor infidelidade sob pena de lhe não valer o seguro, como declara o 7.º capitulo de Francisco de Sousa de Castro, ratificado e resumido nos mais contratos athé hoje, o qual seguro não consta ser passado pera as aldeas Naroly, Dadará, e Tigará.

4. Será mais obrigado o dito Rey a pagar todas as perdas e danos que o Grasiá nos fizer nas nossas aldeas, constando que para fazer os furtos se valerão das terras do dito Rey, ou fosse na entrada, ou na saida; e juntamente ficará obrigado o dito Rey por este novo capitulo não só ao referido acima, mas tambem lhe ficará por obrigação tomar toda a noticia em ordem a saber se o dito Grasiá tem intento, ou se aparelha pera dar em nossas aldeas, e constando o referido, será obrigado a impedirlhe este designio, ainda que seja a troco de perder a golpe de espada muita gente.

5. Assym mais de nenhuma maneira entenderão os servidores do dito Rey, nem pessoa alguma de suas terras com a nossa gente, nem suas carretas, quando vão ao corte e conducção da madeira, sob pena que quando o contrario obrarem, se lhes descontará dez xerafins cada carreta que obrigarem a fazer qualquer serviço, pois todos os que nos seus matos entrão, lhe pagão os direitos como he costume.

6. Será tambem o dito Rey obrigado não só a entregar todos os cafres e cafras, que desta cidade fugirem, e nos constar estar nas suas terras, pois a isto obriga hum dos capitulos do contrato das pazes, que ajustou o general Joseph de Mello de Castro, mas de novo lhe fica acrescentado esta obrigação para não só dar cumprimento ao referido, mas tambem será obrigado a pagar todos os curumbins que lhe constar vão fugidos das nossas terras pera as dos Mouros, e nos fará aviso pera por meio de valum (*sic*) se constituirem

aos seus naturaes; e assim constando a qualquer dos donos 1719
que o dito Rey teve noticia da ausencia dos fugidos, por estarem, ainda que de passagem, pollas suas aldeias, fazendo requerimento judicialmente, se lhe satisfará trezentos xerafins por cada cabeça; mas ainda que a dita satisfação esteja feita, sempre nós seremos obrigados a tornar a dita quantia todas as vezes que nos fizerem entrega dos nossos captivos.

O que tudo praticado pelo dito capitão e governador, explicado na lingua da terra pelo dito interprete ao dito embaixador, e delle bem entendido, disse que na forma que o dito capitão e governador era servido, e por serviço do seu Rey, aceitava de boa vontade assim o favor de serem somente trinta mil xerafins da perda do chouto do dito seu Rey, como tambem o chouto do tempo que durou as guerras athé o seguro, que faz hum anno quatro mezes e seis dias, como já atraz se declara, porque por todo o assentado estava, e acceitava em nome e pessoa do dito seu Rey, prometendo por sua palavra real dar o devido cumprimento a tudo, e em seu nome e pessoa jurava pelo seu juramento de guardar o que neste contrato he pedido e assentado, e aceito pelo dito capitão e governador, havendo pela parte do seu Rey por ratificados e acceitos os contratos todos atraz resumidos, para todos ficarem em sua força e vigor desde agora para sempre, sem de sua parte os poder violentar no minimo delles, por ser esta paz huma perpetua memoria do tempo entre o dito seu Rey, e seus successores com esta cidade; e se obrigou o dito seu Rey, e o dito Pardane mór embaixador Ramagy Ganessagy ao cumprir firmemente sem duvida nem falta alguma, por si e seus filhos, parentes e vassallos, de maneira que as pazes contratadas e firmadas com o capitão e governador fiquem e sejão perpetuas, e as amizades dellas leaes, e verdadeiras, para em tempo algum não se mudarem nem quebrarem, e por isso se firma com a chapa real, que elle dito Pardane mór embaixador trazia do dito seu Rey, em cujo nome, e sobre sua cabeça jurava de as conservar, pera o que tomava Deos nosso Senhor por testemunha; e pelo dito capitão e governador foi respondido ao dito Pardane

1719 mór embaixador que elle em nome de Sua Magestade, que Deos guarde, e do Senhor Conde V. Rey deste estado, Dom Luis de Menezes, em virtude da ordem que teve o general do Norte Luis Gonçalves da Camara Coutinho do dito senhor, commetido a elle dito capitão e governador, pela qual ordenava que aceite as ditas pazes com todo o credito e reputação de nossa coroa, o que se entende havendoo o dito Senhor assim por bem, e prometeo, e se obrigou de sua parte a guardar em todo e por todo; e pera firmeza da verdade mandou a mim taballião fizesse este publico estromento nas minhas notas, no qual o dito capitão e governador, e o dito Pardane mór embaixador assinarão com os vereadores e nobre senado da camara desta cidade.

E assim mais declarou o dito capitão ao embaixador que no que toca ao gado, e mais fato que está das nossas terras nas terras do dito Rey antes das ditas guerras, se obrigará ao que for resão entre o dito capitão e governador e o dito embaixador, sem mais contendá alguma.

E de como assim se comprometerão debaixo da mesma paz e amizade que havia feito, em fé do que se assinarão com o vereador Valentim Pereira de Sampayo, e Joseph Pereira de Vasconcellos, e procurador da cidade Manoel Teixeira, e o juiz ordinario Manoel Cardoso de Aguiar, o escrivão da camara Manoel Pinto de Sepulveda, o feitor e alcaide mór Lucas Bernardo de Moraes, os fidalgos nobres e cidadãos que estavão presentes, a saber, Antonio de Moura Rolim, Francisco de Barros, Carlos Vaz Cirne Bacellar, Luis da Costa, Antonio Rodrigues Chaves, o capitão do forte de São Hieronimo Antonio de Almeida Sottomayor, o capitão do campo Simão da Fonseca Coutinho, Rodrigo da Guarda Couto, Nicoláo Martins juiz do chouto, o capitão Francisco Varella de Eça, o capitão Joseph da Fonseca Osorio, o capitão Francisco Vaz Cordeiro, que tambem se achavão presentes, todos residentes nesta cidade; e eu dito tabalião que o escrevi.— *Luis de Mello Pereira*— chapa do Rey — *Joseph Pereira de Vasconcellos* — Sinal de *Ramagy Ganessagy*, embaixador, pardane mór—Sinal de *Rangogy Muzumadar*—sinal de *Ramogy* Pardane do chouto—*Manoel Cardoso de Aguiar— Manoel Teixeira Lucas — Bernardo de Moraes — Francisco de Barros — Antonio de Almeida Sottomaior — Carlos Vaz Cirne Bacellar — Antonio de Moura Rolim — Ruy Gomes de Sequeira — Nicolão Martins — Francisco Vaz Cordeiro — Rodrigo de Guarda Couto — Julião Freire Lobato — Simão da Fonseca Coutinho — Antonio Rodrigues Chaves — Vissànagy.* 1719

Seguro do capitão desta fortaleza, Luiz de Mello Pereira, para vir o Embaixador do Rey Choutiá pera esta cidade de Damão

Luiz de Mello Pereira, capitão e governador desta fortaleza 1719 e cidade de Damão, e sua jurisdição; por este dou seguro Abril em nome de Sua Magestade, que Deos guarde, a Ramagy 92 Ganessagy, pardane mór, e embaixador do Rey de Asarceta, e terras de Rama Naguer, pera que possa vir seguramente a esta cidade a tratar a conferencia e ajuste da paz entre o Rey, e o soberano Estado da India oriental da Magestade Serenissima de Portugal, e poderá trazer em sua companhia quinze cavallos, e cincoenta homens de pé, e com a mesma segurança e liberdade poderá voltar pera as ditas terras todas as vezes que quizer, feitas, ou não feitas as pazes. Dado em a fortaleza de Damão sob o sello das armas reaes, e por mim assinado aos 29 de Abril de 1719 — *Luis de Mello Pereira.* — O sello das armas reaes.

Outros documentos sobre o Rey de Asarceta

Alvará de El-Rey sobre se não fazerem forças a El-Rey Choutiá no pagamento do chouto que tem nas aldeas de Damão

(Livro de alvarás n.º 1-A, fol. 193 v.)

Eu ElRey faço saber aos que este alvará virem que eu sou 1604 informado das forças, que os capitães da cidade de Damão Março fazem ao Rey Choutiá sobre as rendas dos choutos, que tem 19

1604 Março 19 nas aldeas della, recolhendoas os ditos capitães, e pagandolhe em cavallos velhos, e mancos, e em outras cousas por excessivos preços, de que me ey por mui desservido, por ser cousa tão injusta e alheia da obrigação dos ditos capitães, e de que se tem experiencia que resultão muitos inconvenientes, alem do escandalo que isto dará aos gentios e mouros daquellas partes, e o pouco exemplo que com isso dão, pelos quaes respeitos ey por bem e mando que daqui em diante os ditos capitães se não entrometão mais no dito chouto, e que todo se pague a quem o dito Rey ordenar, em dinheiro, e não em outra cousa, e outrosy mando que no dito dinheiro se não possa fazer embargo por divida alguma, e que os moradores da dita cidade se não contratem, nem possam contratar com o dito Rey senão com dinheiro de contado, sob pena de que alem de eu me haver por mui desservido dos ditos capitães e moradores da dita cidade, que o contrario fizerem, e de os mandar castigar com muito rigor, pagarem ao dito Rey anoveado a contia, que lhe não pagarem em dinheiro do dito chouto, e a contia dos contratos que com elle fizerem contra a forma deste alvará, e pelo conteudo nelle se perguntará na residencia dos ditos capitães, e os juizes della farão com effeito pagar aos ditos capitães, e aos ditos moradores tudo o em que os acharem comprendidos contra o que nelle assy lhes mando, que será guardado e observado como ley. Notificoo assy ao Viso Rey, chanceler do dito Estado, e ás mais pessoas a que o conhecimento delle pertencer, e do teor deste alvara o dito chanceler passará treslados por elle assinados, e sellados com o sello de minha chancelaria, aos quaes se dará tão inteira fé e credito como a este proprio, e os mandará publicar e fixar nas portas principaes da cidade de Goa e de Damão, e registar ao livro da camara della, para que venhão á noticia de todos, e o propio se porá em boa guarda para em todo o tempo constar do que assy tenho mandado, o qual quero que valha, tenha força e vigor como se fosse carta por mim assinada, e passada pela chancelaria, sem embargo da ordenação do 2.º livro, tit. xx, que diz que as cousas, cujo effeito ouver de durar mais de hum

anno, passem por cartas, e passando por alvarás não valhão, 1604 Março 19
e valerá outrosy posto que não seja passado pela chancelaria, sem embargo da ordenação em contrario. Antonio Campello o fez em Valhadolid dezanove de Março de 1604. — *Rey*.

Provisão do Viso Rey D. Jeronymo de Azevedo sobre a arrecadação ao chouto pela cidade de Damão para as despezas da guerra

(Livro 3.º de alvarás, fol. 168.)

Dom Jeronimo d'Azevedo etc. Faço saber aos que este al- 1614 Março 7
vará virem que considerando eu os grandes danos, que nas terras de Damão se padecem com os assaltos e roubos, que nellas faz o Choutiá, e as queixas que sobre isso se me fazem por parte daquella cidade, e querendo prover nesta materia conforme ao que obriga a calidade e importancia della, e a sem rezão de que o dito Choutiá usa quebrando o contrato da paz e amizade, que com elle está feita, por cujo respeito se lhe concedeu o chouto, que naquellas terras se lhe paga, ey por bem, e me praz que pois elle quebra o dito contrato com mover guerra contra as ditas terras causando nellas os danos referidos, se lhe quebre a elle tambem em se lhe não pagar o dito chouto, e que do procedido delle, em quanto a guerra durar, se faça, e pague gente, com que as ditas terras se guardem, e defendão de seus assaltos, e que na arrecadação, guarda, e despesa do dinheiro, que no dito chouto se montar, e no fazer da dita gente, e governo della se proceda pela ordem e maneira seguinte.

1. Farseha o chouto na forma que atégora se fez no baleo do capitão de Damão, e por dous cidadões daquella cidade, hum que ella costuma nomear, e outro, que era nomeado pelo Choutiá, nomealoha a junta, de que adiante se faz menção.

2. Feito assy o dito chouto, se porá logo em arrecadação, e carregarseha sobre o thesoureiro da fabriqua da fortificação daquella cidade, porem não se lhe entregará, mas logo se recolherá, assy como se for arrecadando, em huma arca

1614 Março 7 de tres chaves, que para isso estará no collegio de São Paulo, das quaes chaves terá huma o dito thesoureiro, outra o padre Reytor do dito collegio, e outra o vereador, que servir de administrador das obras da fortificação.

3. Averá huma junta, na qual entrarão o capitão da cidade, e os ditos Reytor, e vereador, e terá a dita junta todo o poder e jurisdição necessaria para fazer que os devedores do chouto o paguem com toda pontualidade, cada hum o que lhe tocar, conforme o que se assentar pelos dous cidadões, que pela maneira referida se hão de nomear para isso, e as justiças da dita cidade executarão o que acerqua disto se lhes ordenar por mandados assinados pelos da dita junta, sob pena de suspensão de seus cargos até minha mercê, e de cinquoenta pardáos (as quaes penas o ouvidor daquella cidade executará logo) nos meirinhos que não derem á execução os ditos mandados, e não o comprindo elle assy, os da dita junta o emprazarão para vir a esta corte aparecer ante my, e dar a rezão que teve para não comprir o que por este mando, e logo ficará suspenso de seu cargo.

4. Com o dinheiro, que assy se recolher do dito chouto, se farão quinhentos piãis, ou os que parecer necessarios para guarda, e defensa das ditas terras, sobre o que se tomará assento na dita junta, e a estes piãis se pagará na forma que se costumão pagar os mais que naquellas partes servem, e será capitão delles a pessoa que o he do campo de Damão, a qual no que com elles ouver de fazer, e emprender seguirá as ordens que lhe der o capitão da cidade, assy por lhe tocar por rezão de seu cargo, como por eu confiar de sua muita prudencia e experiencia que lhe ordenará o que for mais conveniente, e nas saidas que com a dita gente fizer, em que comprir se achem tambem os moradores daquella cidade, que costumão sair ao campo, os obrigará o capitão ao acompanhar; e do dito dinheiro se não fará outra despesa alguma, e quando se ouver de tirar da dita arca o que se montar no coartel dos piãis, será em presença de todos os da junta, e ella tambem terá a cargo saber se ha effectivos todos os piãis, que se pagarem, e prover sobre isso

de maneira que os aja, e se não consuma este dinheiro sem se conseguir o fim pera que isto se ordena. 1614 Março 7

5. E para que neste negocio se proceda com toda justificação, ey por bem, e mando que primeiro que tudo se mande notificar ao Choutiá que alce a mão da guerra, e cumpra o contrato, como he obrigado, pois por isso se lhe concedeo o chouto, porque não o fazendo, se lhe não ade pagar, e com elle se lhe ade fazer a guerra, e autuarseha assy a notificação, como a sua reposta, para a todo tempo constar como se fez esta diligencia.

Notifico-o assy ao capitão da dita cidade de Damão, aos juizes, vereadores, e mais officiaes da camara della, ao ouvidor, mais justiças, e pessoas a que pertencer, e lhes mando que assy o cumprão e guardem, e fação inteiramente comprir e guardar como neste alvará se contem, e o mesmo encomendo ao dito padre Reytor; e este se cumprirá, posto que não passe pela chancelaria, por ser do serviço de Sua Magestade, sem embargo da ordenação do 2.º livro, titulo 39 em contrario. Gaspar da Costa o fez em Goa aos 7 de março de 614. E eu o secretario Affonso Rodrigues de Guevara o fiz escrever. — *Viso Rey.*

Verba á margem

O senhor Conde do Redondo com parecer do Doutor Gonçalo Pinto da Fonseca ouve por bem de confirmar este alvará, que o V. Rey Dom Jeronimo d'Azevedo passou á cidade de Damão, em 27 de março de 618, em que este foi incorporado, que vai no livro 1.º dos registos a fl. 236 verso. Se fez esta declaração, que o dito alvará requeria.

N. B. Este apontamento indica que não houveram effeito as pazes ajustadas em 1617, e por nós já publicadas no *Chronista de Tissuary*, vol. 4.º pag. 22. *(Rivara.)*

Conclusão e assento, que por ultima resolução fez o reverendo padre Frey Fernando de Lahove, presentado em sancta theologia, da ordem dos prégadores, por ordem do Senhor Viso Rey e Capitão geral da India, Pero da Silva, com o Senhor Adamus Wester Vuolt, general dos Ollandezes, que prometeo dar assinado pelo seu presidente general, e de mais ministros de Batavia, o qual assento comprehende tão somente a gente branca, portugueza e mestiços e mais gente de Europa.

(Arch. da India, livro grande de pazes, fol. 27.)

1638 Abril 15 1. Primeiramente acordarão que vindo á prisão qualquer general de huma ou outra parte, havendo troca equivalente, se dará pessoa por pessoa, e não havendo, será o resgate de cada hum dos ditos generaes por duzentas patacas: e outrosy havendo algum almirante prisioneiro de huma ou outra parte, se fará a troca de pessoa a pessoa; em falta do que dará por seu resgate cento e cincoenta patacas.

2. Declarase mais que sendo em prisão capitães de navios de alto bordo, ou feitores de náos Olandezas, será seu resgate de pessoa a pessoa, em rezão da estimação que se faz de tal gente, em falta do que se darão cem patacas, com declaração que se tiver capitão e feitor, que sempre se faz mais estima da pessoa do feitor, mas não que se exceda do dito feitor em cem patacas de resgate, e neste caso fica o capitão de tal náo na altura de mestre ou piloto, cujo resgate será a sessenta patacas, não havendo troca de pessoas; e outrosy sendo caso que seja preso qualquer capitão, indo ou vindo de sua fortaleza, pagará tambem por resgate cem patacas, assim como os capitães de alto bordo.

3. E achandose, ou caindo em prizão em qualquer destas náos de parte a parte (ainda que grandes ou pequenas) mulheres portuguezas e mestiças, ou flamengas, serão as taes mulheres em liberdade com todo o decoro e honestidade, que se permitte em bom primor, sem que se peça nenhum genero de resgate.

4. Sendo em prizão algum religiozo ou sacerdote da igreja Romana, ou algum ministro dos que acompanhão as náos Olandezas, haverá troca de pessoa a pessoa, e não havendo, se darão de resgate por cada religioso quarenta patacas, com declaração que se não entenderá, sendo Bispo, Arcebispo, ou Patriarcha. 1638 Abril 15

5. Sendo em prisão marinheiros, artilheiros, condestables, grumetes, carpinteiros, calafates, ou outros quaesquer officiaes de mar e guerra, ou chatins portuguezes, que em fustas ou galeotas, que ganhão sua vida, havendo prisioneiros da outra parte, se darão pessoas por pessoas; em falta do que dará cada hum por seu resgate dez patacas, com declaração que todas as pessoas neste capitulo nomeadas se entende só de Portuguezes e mestiços, e não gente da terra.

6. Sendo em prisão moços dos soldados, ou quaesquer outros servos (que não sejão captivos) darão por seu resgate cinco patacas por cada hum.

7. E pera se fazer entrega dos prisioneiros que ha de parte a parte, e ao diante ouver pela maneira declarada nesta capitulação, serão logo com toda a diligencia, tanto que o tempo e monção der lugar, livres e entregues em Surrate, ou aonde os senhores Olandezes melhor lhes parecer, e apontarem; pera se dar satisfação aos que ouver de mais de parte a parte pelos preços e modo declarado, assy como tambem em Malaca os de Jacatará, China, ou Ilha Formosa, Japão, ou donde quer que estiverem, ou se acharem prisioneiros de huma ou outra parte.

O qual contrato e capitulação terá força continuada, e pera sempre neste Estado da India, que se entende do Cabo de Boa Esperança pera dentro. E por verdade do que se assinarão o senhor V. Rey, e elle dito senhor general, em 15 de abril de 1638.

Nomeação de Antonio Moniz Barreto para ir por Embaixador á côrte do Idalxá, no anno de 1638; regimento que se lhe deu e sagoate que levou

(Arch. da India, livro 4.º de copias de ordens regias, fol 199 v.)

1638 Julho 9 Em conselho de 9 de julho de 1638. — Tambem propoz o senhor V. Rey ao conselho que nelle se assentára que Francisco de Sousa de Castro fosse por embaixador ao Dialcão, e que visto este fidalgo estar nomeado pera o Dachem, vissem a pessoa que hiria a Visapôr.

O Vedor da fazenda geral, o Inquisidor Antonio de Faria Machado, Lourenço de Mello d'Eça, e o Arcebispo Primaz votarão que fosse Francisco de Castro, ou Antonio Moniz Barreto, e Dom Phelippe Mascarènhas disse que se devia mandar a Lourenço de Mello d'Eça. O senhor V. Rey ajustandose com os mais votos resolveo que fosse Antonio Moniz Barreto.

1638 Julho 20 Em conselho de 20 de julho de 638. — Propoz mais o senhor V. Rey ao conselho lhe désse as advertencias, que se devião fazer a Antonio Moniz Barreto, que estava nomeado por embaixador para o Dialcão, alem das que continha o regimento, que se tinha ordenado, que eu o secretario Amaro Rodrigues li no conselho. O qual concorde foi de parecer que fosse o embaixador advertido, que o fim principal era acceitar a paz, e confirmação della, que está feita, e lançar na conformidade della de Vingurlá, e mais portos os Olandezes, que nella são recebidos; e que em caso que o Dialcão se queixasse de algumas mortes executadas em seus vassallos nos navios, que se lhe tomarão no Estreito, lhe respondesse, que da nossa parte houvera castigos e prisões, e ainda morte, porque o irmão do mesmo capitão geral que então era do Estreito (*sic*). E que devia hir mais advertido o embaixador que Mostafacão he nosso inimigo, mas que o grangee como amigo, mostrandolhe de palavra que o temos por esse, e com Side Reane se tivesse boa correspondencia, por ser amigo, e que com Antonio de Vites, assistente na corte do Dialcão, se não descobrisse em cousa alguma das que leva a cargo tratar o dito embaixador, mas só com cautela tratasse de tirar delle informações, e avisos necessarios para se valer delles quando cumprir, avisando de miude a sua senhoria de tudo o que se offerecesse. 1638 Julho 20

Regimento que levou Antonio Moniz Barreto

Pero da Silva, do conselho de Sua Magestade, seu V. Rey e capitão geral da India, etc. Faço saber a vós Antonio Moniz Barreto, fidalgo da caza de Sua Magestade, que pela confiança que faço de vossa pessoa, e pela muita experiencia que tendes aquerido em serviço do mesmo senhor nos lugares que occupastes, e satisfação que sempre destes, e que o mesmo fareis em negocios de mór importancia, que são aquelles em que agora vos occupo de embaixador deste estado para com o Idalxá, em que espero vos hajaes com tanta actividade e zelo do real serviço, que bem assentem em vós todas as honras e mercês, que de sua real grandeza se esperão, dando-me a mim lugar de lhas pedir, e volas procurar. 1638 Agosto 11

1. Primeiramente se vos mandão passar copias das pazes assentadas pelo governador deste estado Antonio Moniz Barreto, vosso parente, com Ibramo Idalxá por seu embaixador Zaerbeque, assim do capitulado por via do mesmo Rey, como do promettido pelo referido governador, de cujos capitulos sereis inteirado para melhor verdes o que jurou e prometeo por si, e por seus descendentes.

2. E outrosy vos serão tambem dadas as copias da confirmação das referidas pazes no governo do V. Rey deste estado Dom Francisco Mascarenhas, assim como ultimamente em tempo do Conde de Linhares com o Rey que hoje vive.

3. Tambem levaes o formão que mandei pedir ao Idalxá para segurança de vossa pessoa, assim nas jornadas que ora

1638 Agosto 11 fizerdes, como para quando hajaes de voltar, que procurareis ser com brevidade, mas não mostrando nunca que vos apressaes, por quanto os Mouros são naturalmente tardos em todos os seus negocios, e neste particular convem sagacidade, assim como prudencia no dispôr dos negocios, e conclusão delles, e para melhor effeito se vos dá carta de crença, a qual apresentareis logo na primeira vista, quando com ElRey vos virdes, a quem saudareis de minha parte, dandolhe o parabem de seu cazamento, e que já nesta cidade o tinha feito a seu embaixador Xarife Ansan.

4. O principal fundamento, a que sois mandado, e de que heis de tratar nas segundas vistas, que com o Idalxá tiverdes, hade ser a expulsão dos Olandezes, tanto do porto de Vingurlá, como de outro qualquer da costa da India, donde os mesmos rebeldes pertendão feitórisar; e que isto se entendeo sempre no recolhimento dos nossos inimigos, como capitulado antigamente sobre Malavares não serem consentidos, nem ainda para fazer aguadas, sobre cujo negocio seu pay delle dito Rey tem passado muitos formões para os tanadares os não consentirem, e que em o haver feito aos Olandezes mostrava pouca firmeza no jurado e prometido por seu pay e avós.

5. He certo que hade vir dizendo o Idalxá que por nossa parte se tem quebrado o contrato das pazes na tomada dos navios do Estreito, assim como n'outras embarcações por a costa da India, como de presente mo escreveo em carta sua, cuja copia será tambem com este regimento; ao que deveis de responder que se veja o capitulado pelo antigo embaixador Zaerbeque acerca da navegação e cartazes, que os vassallos do Idalxá serião obrigados aos tirar para com segurança fazerem seus caminhos, e outrosi não havião de exceder na carga das embarcações, nem levar fazendas, que pelos mesmos cartazes fossem prohibidas.

6. E direis mais que se apresentem os cartazes das embarcações, de que se queixa, e que os mande conferir com o que nellas se achou, por cujo estilo se pode julgar a dissimulação e engano, que contra si tem usado seus proprios

vassallos, huns por não tirar cartazes, e outros pelos não quererem observar assim como nelles se declara. 1618 Agosto 11

7. He sua queixa a mais proxima a dos navios, que se tomarão no Estreito de Ormuz, e na barra do Sinde, de que se queixou pelo referido embaixador, e por cartas suas o mesmo Idalxá, a que se fez resposta com a repreza da galveta de Mascate, que ha dous annos se recolheo em Rajapor debaixo do seguro e palavra, que aquelle Tanadar tinha dado ao capitão e passageiros da mesma galiota, os quaes entrando, os levarão á falsa fé assim para Visapur, como para outras prisões, e que tinhamos assentado que fosse hum homem por sua parte a Mascate cobrar os navios e fazendas, que eram em deposito daquella presa de que o mesmo Rey se queixa; e que para melhor effeito mandei dar quinhentos Xerafins de mercê aos seus enviados Fatecan e Mamede Begue com todos os papeis e recados necessarios, e tudo á vista do Xarife Ansan, com outrosi palavra dada de antes de partir se largar a galiota de Rajapur com todo o seu recheio, assim e da maneira que a levarão para dentro, e se presume que por ser muito mais rica, e por ter muito mais fazendas que as depositadas em Mascate, se tornou a quebrar a palavra por meio de seus ministros, embaixadores, e conselheiros, e a não quizerão dar; e que em lugar de a não entregarem vai ainda com a queixa avante pedindo satisfação, como se não fosse mór a quantia do que acima se vos declara, e como não he outra a causa, que com verdade se possa dar, trabalhareis muito por desfazer essas duvidas, mostrando serem maiores os agravos que temos recebido do que aquelles que com artificio acrescentão.

8. E adverti mais que antes do contrato das pazes feito antes do governador Antonio Moniz Barreto, e do embaixador Zaerbeque, se tinhão feito outros capitulos cinco annos antes pelo V. Rey Dom Antonio de Noronha, dos quaes levaes tambem a copia, por quanto vão esses mesmos capitulos incorporados na universal paz do Estado com o mesmo Idalxá, promettendose nos de Antonio Moniz Barreto que desda fortaleza de Chaul até a de Barcelor se não recolherá

1638 Agosto 11 nenhum genero de inimigo do mesmo Estado, ou fossem Rumes, Malavares, ou outras quaesquer nações; e que veja se nos tem restituido os escravos, ou homiziados que passão á terra firme, e que outrosi mande ver os grossos juncões que se tem posto desda sua fortaleza de Bancapur até Sancalim e Bicholim aos Portuguezes, Religiosos, e de mais christãos que fazem seus caminhos, assim nas idas como nas vindas, alem dos agravos, e retenções que lhes fazem por meio de seus Tanadares e capitães.

9. E que outrosi mande ver os resgates e comercios aguadas, e provimentos que seus Tanadares consentem aos mesmos parós, communs inimigos dos christãos, mouros, e de gentios, assim como de todas as mais nações, que navegão, sobre cujos damnos não tem posto cobro, nem dado remedio; e que veja ultimamente a ordem que tem mandado dar aos governadores do Concão sobre a principal queixa, que por vezes lhe tem dado contra os mesmos Olandezes, tão declarados inimigos de ElRey nosso senhor, como se tem visto das batalhas, que á vista de seus proprios vassallos se lhe derão muitos annos proximos; sendo assim que o não são só dos Portuguezes, senão de todas as outras nações, a quem podem roubar, como se vio no verão passado nos vassallos d'ElRey Mogor, da náo que lhe roubarão nesta barra, assim como ha poucos dias á vista de Mascate tomarem outra galiota, que vinha do Sinde carregada de fazendas dos vassallos do mesmo Mogor, como em muitas outras partes, e com exemplos que aqui se não nomeão, e que vós com bom juizo melhor sabereis dizer.

10. Por cujas razões acima referidas heis de mostrar o quanto convem á conservação da paz lançar de qualquer parte do seo reino a estes nossos inimigos, pois tambem o ficão sendo seus; e lhe mostrareis mais a fealdade que cahe sobre hum Rey, que não cumpre palavra nem juramento. E á parte, sem que vos oução pessoas de suspeita, lhe podereis dizer que por elle dito Idalxá observar menos estas condições, e juramento com que se obrigou a ellas, se vio trabalhado, e em parte perseguido do mesmo Mogor, como o es-

tamos vendo com os cercos que lhe tem posto a Visapur, e com os grossos tributos que lhe paga, e que este Estado o sente muito, assim pela visinhança, como pela verdadeira amizade, com que lhe somos obrigados: e outrosi pela mesma falta de fé e palavra, que houve nos ministros do reino do Decani, guerreando injustamente os Portuguezes, e recolhendo parós debaixo da fortaleza de Dandá, pelejando com quem os procurava tirar, se viesse a perder aquelle reino na forma em que agora o está, e em que elle dito Idalxá se havia de ter havido com irmandade, para que assim se não viessem ambos a perder. 1638 Agosto 11

Á margem deste capitulo está esta *nota*.

=Não se trate deste capitulo, salvo com alguns Abexins, amigos do Estado.=

11. E como de vossa prudencia e curso de negocios confio que vos sabereis haver com todo o respeito e consideração aos negocios desta qualidade, deixo os accidentes a vossa disposição, para os hirdes tratando e dispondo na forma que Sua Magestade fique melhor servido. E outrosi vos recomendo o resguardo e recolhimento de vossa pessoa, assim como de todos os mais homens que vos vão acompanhando, e que por nenhum modo passeem de noite, donde se podem seguir desordens, e a vós desgostos com as haver de o remediar, e para que mais os tenhaes obrigados aos de vossa guarda e acompanhamento, vos dou toda a jurisdição que Sua Magestade concede a seus capitães móres.

12. Não me he presente o sacerdote, que levaes em vossa companhia para administrar sacramentos, assim como o sacrificio da missa, sobre cujo ponto tomareis licença do mesmo Idalxá para se dizer em vossa casa, o que não será sem que a conceda, por não haver algum desgosto ou desmancho por parte de seus mouros; e qualquer que este religioso seja, fareis sempre que esteja em vossa companhia, assim como todos os mais que comvosco vão, ou pelo menos a tão pouca distancia do aposento, que com facilidade possaes saber do procedimento de cada hum.

13. He certo que heis de ter occasiões de me avisar dos

1638 Agosto 11 termos em que se vão pondo estes negocios, e quando sejão de segredo os que houverdes de tratar comsigo, ordeno que se vos dê cifra, pelo menos para os nomes de algumas pessoas dos vassallos que lhe assistem, assim como de terras, reis, e naiques visinhos; alem do que procurareis mais que tenha o mesmo segredo quem quer que vos escrever; e se puderdes despedir os taes avisos ocultamente, para que senão saiba o tempo, em que parte, o terei por melhor.

14. Não deixareis, vendovos algum dia com o mesmo Rey sem os de seu conselho, de lhe dizer as injustiças, com que os Tanadares procedem nestas terras debaixo, e o prejuiso de sua coroa em as ter dado a seus conselheiros e capitães, e que melhor será tê-las por si, assim como os seus rendimentos, dando outras do Gate para cima aos referidos seus conselheiros, porque como as arrendão a quem mais dá, e com ellas o poder supremo que usão de tantas exorbitancias quaes se vêm nos castigos, penas, e condenações de seus proprios vassallos, assim como em recolherem os inimigos, de que o Estado se queixa, com que o fazem perjuro a elle Rey, e com menos palavra da que as taes pessoas devem ter, e que as cousas desta qualidade não ficão afeiando a quem as obra, pois se lhe não guarda castigo, senão a quem as consente, e as dissimula: e sobre estes pontos vós hireis obrando conforme o gosto que nelle achardes, ou o sujeito que lhe virdes, porque se ha dez annos que foi visto em estado pueril, hoje já representa idade de varão para ver o que importa.

Á margem tem esta *nota*=: Que se não trate nesta materia, porem que lhe fique em memoria para como de si responder aos prejuizos, que dos seus mesmos se tem seguido ao reino=

15. E sabeis que estes são os pontos, em que mais os embaixadores mostrão sua prudencia, acomodando praticas conforme aos sugeitos, e disposição do tempo; assim como em observar a honra de quem os manda, em se estimar, e se saber preferir, e em tudo mostrar acções do mesmo principe, de quem he enviado, em cujos negocios espero eu obreis com a perfeição, que a todos os ministros deste conselho tem parecido, com os quaes me conformei pelo que de vós confio. 1638 Agosto 11

16. Poderseha queixar ElRey Idalxá além da presa de navios, que acima se declarão, da morte de alguns mouros, que se lhe matarão a sangue frio; ao que heis de responder que já o Estado obrou com justiça, mandando logo tirar assim aos capitães, como ao mesmo capitão geral, com os quaes se procedeo com justiça neste tronco, donde hum veio a morrer, e que ainda o mais castigo se espera que o mande dar Sua Magestade, a quem se deo conta, para que elle Idalxá não fique sem satisfação de sua queixa; sendo o que já morreo o irmão do mesmo capitão geral.

17. Hireis advertido em como Mostafacão, principal conselheiro deste Rey, he nosso inimigo declarado, e como tal se mostrou em muitas occasiões, e sobre tudo soberbo com muita privança do mesmo Rey, e grandiosas rendas, que lhe tem dado, assim do Gate para cima, como por a fralda do mar; mas nem por ser este, vos haveis de mostrar sentido na pratica e conversação, que com elle tiverdes, antes vos haveis de haver com grande caricia, fiando que por sua via poderá o Idalxá vir em verdadeiro acordo, e cumprimento de tudo aquillo que foi jurado por seus pai e avós, que não diz bem amizade tão antiga como ElRey consentir em seus portos inimigos de ElRey de Portugal, seu verdadeiro irmão em amizade, e outrosi estendendo as demais praticas conforme o animo que nelle achardes; advertindo mais que não sahe da mão do Idalxá chapa, nem formão, que não seja visto pelo mesmo Mostafacão, com que parece que faz officio de secretario, ou chanceller do mesmo reino, por cuja consideração se entende que com este homem hade ser o principal negocio, e hoje muito mais pelo novo parentesco do Idalxá com elle dito Mostafacão, por lhe aceitar uma filha em desposorio.

18. Tem junto de si o Idalxá outro grande conselheiro, ou por melhor dizer, vedor da fazenda, a que chamão Side Reane, e agora he Calascan, o qual mostra affeição aos Por-

1638 Agosto 11 tuguezes, e amizade ao Estado, ou seja em desamor ao referido Mostafacan, ou por se prezar de bem intencionado e verdadeiro no que diz ao mesmo Rei acerca da paz e amizade, cujos pontos levaes advertido para saberdes tratar a cada qual dos dous, mostrando a este quão agradecido estou dos avisos, e boa vontade, com que trata deste Estado, e que a mesma deve caminhar na confirmação e cumprimento da paz, que de antigos annos cursou daquelle Estado com este, estranhando a notavel falta, em que o Idalxá fica, em recolher nossos inimigos contra o que seus avós tem jurado por seu embaixador antigo Zaerbeque, que as foi pedir, e confirmar dentre no reino de Portugal, sendo Rey Ibramo Idalxá, como atraz fica dito; e com estas e outras praticas ireis dispondo a este nosso amigo para o effeito que por este regimento se vos declara.

19. Está na corte do Idalxá hum Antonio da Vite, estrangeiro, e posto que se mostra amigo, e que nos manda aqui algumas cartas, nem por isso vos descobrireis em materias de substencia, antes com muita cautella vos hireis informando delle, assim das praticas, que tem procedido com os rebeldes, como das pessoas que fazem declaradamente suas partes, assim como dos mais que diante d'ElRey estranhão o quebrantamento daquella antiga paz, a que hides pretender se guarde.

20. Sou informado que entre as mercês, que o Idalxá tem feito a Mostafacão, foram humas terras que cahem por baixo do Cabo da Rama, com hum porto, a que chamão Caruar, e que os Olandezes o pedião a Santú Sinay, que deve de estar na propria paragem por ordem do mesmo Mostafacão, sobre cujo negocio fareis mais certa informação do que neste caso se achar, estranhando tanto o de Vingurlá, como de outro qualquer, que os rebeldes pretendão; e não sei de certo se o mesmo Mostafacão tem dado consentimento para o que se pretende por parte do inimigo, e assim vos ordeno que de tudo me vades fazendo aviso na forma referida, para tambem se vos hir ordenando o que mais deveis fazer.

21. Advirtase mais que o reino do Melique está hoje pos-

suido pelo Mogor, e que o porto de Chaul cabe na jurisdição 1638 Agosto 11
daquelle reino, e por conveniencia do mesmo Mogor fez outorga e doação de todas as terras debaixo, a que chamamos Concão, desdo mesmo Chaul até Barcelor, ao Idalxá, o qual com esta concessão manda Tanadares para que residão em Chaul de riba, os quaes de annos muito antigos costumavão pagar de pareas sete mil patacões, ou o que na verdade for, a Sua Magestade dentro na mesma feitoria de Chaul, sobre cujo ponto haveis de procurar se não innove cousa alguma, e que tudo seja na mesma conformidade, e que assim vos dê formão particular para que aquelles Tanadares prosigão com os mesmos costumes, com que se havião de Melique Ambar, e dos mais Reis do Deccani.

22. Tambem he costume que ainda hoje dura darse hum patacão de quatro larins por dia ao Capitão da fortaleza de Chaul, por ser juiz verbal das careas dos moradores de Chaul de cima; e assim vos haveis tambem de lembrar que no formão das pareas tocantes a Chaul se meta tambem este negocio dos capitães, mostrando que convem á quietação dos taes moradores e vassallos de Sua Magestade, quando entre huns e outros haja contendas, ou causas civeis.

23. E sobre tudo a principal essencia he a ratificação das pazes, que comvosco levais, e se vos adverte mais que em nenhuma forma aceiteis visitas dos Olandezes, de cuja vista vos heis de escusar por meios honestos, e se todavia persistirem em vos quererem visitar, direis declaradamente que os embaixadores de Sua Magestade não acceitão visitas dos rebeldes sem consentimento de quem os manda.

24. E no tocante aos embaixadores do Mogor correreis com muita amizade, e lhe pagareis a visita que vos fizerem com outra em sua propria caza, aonde os heis de buscar. E por quanto os regimentos são puras advertencias, que se fazem aos embaixadores por parte de quem os manda, ficará a vosso juizo o calardes algumas cousas, que de serem ouvidas se pode occasionar menos vontade no que ElRey, ou seus conselheiros quer que obrem na confirmação das mesmas pazes; e assim fica á vossa disposição o saber relatar o

1638 Agosto 11 que for proveitoso, assim como avisarme das contradições que achardes, ou das duvidas que vos puzerem; e por via destes meios fico esperando de vós todo o bom effeito. Dado em Goa a 11 de agosto de 638. Eu o secretario Amaro Rodrigues o fiz escrever. — *Pero da Silva.*

Lista do custo do sagoate que foi d'este Estado ao Rey Idalxá pelo Embaixador Antonio Moniz Barreto

Mil duzentos e cincoenta xerafins custarão cincoenta peças de damasco da China de cores, a rezão de 25 xerafins cada huma..........	1250:0:00
Quinhentos cincoenta e dous xerafins custou o escritorio de aguila, forrado de velludo carmezim da Persa, e de prata, que tinha 23 marcos, a rezão de 24 xerafins o marco	0552:0:00
Quatrocentos noventa e nove xerafins, tres tangas, e vinte e seis reis, de hum jarro e prato, que pezou vinte marcos, seis onças, e quatro oitavas e meia, pela dita rezão..........	0499:3:26
Mil cento oitenta e sete xerafins, tres tangas, e trinta e cinco reis custou hum collar de ouro da China da laya de rosario, com seus extremos esmaltados, que pezou quatro marcos, seis onças, e cinco oitavas, a rezão de duzentos e quarenta e seis xerafins o marco....	1187:3:35
Oitocentos e dez xerafins de duas meadas de ouro da China da laya de gunchos, de dez voltas cada huma, que pezarão tres marcos, huma onça, e duas oitavas e meia, a rezão de duzentos cincoenta e seis xerafins o marco...	0810.0:00
Quinhentos vinte e oito xerafins, tres tangas, e quarenta e quatro reis, que custou huma beteleira de prata lavrada com hum pelicano em cima, e sete filhos pequeninos em baixo ao redor, que pezou vinte e dous marcos, e duas	

oitavas, a razão de vinte e quatro xerafins o marco.................................. 0528:3:44 1638 Agosto 11

Oito mil quatrocentos xerafins custárão dez cavallos arabios, que forão comprados a diversas pessoas por sete mil patacões.......... 8400:0:00

Mil e oitocentos xerafins de dous cavallos, que forão comprados para o dito effeito...... 1800:0:00

Qatrocentos setenta e sete xerafins, tres tangas, e dezoito reis custarão as peças, e mais causas que forão compradas para os telizes dos dous elefantes, e os dos cavallos, e os vestidos de quatro cornaquas................. 0477:3:18

Cincoenta e nove xerafins e meio, que despendeo no feitio dos telizes, e no do fato dos cornaquas, e na compra de quatro barretes, e cinco canastras, e outras miudezas........ 0059:2:30

Duzentos vinte e cinco xerafins de mercê ao dito embaixador para paga dos direitos dos cavallos, que comsigo leva................. 0225:0:00

Seiscentos xerafins ao dito Antonio Moniz Barreto de mercê para pagamento dos espingardeiros, piães, boys, naiques, bigarins, farazes, e tocheiros, que comsigo leva para a dita jornada.................................. 0600:0:00

Dous mil xerafins ao dito de mercê para ajuda dos gastos, que hade fazer na dita hida 2000:0:00

Dous mil xerafins ao dito Antonio Moniz Barreto de mercê para ajuda das despesas, que hade fazer com os soldados, e mais gente, que comsigo leva para a dita jornada........... 2000:0:00

Setecentos xerafins mais de mercê ao dito Antonio Moniz Barreto para pagamento dos dezaseis soldados, que comsigo leva........ 0700:0:00

Oitocentos cincoenta e oito xerafins, huma tanga, e quarenta reis, de vinte e cinco quintaes de canella, a rezão de trinta e quatro xerafins e hum terço o quintal, por cincoenta fardos 0858:1:40

1633 Agosto 11 Duzentos vinte e cinto xerafins para paga dos culles de carreto da canella, e outras cousas, e para mantimento dos cornacas, e farazes dos cavallos........................ 0225:0:00

22153:3:13

Sommão vinte e dous mil cento cincoenta e tres xerafins, tres tangas, treze reis.

E não faz aqui rezão do custo dos elefantes, que vão de sagoate, por serem d'ElRey.

Carta do Viso Rey, Pero da Silva, a Sua Magestade, sobre os Reys visinhos

(Arch. da India, livro 4.º de copias de ordens regias, fol. 179.)

1638 Setembro 11 Senhor. De todos estes reinos orientaes, a que chamamos Industão, que jaz entre as correntes do rio Indo e do Ganges, o que melhor livra, ou por melhor dizer, o que com maior imperio caminha, he o Mogor, descendente daquelle grande e nomeado conquistador que o foi até os confins da Asia menor. Este tem trazido a seu imperio todos os reinos de Bengala, e feito obedecer com tributos os Regulos da costa de Gergelim até Massulapatão, donde lhe receberão chapa e formão, assim como peso, medida, e moeda, e donde tem metido governador naquelle porto, que por antigo era do senhorio de El Rey de Narsinga, e no sertão das serras de Gate para dentro tem conquistado e avassalado todos os mais Reis de nome, que em meio destes dous grandes rios habitavão, e nos annos proximos trouxe a si o grande reino do Decany, assim como de antigo o havia feito no de Cambaya, Laor, Sinde, Jambe (*sic*), com todos o mais Regulos da enseada e costa de Jaquete até Nagar, e no ponto que concluio com o Decany, mandou no anno de 32 hum grande exercito sobre Visapôr, corte do Idalxá, e como estes forão os principios, o ficou convertendo por natureza de tributo, que todos os mais annos lhe vem pedindo, trabalho que se podera escusar, se em alguns V. Reis da India, que não nomeio, houvera mais estudo na união deste reino e do Decani para as defensas das portas de Varara (Berar), que he huma só entrada que aquellas serras tem dos campos do Guzerate para as terras dos dous reinos referidos, cujo negocio foi melhor estudado nos governos antigos, e parece que esta lhes era a causa principal, antevendo o damno que podia resultar da grande potencia do Mogor, se com suas armas penetrasse o interior do mesmo Decani, como já o tem feito, e as fortalezas deste estado em grão perigo, como cada hora se ameação. 1638 Setembro 11

Assim que os apertos, em que o Idalxá se vê, em cujo reino se não obra mais que o querer de dous embaixadores do mesmo Mogor, o ficão obrigando para as grossas contribuições a obrar tiranias com todos os que vivem naquelle reino, assim naturaes como estrangeiros, e ainda com os mais inferiores seus, que o reconhecião com moderados tributos, quaes erão de Virabadrá Naique, e dos mais regulos, que vivião do Gate para baixo, como deixo apontado na carta antecedente, e tambem o obrigarão estes apertos a tentar a nova amizade, e promessas dos rebeldes de Olanda, como fica dito em seu lugar.

Não parando o referido Mogor nos intentos de melhorar seu imperio, chamou a tributo por seus capitães as terras do Colle, que partem com Baçaim, assim como as do Vergi, vizinhas a Damão, e ora no presente tempo ao Chouto (Choutiá) Rey de Sarceta, a quem os moradores daquella cidade pagavão chouto, que he huma especie de condição, com que o referido Rey se obrigava a não haver ladrões nas terras, nem se fazer prisão de gente, nem de gado aos lavradores de todo aquelle territorio de Damão, cujo Rey de Sarceta não podendo de todo comportar o poder dos Mogores, nem defender a aspereza de huma serra, donde costumava fazerse forte, a desemparou, e veio alojar junto aos nossos

1638 Setembro 11 muros, pedindo o ajudassem a defender, e ainda sustentar, pois lhe era prometido deste Estado de lhe serem valedores em suas necessidades, de cujo negocio, e do que se devia fazer me fez carta o capitão de Damão D. Phelippe da Camara em 22 de março, pedindo gente, e munições para ajudar na defeza daquella fortaleza, assim como do forte de S. Jeronimo, que fica d'alem do rio.

E por outras cartas de 9 de abril, e 5 de maio, me tornou avisar o mesmo D. Phelippe da Camara que depois do capitão do Mogor se fazer senhor das terras do Rey de Sarceta, lhe mandara hum recado algum tanto magestoso, dizendo o mandasse visitar como a senhor daquellas terras, e com presentes á sua boa chegada, e que do mesmo modo se lhe preparasse o chouto, como a senhorio, e lhe havia tambem pagar das terras de Damão, e aponta a resposta que se deu a este recado, que foi neutral, até determinação deste governo, a quem ordenei que com a mesma neutralidade fosse pairando, e respondendo, até se ver o termo que se tomava entre o referido capitão do Mogor e o Rey de Sarceta, porque se carteavão por meio de hum parente seu, por nome Vergi, já de primeiro obediente ao mesmo Mogor, e se tinha alcançado seguro para a conclusão de suas conveniencias, que eu não creio que serão outras, senão de que o Sarceta fique tributario ao proprio Mogor, ou a seus capitães, quando ainda não fação instancias em requerer dinheiro do chouto, que estes foreiros tem por costume pagar ao senhorio daquellas terras, como atraz deixo declarado, em cujos successos estenderei carta particular, para que de tudo V. Magestade tenha inteira informação, como dos apertos, em que por tantas vias se vai pondo este Estado. A catholica e real pessoa de V. Magestade guarde Deos, como a christandade ha mister, Goa 11 de setembro de 638. — *Pero da Silva.*

Ola do Naique de Maduré, que por capitulações e contrato concedeu a Sua Magestade, em 1639

(Arch. da India, livro grande de pazes, fol. 42.)

Aos 13 dias do mez de agosto da era de 1639 annos, o primeiro senhor do naiquado do Maduré, e o segundo que agora governo Tumilliupa Naique Ayer, mando a Ramapa, meu capitão geral, e dou minha palavra a ElRey de Portugal, e ao seu V. Rey Antonio Telles de Menezes, que querendo eu tomar ao Maravá, lhe pedi socorro ao capitão mór Luis de Carvalho, e por me vir com sua armada ajudar, lhe dou huma fortaleza feita em Pampa, posto que chama Uthear, ou donde elle quizer, com um capitão portuguez, e mil pardáos para o seu sustento, e cincoenta soldados portuguezes, e cem lascarins topazes, e para o sustento delles lhe dou dois mil pardáos; e assy hirá minha gente pera arrecadar a renda do juncão da passagem, dandolhe livremente passagem a todas as embarcações dos portuguezes sem pagarem juncão; e huma igreja em Ramanacor, ou sustento para hum padre, que nella assistir, e de Bambam athé Tomddy sete igrejas com o sustento para os padres, fazendoas á minha custa; e lhe dou licença plenaria pera todos os que por sua vontade quizerem ser christãos, e lhe darei todo socorro, que for necessario pera Ceilão, assy de gente, como de mantimentos pelo seu dinheiro; e não serei amigo dos Olandezes, nem os consentirei nas minhas terras, nem minhas embarcações hirão a seus portos, nem elles virão aos meus, e os Portuguezes cazados, que aqui vierem morar, os favorecerei em tudo. Isto juro pelo meu naiquado real cumprir em toda a eternidade. 1639 Agosto 13

Carta de Antonio da Motta Galvão, que escreveu ao Governador Antonio Telles, sendo Capitão mór do reino de Jafanapatão

(Arch. da India, livro grande de pazes, fol. 42.)

1630 Senhor. A que v. s.ª me fez mercê mandar escrever em
Setembro 5 de julho, se me deu em 20 de agosto. No que toca ao que
13 me diz de Triquinamalle, e o que sobre este particular ordena, he muita verdade, e o que me manda sobre os criminosos delle pela mesma ordem se fará, sem faltar cousa alguma, e alem dos que o ouvidor de Negapatão prendeo, fiz eu aqui o proprio Luis Guis Gonçalves cazado de Triquinimale, e pela devassa que em Negapatão se tirou, se verão as culpas de cada um. Tambem tenho mandado a Manar huma precatoria ao capitão, para que prenda hum Manoel Rodrigues, soldado, que he dos culpados, mas a principal cabeça falta, que he de quem Sua Magestade fiou a sua fortaleza.

Os presos irão a tão bom recado como v. s.ª ordena; mas, senhor, depois de ter sobre esta materia escrito o que entendo, digo, senhor, que se podia esperar de hum castello, que foi feito para os naturaes, vindo sobre elle o poder dos Olandezes, que nesta barra esteve, sem o governo passado acodir com cousa pouca nem muita, estando eu de contino fazendo avisos, e ainda por terceiras pessoas o fazer, avendo que se me não dava credito ao que dizia. Sirvase v. s.ª de mandar á secretaria buscar as cartas que ha dous annos estou escrevendo sobre o desemparo destes lugares, e por ellas verá v. s.ª o que sobre todas as materias digo, e sobre Triquinamalle tenho escrito a v. s.ª o que entendi. Tudo quanto pude adquirir meti na dita fortaleza; nada lhe faltava, ainda que pelejara muito largo tempo, e pera melhoria de hum anno tinha todo o necessario, como se pode ver dos livros da receita, e por isso oje me vejo com tantas faltas, como a v. s.ª lhe será presente pela larga conta que escrevo a Diogo

Vaz Freire, pera que faça memoria a v. s.ª por não ser tão comprido na escritura. 1639 Setembro 13

Quando vier o Ouvidor de Negapatão, se lhe fará o pagamento como v. s.ª ordena que quando o não haja da fazenda real, me empenho eu para isso; folgára eu ter fazenda para toda a gastar no serviço de S. Magestade de que só trato, mas, senhor, não possuo mais que continuos trabalhos, e de novo estou servindo a Sua Magestade sem aver logrado mercê alguma, não farei falta, com o favor de nosso Senhor, com minha pessoa, e com o que puder e entender; mas, senhor, he necessario hum arrayal poderoso pera este Reino, pera se pelejar em campo com estes inimigos de Europa, e naturaes de Candia, e deste Reino, porque esses hãose de pôr da parte que mais força tiver, e v. s.ª esteja muito certo nesta verdade; a remediar são necessarios quinhentos soldados, mil e quinhentos pretos, em que entrem cafres, canaris, e lascaris gentios, como os que forão a Ceilão, dos de cá não ha que tratar, que na ocasião todos andem (*sic*) ser da parte dos inimigos, que todos estão por huma palavra; afora isto ha v. s.ª de ter huma armada de quinze navios pelo menos, muito bem petrechada de todo o necessario com hum capitão mór que zele muito o serviço de Sua Magestade, como faz Luis de Carvalho de Sousa; e com o favor de Deos nosso Senhor diante buscaremos a estes inimigos em campo, aonde tenho grande confiança nelle os desbaratará este braço de Sua Magestade, e eu mostrarei o desejo que tenho de servir ao dito senhor: neste particular não mereço louvor nenhum, porque o muito que faço e desejo fazer he cumprir inteiramente com a obrigação de meu officio. V. s.ª não faça fundamento nos poucos cazados que aqui ha, porque esses servirão de dar guarda aos presidios, quando muito. Pera campo he necessario gente alistrada, que se cheguem ao inimigo, e o rompão; e pelos soccorros, que dessa corte vierem, se pode esperar os subcessos de quá: avendo poder, se pode daqui acodir a Manar, e aonde ouver mór trabalho; em quanto dura, convem que v. s.ª acuda com dinheiro e mantimentos, e deixe correr pela fazenda real tudo quanto

1639 Setembro 13 ouver neste Reino, em quanto este trabalho dura; porque cada hum trata de seu particular, e afeiçoão para isso as escripturas como lhe parece. Ao secretario escrevo sobre esta materia como entendo muito christãmente; vai-se trabalhando nesta fortificação, como a Diogo Vaz relato, e em razão da cava he necessario quebraremse algumas cazas, e romperemse chãos, que estavão trinta passos dos muros, vaise continuando: v. s.ª me mande huma provisão para o poder fazer, pera que assim me não fique algum trabalho ás costas.

Triquinamale tinha em si o que se lhe avia de dar daqui hum anno; o que aqui ha da fazenda real estava repartido para a paz; agora ha outras despesas em rezão da guerra; fico certo em que v. s.ª ade mandar soccorro a este Reino, e como sobre esta materia tenho escrito tanto, me não fica que dizer. Sou informado que a v. s.ª lhe escrevem que alguns foreiros dizem que se não arrecadava pera a fazenda real tanto quanto elles arrecadavão pera si; se assim he, senhor, dizem a verdade, porque Sua Magestade hase com seus vassallos como Rey e senhor, mandando-lhe pagar o que he antigo costume; pelo contrario alguns foreiros, que tomão o que não he rezão nem justo: esta he, senhor, a verdade.

Luis de Carvalho está na enseada com armada concertada em sua companhia. Miguel Rangel com tres navios de Manar, e algumas embarcações ligeiras, que eu aqui negociei, dando o favor á gente de Maduré contra o Maravá, grande inimigo, que fiado no socorro dos Olandezes se meteo na ilha de Ramanacor. O Ayen de Maduré, e capitão de Tutucurim fizerão tantas instancias sobre esta armada hir, e cometerão partidos, ouve muitas cousas que a Diogo Vaz Freire peço faça de todas memoria a v. s.ª de maneira, senhor, que tudo isto se ajuntou para eu ser de parecer que fosse lá a armada, mas não fiei que puzesse portuguez nenhum pés em terra, senão que com a artelharia alimpassem as praias de maneira que pudesse a gente de Maduré desembarcar a seu salvo, e ainda hontem mandei huma embarcação com duas amarras para a armada, e com mais betualhas necessarias. Do que mais for acontecendo hirei avisando a v. s.ª por via de Antonio de Mendonça de Brito, cazado de Negapatão. 1639 Setembro 13

Estando neste ponto, me chegou hum aviso do capitão de Manar, em que diz ficava preso já na prisão e cadea daquella fortaleza o soldado, que atraz digo a v. s.ª por se achar ser culpado na entrega da fortaleza de Triquinamale, como melhor se pode ver da devassa, que se tirou delle em Negapatão.

Detive esta carta em rezão de esperar resposta do capitão mór Luis de Carvalho; mostra estar descontente da detença que faz a gente de Maduré em passar á ilha de Ramanacor a destroir o Maravá; são gentios vagorosos. Ahi mando a v. s.ª a copia do contrato, que o Naique de Maduré faz pelo seu capitão geral Ayen. Soposto que em gentio ha fallencias de ordinario, com tudo este tem bom nome, e sempre virá a ser alguma cousa, e segundo estão, convem muito não haver o Maravá, nem cousa sua, em rezão de ser grande inimigo nosso declarado.

Luis de Carvalho merece que v. s.ª lhe agradeça o bem que serve a Sua Magestade. Chegou o alvará que v. s.ª mandou sobre os foreiros, estimei-o muito, e o não fallar comigo muito mais. Logo lhe puz o *cumprase*, e o feitor de Sua Magestade deu cumprimento a tudo o mais, assy e da maneira que nelle se continha. Do que mais for acontecendo hirei fazendo a v. s.ª avisos, e em minha obrigação não faltarei. Estimarei que ponha v. s.ª remedio em alguns ecclesiasticos se não meterem na jurdição real, de que me tenho queixado ao governo passado algumas vezes, e nesta materia não posso cá o que convem. A pessoa de v. s.ª me guarde Deos nosso senhor como pode etc. Jafanapatão de setembro 13 de 1639 annos.

Ha, senhor, nestes presidios grande falta de condestaveis, e os que ha são estrangeiros, que não convem. V. s.ª me mande alguns. — *Antonio da Mota Galvão.*

A 22 de junho de 648 se registou aqui, por o Senhor Dom Felippe Mascarenhas, V. Rey, entregar nesta secretaria no dito dia, e os proprios lhe forão entregues.

Tratado de tregoas e cessação de hostilidades entre El-Rei o Senhor D. assignado na Haya a 12 de Junho de 1641, e

(Arch. da Torre do Tombo. — Original.)

1641 Junho 12 Tractatus Induciarum, et cessationis omnis hostilitatis actus, ut et nauigationis, ac commercii, piterq̃ succursus inter Serenissimum, ac Præpotentem Don Joannem ejus nominis Quartum, Lusitaniæ, Algaruæ, ab hac, atque altera parte maris Africæ Regem, Dominum in Guinea, atque acquisitis nauigationis, et commercii in Æthiopia, Arabia, Persia, ac India, &.ª Ab una, et Dominos ordines generales Vnitarum Prouinciarum ab altera parte factus, initûs, et conclusus per Dominum Tristam de Mendonça furtado, Legatum, ac Consiliarium Serenissimæ Magestatis, et Dominos Rutgerum Huygens, Equitem, Iacobum á Brouchouen ex-Consulem Urbis Lugduni Batauorum, Iacobum Cats Equitem Consiliarium Pensionarium Hollandiæ, et Friziæ Occidentalis, Casparum á Vosvergen, Equitem Dominum de Isselaer, Iohannem á Reede Dominum de Remsuoonde, et Thiens, Dominum de Voondenberch, Iohannem Veldriel consulem urbis Doccum Assuerum ab Haersolte, Haerstii, ac Echde, Satragam Zallandiæ Vuigboldum Aldringa Senatorem Civitatis Groninganæ, Toparcham Siibaldebueri respectivè Deputatos in consessu alti memoratorum Dominorum statuum Generalium ex Prouinciis Geldriæ, Hollandiæ, Zellandiæ, ultrajecti, frisiæ trans Isullaniæ, ac Vrbis Groningæ, atque Omlandiæ, commissarios eorumdem Dominorum ordinum generalium, nempè inter memoratum Dominum Legatum vigore certi rescripti Regii, certarumq Literarum Serenissimæ Magestatis utrumq de dato Lisbon XX j.º Ianuarii jampridem elapsi, et memoratos Dominos Commissarios vigore, eorumdem procurationis, quorum copiæ, eorumdemque translato, respectivè hic infra inserentur.

Experientia docuit, quod Don Philippus Secundus Castellæ Rex, vi & potentia armorum quondam invaserit Coronam Lu-

João IV, e os Estados geraes das Provincias unidas dos Paizes Baixos, ratificado em 18 de Novembro do mesmo anno

(Arch. da Torre do Tombo. — Traducção.)

Tratado das tregoas, e suspenção de todo o acto, de hostelidade, e bem assi de nauegação, comercio, e juntamente socorro, entre o Serenissimo, e Poderosissimo Dom Joam o quarto deste nome, Rey de Portugal, e dos Algarues daquem, e dalem, mar em Africa, Senhor de Guiné, e da Conquista, nauegação, e Comercio de Ethiopia, Arabia, Persia, e da India, &c. De hũa parte, e os Senhores Ordens Gêraes das Prouincias vnidas, de outra, feito começado, e acabado pello Senhor Tristão do Mendoça Furtado do Conselho de Sua Magestade, e seu Embaixador, e pellos Senhores Rugero Huyphens, Caualeiro Jacobo de Brouchouen; Consul que foi da Cidade de Leide Jacobo Cats, Caualeiro Conselheiro, Pencionario de Holanda, e de Friza Occidental, Gaspar de Vosberghen, Caualleiro, e Senhor de Isselaer, João de Reede, senhor de Reins Voude, e Thiens, senhor de Vvou Denderch, João VelrDriel, Consul da Cidade Doccum, Assuero, de Haer Solte, Haersty, e Echede, do gouerno de Zelanda, Vvigboldo, Aldringa Senador da Cidade de Gronigen, administrador de Sibal de bueri, todos deputados no Conselho dos assima ditos Senhores Estados Géraes das Prouincias de Geldria, Holanda, Zelanda, Vtrech, Friza, Ouericel, e da Cidade Groningen, e Homlandia Commissarios dos mesmos Senhores das Ordens Géraes, entre o assima dito Senhor Embaixador, por virtude de certa Prouisão Real, e de hũa carta de Sua Magestade, escritas ambas em Lisboa a vinte hum de Janeiro passado, e os assima ditos Senhores Commissarios, em virtude de hũa sua Procuração cujas copias, e treslados hirão abaixo escritos. 1641 Junho 12

Mostrou a experiencia que Dom Phelippe segundo Rey de Castella, por força, e poder de armas occupou antigamente

1641 Junho 12 sitaniæ, et consequentèr privaverit Serenissimum Præpotentemque Regem Don Ioannem (olim Ducem de Bragança) indubitabile suo Successionis jure & justitia in altememoratam Coronam Lusitaniæ, tanquam Legitimum & proximum Hæredem Serenissimæ Dominæ Dona Catharinæ, ac continuarunt Successores prædicti Regis Castellæ multis contiguis annis in violenta occupatione altememoratæ Coronæ Lusitaniæ, infringentes fœdera & pacta amicitiæ confidentiæ & commercii, quæ Domini Reges Coronæ Lusitaniæ continue cum aliis Principibus ac Nationibus in Europa Sancte coluerant de orbantes bonos Subditos & Vasallos ejusdem Coronæ eorum Juribus, Legibus & Consuetudinibus, in superque eos onerantes injustitia, intolerabilibus vexationibus & diversis alliis speciebus Tyrannidis, injungentes illis excessiva onera, quæ Reges Castellæ simul ac cum Patrimonio Regiæ Coronæ Lusitaniæ dilapidarunt & consumpserunt evitabilibus Bellis. Quibus prædicti boni Subditi & Vassalli ejus Coronæ ita stimulati atque iracundia mactati, tandem haud Levi habita patientia, magno cum animo ausu & circumspectione injustum illud ac intolerabile Iugum Regis Castellæ excusserunt, ac semetipsos Libertati restituerunt, demunque communi applausu sæpius altememoratum Iohannem Quartum, Regem elegerunt, proclamarunt, eique homagium ac jus jurandum fidelitatis præstiterunt; Præpotentes Domini Ordines Generales quoque passive pro comperto habentes intolerabilem tyrannidem & perdura onera præfati Castellæ Regis, pariterque ejusdem nefarium Institutum ad consequendam Monarchiam multo Sæculo jam super Vniversa Europa jactatam incommodum Boni Publici dijudicarunt expedire Laudabilli ac honesto jam altememorati Regis Iohannis Quartii proposito succurrere, cumque eodem inire & consummare præsens hoc Pactum & Tractatum; nec non prætermittere varias & diversas commoditates, quas alias pro proprio particulari commodo atque utilitate, nacto hoc rerum statu, tam citra, quam ultra Lineam possent usu capere, et percipere maluntque eorum Loco, ut reviviscat vetus illa amicitia, amor reciprocus ac Commercium, quæ inter Dominos Reges Co-

a Coroa de Portugal, e pello cõseguinte priuou o Serenissimo, e muito Poderoso Rey Dom João (antes Duque de Bragança) do indubitavel direito de sua successão, e Justiça para a dita Coroa de Portugal, como legitimo proximo herdeiro da Serenissima Senhora D. Catherina, e muitos annos continuos preseuerarão os sucessores do dito Rey de Castella em a violenta occupação da dita Coroa de Portugal, quebrantando os concertos e pactos de amizade, confiança, e do Comercio q̃ os Senhores Reys da Coroa de Portugal, com os outros Principes, e nações de Europa, santamente, sempre respeitarão, priuando aos bons subditos, e vassallos da mesma Coroa, de seu direito, e de suas leys, e costumes, e alem disso carregandoos injustamente de intoleraueis molestias, e outras diuersas especias de tyrannia, juntas a execiuos tributos, os quais os Reys de Castella, juntamente com o Patrimonio da Coroa Real de Portugal, consumirão e destruirão com guerras escusadas, com as quais cousas, sendo os ditos bons subditos, e vassallos daquella Coroa, estimulados, e prouocados, de justo furor, vencido o sufrimento, com grãde animo, ousadia, e aduertencia, sacodirão aquelle intolerauel, e injusto jugo de el Rey de Castella, restituindosse a sy mesmos, a sua liberdade; e finalmente por aplauso commum, elegerão, acclamarão derão omenagem, e juramento de fidelidade ao dito Rey Dom João o quarto. 1641 Junho 12

Os muitos poderosos Senhores Ordens Géraes, sentindo juntamente, por sua parte, e tendo bem conhecido a intolerauel tyrannia, e durissimos encargos do dito Rey de Castella, e sua detestauel determinação, para alcançar a Monarchia, de tanto tempo em toda Europa perseguida, e acossada, em vtulidade do bem commum, julgarão ser conueniente, socorrer a intenção honrada, e digna de louuor do dito Rey Dom João o quarto, e com elle fazer, e celebrar o presente concerto, e tratado, deixando, antes, as varias, e diuersas commodidades que em seu proprio commodo, e proueito, no Estado das cousas presentes, assim de aquem, como de alem da linha, puderão de nouo tomar, e possuir, e querem antes em logar dellas, que se renoue aquella antiga amizade

1641 Junho 12 ronæ Lusitaniæ ac Belgas ultro citroque antiquitùs floruerunt.

ARTICULUS I

Primo conclusum est verum, firmum sincerum ac inviolabile induciarum pactum cessationisque omnis hostilitatis actus inter Altememoratum Regem & Ordines Generales tam mari aliisque aquis, quam terra, intuitu omnium Subditorum atque Incolarum Vnitarum Provinciarum, cujuscumque Conditionis illi fuerint citra exceptionem Locorum personarumve, ut & pariter intuitu omnium Subditorum atque Incolarum Regionem altememorati Regis, cujuscunque Conditionis fuerint, citra exceptionem Locorum personarumve, quæ partes Serenissimæ Majestatis adversus Regem Castellæ tuentur, aut inposterum tueri reperientur, idque omnibus in Locis & maribus ab utraque parte Lineæ juxta conditiones, & restrictiones hic infra respectivè explicatas, tempore Decennii. Quod Induciarum pactum cessationisque omnis hostilitatis actus in Europæ plagis ac alicundè sitis, extra Limites respectivè Privilegiorum, Societatibus Indiarum Orientalium atque Occidentalium ante hac nomine hujus Status respectivè concessorum, statim facta Supbscriptione hujus Tractatus, ordietur.

ARTICULUS II

Ac in India Orientali omnibus Locis & Maribus sub districtu Privilegii a Dominis Ordinibus Generalibus, Societati Indiæ Orientalis harum Provinciarum concessi, uno anno à dato, cum ratihabitio hujus Tractatus nomine Regis Lusitaniæ hic Loci fuerit oblata. At vero si publica manifestatio prædictarum Induciarum cessationisque omnis hostilitatis actus alicubi locorum & marium præfactorum citius devenerit, antequam supradictus annùs exspiraverit, ut tum quisque ab utraque parte in hujusmodi Locis ac maribus respectivè a tempore publicæ manisfestationis sese contineat ab omni hostilitatis actu.

reciproco amor, e comercio que entre os Senhores Reys da Coroa de Portugal, e os Holandeses, de hũa, e outra parte, antigamente florecerão. 1641 Junho 12

ARTIGO I

Primeiramente foi assentado, verdadeiro, firme puro, e inuiolavel concerto de tregoas, e suspensação de todo o acto de hostelidade, entre o dito Rey, e as Ordens Géraes, assi por mar, e todas as mais agoas, como por terra, em respeito de todos os subditos, e moradores das Prouincias vnidas, de qualquer condição que elles forem, sem excepção de lugares, ou de pessoas; e bem assi igualmente, em respeito de todos os subditos, e moradores das Regiões do dito Rey, de qualquer condição que forem, sem excepção de lugares, ou pessoas, as quais defendem contra el Rey de Castella, as partes de Sua Magestade, e daquî por diante, se achar que as vão defendendo, e isto em todas as terras, e mares, de hũa, e de outra parte da linha conforme as cõdições, e limitações por ambas as partes abaixo declaradas, por tempo de dez annos, o qual contrato de tregoas, e suspensação de todo o acto de hostelidade, nos lugares de Europa, ou em qualquer outra parte, cituados, fora dos limites da Jurisdição, concedida em nome deste Estado antes deste tempo, as Companhias das Indias Orientaes, e Occidentaes, começarà logo desde a sobescripção deste tratado.

ARTIGO II

Mas na India Oriental, e em todas as terras, e mares debaixo do districto, e Jurisdição concedida pellos Senhores das Ordens Gêraes, á Companhia da India Oriental destas Prouincias, começarâ hum anno depois da data, tanto que neste lugar for apresentada retificação deste Tratado, em nome del Rey de Portugal; Porem se a publica manifestação das ditas tregoas, e suspensação de todo o acto de hostelidade, chegar mais breuemente a alguã parte das ditas terras, e mares, antes q̃ o dito anno seja acabado, em tal caso, cada qual, de hũa, e outra parte, das ditas terras, e mares, desdo tempo da dita manifestação, se abstenha de todo o acto de hostelidade.

ARTICULUS III

1641 Junho 12 Et comprehendentur sub prædictis Induciis & cessatione omnis hostilitatis actus omnes hujusmodi generis Reges, Diinastæ & Gentes Indiæ Orientalis, quibuscum Domini Ordines Generales, aut Societas Indiæ Orientalis, harum Provinciarum eorum nomine amicitiam colunt, aut fœdere juncti sunt, si qua sibi expedire arbitrabuntur has Inducias & cessationem omnis hostilitatis actus complecti.

ARTICULUS IV

Nec fas esto, præfacto Decennii tempore durante sibi invicem, nec terra, nec mari, hostilitatem aut ullam aggressionis vim inferre, ac omnibus Lusitanicis Navibus ex Lusitania, sub mandato, aut commissione altimemorati Regis Iohannis Quarti, navigantibus ad Loca & maria, quæ partes hujus Regis tuentur, secuti pariter illis Navibus isthinc in Lusitaniam revertentibus, permissum esto Libere absque ulla remora navigare intuitu Societatis Indiæ Orientalis harum Provinciarum.

ARTICULUS V

Similiter nec Naves eorundem Subdictorum harum Provinciarum in earum cursu per prædictas Lusitanicas molestia afficientur.

ARTICULUS VI

Et utraque pars esto Libera & secura in suis Tractatibus & Contractibus.

ARTICULUS VII

Item, Liberum esto utrique parti Navigare, pariter Loca possidere, suum Commercium sine ullo impedimento exercere, æque ut tempore & sub manifestatione prædictarum Induciarum cessationisque omnis hostilitatis actus, in India Orientali Loca possidet, effective commeavit, suumque Commercium exercuit.

ARTIGO III

E serão comprehendidos debaixo das ditas tregoas, e suspensação de todo o acto de hostelidade, todos os Reys, Senhores, e nações da India Oriental, com os quais os Senhores Ordens Gêraes, ou a Companhia da India Oriental destas Prouincias em seu nome, tem amizade, e confederação, se a elles lhes parecer serem comprehendidos nas ditas tregoas, e suspensação de todo o acto de hostelidade. 1641 Junho 12

ARTIGO IV

Não será licito, durante o dito tempo de dez annos, fazer se de hũa, e outra parte, nem por terra, nem por mar, hostelidade algũa, ou acometimento violento, e será premitido a todas as naos Portuguesas, e que de Portugal, por mandado, e comissão del Rey Dom João o quarto, forem para as terras, e mares que deffendem as partes del Rey, assi como igualmente, as que das ditas partes tornarem para Portugal, nauegar liuremente sem embaraço algum, por respeito da Companhia da India Oriental, destas Prouincias.

ARTIGO V

E da mesma maneira as naos dos subditos destas Prouincias que fizerem a mesma viagem, não serão molestadas pellas ditas naos de Portugal.

ARTIGO VI

E hũa, e outra parte esteja liure, e segura em seus tratados, e em seus Contratos.

ARTIGO VII

Tambem será liure a cada hũa das partes, nauegar, igualmente possuir seus lugares, e exercitar seu Comercio, sem impedimento algum, assi, e da maneira, que ao tempo da publicação das ditas tregoas, e suspensação de todo o acto de hostelidade em a India Oriental, possuir os ditos lugares, e hindo, e vindo, exercitaua seu comercio.

ARTICULUS VIII

1641 Junho 12 Sæpius dictæ Induciæ ac cessatio omnis hostilitatis actus effectum sortientur tempore Decennii in Locis & maribus pertinentibus sub districtu Privilegii a Dominis Ordinibus Generalibus Societati Indiæ Occidentalis barum Provinciarum concessi, a dato, cum Ratihabitio super hoc Tractatio nomine Regis Lusitaniæ hic Loci fuerit oblata, & publica manifestatio prædictarum Induciarum cessationisque omnis hostilitatis actus porro alicubi prænominatorum Locorum ac marium respective pervenerit, à quo tempore utraque pars in istiusmodi Locis & maribus respectivè sese cohibeat ab omni hostilitatis actu. Ita tamen, ut intra octo Menses, postquam prædicta ratihabitio hic Loci fuerit allata, conveniendum sit cum Corona Lusitaniæ de Pace in sæpiusdictis Locis & maribus, pertinentibus sub districtum Privilegii Societatis Indiæ Occidentalis harum Provinciarum, ad quæ Dominus Tristão de Mendonça Furtado, Legatus & Consiliarius Regiæ Majestatis Lusitaniæ hisce pollicetur, ut intra prædictos octo Menses post præfatam ratihabitionem Regiæ Serenissimæ Majestatis hic Loci oblutam, quoque obveniant necessarium mandatum ordo ac Instructio pariterque persona aut personæ authoritate regia munita, ad tractandum de prædicta Pace; atamen, si in eventum contra omnem expectationem Pacis conditio non iniretur, ut, eo non obstante sæpiusdictæ Induciæ, cessatioque omnis hostilitatis actus tempore decennii, modo præmisso & juxta Articulos infra explicatos, plenum effectum sortiantur.

ARTICULUS IX

Societas Indiæ Occidentalis harum Provinciarum ut & Subditi ac Incolæ ejusdem terrarum acquisitarum, nec non omnes illi inde dependentes, cujuscunque Nationis conditionis aut Religionis sint, gaudeant & fruantur in singulis terris & Locis Regis Lusitaniæ, ac ad eandem Coronam spectantibus, in Europa sitis, hujusmodi Commercio, exemptionibus, libertatibus & juribus, quibus reliqui Subditi hujus status,

ARTIGO VIII

As ditas tregoas, e suspensação de todo o acto de hostelidade terão seu effeito por tempo de dez annos em as terras, e mares pertencentes ao destricto da jurisdição concedida pelos Senhores das Ordens Géraes á Companhia da India Occidental destas prouincias desde a data, tãto q̃ a retificação deste tratado em nome del Rey de Portugal, neste lugar for apresentada, e a publica manifestação das ditas tregoas, e suspensação de todo o acto de hostelidade chegar a qualquer parte das ditas terras, e mares respectiuamente; desde o qual tempo, hũa, e outra parte em as ditas terras, e seus mares se abstenha de todos os actos de hostelidade. Com tanto que dentro de oito mezes depois que a dita retificação for neste lugar apresentada se haja de tratar da paz com a Coroa de Portugal, nas ditas terras, e mares, pretencentes ao destricto da jurisdição da Companhia da India Occidental, destas Prouincias, como assim primite o Senhor Tristão de Mendoça Furtado, Embaixador, e do Conselho de Sua Magestade de Portugal, para que dentro dos ditos oito mezes, depois da sobredita retificação de Sua Magestade aqui neste lugar apresentada, uenha juntamente procuração necessaria, ordem, e instrucção, e igualmente pessoa, ou pessoas com authoridade Real, para tratar da dita paz; com tudo se acontecer, contra toda a esperança, e desejo, que a condição da paz se não effeitue, sem embargo disso as ditas tregoas, e suspensação de todo o acto de hostilidade, terão inteiro effeito pello tempo de dez annos na forma sobredita, e conforme aos artigos que abaixo se declarão. 1641 Junho 12

ARTIGO IX

A companhia da India Occidental destas Prouincias, e bem assi, os subditos, e moradores nas suas terras adqueridas, e juntamente todos aquelles que dahi dependem, de qualquer nação, condição, ou Religião que sejão, gozem, e logrem em cada hũa das terras, e lugares del Rey de Portugal, e pertencentes á mesma Coroa, cituados em Europa deste mesmo Comercio, izenções, liberdades, e direitos, dos quais, os de-

1641 Junho 12 vigore hujus Tractatus, gaudebunt & fruentur. Hac tamen conditione, ne Societas Indiæ Occidentalis harum Provinciarum, ut & Subditi ac Incolæ in ejusdem terris acquisitis, sicut pariter omnes reliqui ab illa dependentes conentur ex Brasilia transferre ad Regnum Lusitaniæ Saccharum, lignum Brasilicum ac alias Merces in Brasilia existentes & provenientes, sicut pariter nec Lusitanica Natio, ut & Subditi ac Incolæ in ejusdem terris acquisitis, nec minus ab ea dependentes, conabuntur ex Brasilia transferre intra has Provincias & Regiones Saccharum, lignum Brasilicum aliasque merces in Brasilia existentes & provenientes.

ARTICULUS X

Natio Belgica ut & Lusitanica durantibus Induciis, & cessatione omnis hostilitatis actus sibi invicem succurrent atque opem ferent pro virili, cum occasio & status verum illum postulaverit.

ARTICULUS XI

Omnia Fortalitia, Urbes, Naves & particulares Personæ, sive sint Lusitani aut alii in Brasilia vel aliorsum sita & reperti, qui partes Regis Castellæ forent, aut postmodum in eorum potestatem redigentur, non aliter respicientur ac reputabuntur, quam communes hostes, quos adoriri, prosequi, ac vincere cuilibet parti, licitum sit nullo habito respectu limitum. Hoc attento, si qua alterutra pars ejusmodi loca aut Fortalitia occuparet, illi quoque cedat Jurisdictionis & Latorum camporum ambitus & reliqua emolumenta antiquitus his annexa, non obstante talia Loca & Fortalitia (ut supradictum est) in alterius Limitum districtum sortiantur.

ARTICULUS XII

Quilibet utriusque partis Subditorum relinquetur ac remanebit in bonis suis uti illa tempore manifestationis Indu-

mais subditos desde Estado, por virtude deste tratado, hão de gozar, e lograr, com tal condição, que a Companhia da India Occidental d'estas Prouincias; e bem assi. Os subditos, e moradores, em suas terras adqueridas, e igualmente todos os demais della dependentes, não pretendão leuar do Brazil para o Reyno de Portugal asucar, Pao Brazil, nem outras mercadorias que no Brazil costuma auer, e delle serem trazidas, assi como tambem, nem a nação Portugueza, e os subditos, e moradores nas ditas terras adqueridas, nem menos os que della dependem, pertenderão leuar do Brazil, as ditas Prouincias, e Regiões vnidas, asucar, Pao Brazil, e outras mercadorias que no Brazil costuma hauer, e delle serem trazidas. 1641 Junho 12

ARTIGO X

A nação Holandeza, e bem assi a Portugueza, em quanto durarem as tregoas, e suspensação de todo o acto de hostelidade, se socorrerão reciprocamente, e se darão toda a ajuda, e fauor com todas suas forças, quando quer que a occasião, e o Estado das cousas assi o pedirem.

ARTIGO XI

Todas as Fortalezas, Cidades, naos, e pessoas particulares, ou sejão Portugueses, ou outros quaisquer que forem achados no Brazil, ou em outra parte, os quais fauorecem as partes del Rey de Castella, ou daqui por diante, se reduzirem a seu poder, serão julgados por inimigos communs, aos quais, será licito acometer, perseguir, e vencer por cada hũa das partes, sem se ter respeito ao limite, e termos em que forem achados; Conforme ao que se cada hũa das partes tomar algũ dos ditos lugares, ou fortalezas, pertencerá áquelle por quem for tomado, e juntamente a jurisdição, e termo de seus campos, e todas as mais vtilidades a elles de antes annexas; sem embargo de os taes lugares, e fortalezas estarẽ cituadas no destricto, e termos de cada hũa das partes.

ARTIGO XII

Qualquer subdito, de hũa, e outra parte, será deixado estar, e ficará em posse de seus bens, assi como for achado

1641 Junho 12 ciarum & cessationis omnis hostilitatis actus tum deprehendentur & Lati campi inter utriusque partis extrema Fortalitia siti (qui necessario inde intelligendi sunt pro acquisitis ac eorum dominio vindicatis) utrinque divisi exstabunt, sub his comprehendendo gentes & nationes sub iisdem sortientes; quibus finibus, modo præmisso positis, & statutis, Lusitanicæ Nationi ab illa, & subditis harum Provinciarum ab hac parte, constabit, quæ Loca, commoditates & ambitus Latorum camporum, quilibet pro suis agnoscat & tueatur.

ARTICULUS XIII

Quod vero attinet particularium proprietates ac possessiones, quæ sub prædicta divisione, ad unam vel alteram partem pertinebunt, de his forsitan nonnulla Loca extabunt derelicta & populata, alia vero culta ac gente instructa. At vero quod spectat Loca, quorum Incolæ & Proprietarii sese ad hanc vel alteram partem recepisse deprehendentur, exinde nulla omnino restitutio fiet, neque ullorum mobilium ibidem relictorum & repertorum, sed quilibet eo contentus vivat oportet, quod ex derelictis Locis secum adportavit ac abstulit.

ARTICULUS XIV

Attamen in dictis Locis & terris, quæ suis Proprietariis, aut aliis possessoribus eorum nomine & parte remanserunt, illis utrinque cognita causa, jus suum & possessio asservabitur, visis prius eorum necessaris documentis & probationibus.

ARTICULUS XV

Super quibus utriusque partis regimen in suo cujusque districtu respective disponat, pro ut videbitur convenire, non concesso, ut alius quispiam his sese immisceat.

nelles, ao tempo da manifestação das tregoas, e suspenção de todo acto de hostelidade, e os campos, e termos que estiuerem entre os fins das Fortalezas de hũa, e outra parte (os quais necessariamente se hão de hauer por proprios e acqueridos ao Senhor que delles for) ficarão com a mesma diuisão, comprehendendosse nelles as familias, e nações que lhes tocarem, e determinados pello modo sobredito, os ditos termos, e diuisão, constará á nação Portugueza por hũa parte, e aos subditos destas Prouincias, por outra, quais lugares, commodidades, e termos dos campos ha de conhecer cada hum, e defender como seus. 1641 Junho 12

ARTIGO XIII

E quanto ao que pertence as propriedades, e possessões dos particulares, que debaixo da dita diuisão se deue comprehender para hũa, ou para outra parte, será por ventura certo, que algũs lugares estarão dezemparados, e roubados, e outros cultiuados, e pouoados de gente: Com tudo o que pertence aos lugares, cujos habitadores, e proprietarios se passassem a hũa, e outra parte, nem por isso se hauera de fazer restituição algũa, nem de moues algũs que fossem deixados, e achados, mas será cõueniente, que cada hum fique quieto com aquillo que comsigo leuou, ou tiuer leuado dos ditos lugares assi dezemparados.

ARTIGO XIV

Porem nos ditos lugares, e terras que ficarão a seus proprietarios, ou a outros possuidores, em seu nome, e lugar, tomandosse conhecimento da causa, se guardará aos ditos donos, de hũa, e outra parte, seu direito, e posse, precedendo para isso as prouas, e documentos necessarios.

ARTIGO XV

Sobre as quais cousas, o governo de hũa, e outra parte, em seu destricto, respectiuamente, disporá da maneira q̃ entẽder q̃ conuẽ, não se premitindo q̃ algũa outra pessoa se intrometa nas ditas cousas.

ARTICULUS XVI

1641 Junho 12 Commercia ad utriusque partis ditiones, tractus, & ambitùs Locorum in Brasilia, quælibet sibi ipsis relinquantur, exclusis omnibus aliis, nec ipsis Lusitanis fas esto hujus status, neve subditis hujus status Lusitanorum ditiones, tractus & ambitus Locorum frequentare, nisi communi voluntate & consensu postmodum aliter visum fuerit convenire.

ARTICULUS XVII

Ne permissum sit Lusitanis in Brasiliam navigare, commercari aut mercaturam exercere cum Navibus alienæ nationis, aut cum ipsissimis Nationibus extraneis, sed indigentes aliquibus extraneis Navibus ad navigationem, mercaturam & commercium in Brasilia tenebuntur illi tales conducere, aut emere a subditis harum Provinciarum, quo casu emptionis vel conductionis, nullæ minores Naves in Brasiliam aptentur ac impendantur quàm centum & triginta onerum, aut ducentorum & sexaginta vasorum munitæ ad minimum sedecim tormentis (aliás Gotelingen) vivrantibus singulatim quinque aut sex Libras ferri respective, munitioneque belli provisæ secundum proporcionem, et quando maiores Naves a Lusitanis in Brasiliam conducentur, atque ementur, ac deinceps aplicabuntur, ut supra, tum illa secundum proportionem onerum tanto plus muniantur et provideantur, et hoc omne sub pæna amissionis & confiscationis prædictàrum Navium una cum earum requisitis, quæ alias, ut antea, cedant commodo Societatis Indiæ Occidentalis, harum Provinciarum, aut vero eorum, qui ab ea dependent vel appendent, si qua illa ab his forte deprehenderentur & caperentur.

ARTICULUS XVIII

Neque Lusitanis, neque Incolis harum Provinciarum liceat ullam Navium, Negrorum, Mercium, aliorumve necessario-

ARTIGO XVI

Os Comercios para os lugares, Senhorios, e termos de hũa, e outra parte, no Brazil, quaisquer que sejão, serão sómente premitidos, assi mesmos, excluidos todos os outros, nẽ seja licito aos Portugueses frequentar os lugares, Jurisdições, e termos dos subditos destes Estados, nẽ menos aos subditos destes Estados hirem aos semelhãtes lugares dos Portugueses, saluo se de commum vontade, e consentimento parecer despois contratar em outra forma. 1641 Junho 12

ARTIGO XVII

Nem seja premitido aos Portugueses, nauegar comerciar, ou tratar para o Brazil com as naos de nação estrangeira, nem com essas mesmas nações estrangeiras, mas tendo necessidade de algũas naos estrangeiras para nauegação, trato, e comercio para o Brazil, serão obrigados o fretar, ou comprar as ditas naos aos subditos destas Prouincias, no qual caso de compra, ou frete, se não aparelharão, nem conduzirão para o Brazil naos de menor porte, que de cento, e trinta lastres, ou de duzentas, e sessenta toneladas, armadas pello menos com desaseis pessas de Artelharia, chamadas bottelingen, que lance cada hũa sinco, ou seis liuras de balla, e a este respeito, prouidas de monições de guerra; e quando acontecer, que pellos Portugueses sejão fretadas, ou compradas maiores naos para o Brazil, na mesma forma como dito he, em tal caso serão prouidas, e bastecidas de quanto mais for necessario, conforme a proporção de seus lastres, e tudo isto sob pena de perdimento, e confiscação das ditas naos, e suas pertenças, as quais se aplicarão em vtilidade da Companhia da India Occidental destas Prouincias, ou daquelles que della dependem, sendo por elles, a caso, prezas, e tomadas.

ARTIGO XVIII

Nem seja licito aos Portugueses, nem aos moradores destas Prouincias, dar passagem algũa de naos, negros, mer-

1641 Junho 12 rum vecturum præstare Indiis Castilianorum, aliisque Locis ab eorumdem parte stantibus sub pæna amittendæ Navis, & bonorum, pariterque personæ, quæ in ibi reperientur, ut hostes apprehendentur, & tractabuntur.

ARTICULUS XIX

Illud, quicquid tam Lusitani, quam Subditi harum Provinciarum in oris Africæ possident, nulla indiget Limitum divisione, cum inter utrumque diversæ Gentes & Nationes sortiantur, quæ finium Limites statuunt & dividunt.

ARTICULUS XX

Quod vero attinet Negotiationem & frequentationem earundem orarum, Insulæ Sancti Thomæ, aliarumque Insularum, hisce comprehensarum, ea utique Libera sit; hac tamen conditione, si eadem navigatio & commercium, sive illud sit auri, nigrorum, aliarumque mercium quomodolibet illa nuncupanda veniunt, fiat, & destinata sit in vel circa vrbes, & Fortalitia, quæ forte alteruter occupat, & possidet, ut inde pendantur eadem Vectigalia & jura, quibus consueverunt Incolæ Lusitani ac eorundem Locorum Liberi homines exsolvere & viceversa.

ARTICULUS XXI

Et quia Domini Ordines Generales sua Dominia & terras in Brasilia, aliisque Locis, propria virtute, acquisiverint eo tempore, quo eorum subditi atque Incolæ ad huc exstarent Vassalli & Subjecti Regis Castellæ & hujus Status hostes, cujusmodi naturæ, & Sortis illi fuerunt, qui modo ibidem, ad obsequium Regis Lusitaniæ redierunt, amicosque & fæderatos hinc sere dederunt, ex quo in futurum utrinque durabile fædus & sincera confidentia patet, simul ac alter alteri inposterum justa præstandæ Justitiæ administratione rite tenebitur.

cadorias, ou outras cousas necessarias, para as Indias dos Castelhanos, ou para outros lugares cituados naquellas partes, com penna de perdimento da nao, das pessoas, e das fazendas que ahi forem achadas, e de que como inimigos serão prezos, e tratados. 1641 Junho 12

ARTIGO XIX

Tudo aquillo, que assi os Portugueses, como os subditos destas Prouincias, possuem nas Costas de Africa, não necessita de diuisão de termos, por quãto entre hũs, e outros ha diuersas familias, e nações que diuidem, e determinão os termos, e limites.

ARTIGO XX

Em quanto ao que pertencia á nauegação, e cõmunicação das mesmas costas da Ilha de São Thome e de outras Ilhas, que nellas se comprehendem, a hũa e outra parte será liure, com tal condição, se a mesma nauegação, e Comercio, ou elle seja de ouro, de negros, e de mercadorias de qualquer maneira chamadas, se faça, e seja distinada, para as Cidades, e fortalezas, ou porto dellas, as quais cada hũa das partes occupa, e possue, para que nellas se paguem as rendas, e direitos que costumarão pagar os moradores Portugueses, ou os homens liures dos mesmos lugares, em igual correspondencia.

ARTIGO XXI

E por quanto os Senhores Ordens Géraes acquirirão por seu proprio poder seus dominios, e terras no Brazil, e em outras partes em tẽpo q̃ os subditos, e moradores dellas ainda erão vassallos, e sugeitos a el Rey de Castella, e inimigos deste Estado, de cuja natureza, e condição forão aquelles que agora no mesmo lugar se reduzirão a obediẽcia del Rey de Portugal, e se mostrarão amigos, e confederados a este Estado, pella qual rezão, daqui por diante, de hũa, e outra parte estará manifesto, durauel concerto, e pura confiança, e juntamente hũs a outros serão com rezão obrigados a se tratarem com amigauel administração de justiça.

ARTICULUS XXII

1641 Junho 12 Ita vero comparatum est, ut cum mutatione, quæ in multifariis proprietatibus & possessionibus mobilium atque immobilium bonorum extitit (solummodo per calamitatem molesti belli) diversi modo subditi sub & post initium ad obsequium hujus status harum Provinciarum devenerint, quorum pars adincitas redecta pars diffusa sunt; ac cum plurimi Belgæ ibidem per emptionem Dominiorum, vulgo nuncupatorum Ingenuos, aliorumque bonorum immobilium, sedem fixerint, ratio status rerum inibi acquisitarum nullo modo ferre potest, ut ulla bona jure postliminiis vel quasi, repetantur, aut revertantur, neque ut subditi Dominorum Ordinum Generalium a Lusitanis, neque Lusitani abs subditis harum Provinciarum ulla debita aliave onera exigant, multominus, ut talia consequantur, conveniat executionis via uti, sed quilibet salvus remanebit, uti possidet tempore dictæ manifestationis.

ARTICULUS XXIII

Subditi atque Incolæ ditionum altememorati Regis Johannis Quarti, & Dominorum Ordinum respective, durantibus decenii Induciis & cessatione omnis hostilitatis actus, mutua confidentia amicitiam colent sine ulla recordatione offensiorum & damnorum, quæ olim perpessi sunt.

ARTICULUS XXIV

Et si forte postmodum unanimi ac mutuo consensu sedes belli in India Occidentali Castilianorum transferretur, atque incenso bello ibidem quicquam ad detrimentum communis hostis acquireretur, tum illud distribuendo, permutando, & fruendo amicè, et communi consensu, ut præmissum est, conveniendum erit, sicut pariter durantibus sæpius memoratis Induciis, & cessatione omnis hostilitatis actus, permissum esto utriusque partis communi consensu, atque applausu prædictos Articulos, aut partem eorum immutare.

ARTIGO XXII

Com tudo se tem assentado, q̃ como cõ a mudança q̃ ouue em muitas propriedades, e possessões, assi de bens moues, como immoueis (sómente pella distruição de tão molesta guerra) varios subditos, antes, e depois de seu principio, vierão á obediẽcia do estado destas Prouincias, parte dos quais cahirão em pobreza, e parte se espalharão, e como muitos Flamengos fizerão ahy assento, por cõpra de Senhorios, que vulgarmẽte chamão engenhos, e de outros bẽs de raiz, de nenhũa maneira primite a rezão destado das cousas aly acqueridas, q̃ bẽs algũs por direito de post liminio, ou quasi se possão repetir, ou restituir, nẽ tambẽ q̃ os subditos dos Senhores Ordẽs Géraes pessão aos Portugueses, nẽ os Portugueses aos subditos destas Prouincias, diuidas, ou encargos algũs, e muito menos será cõueniẽnte, q̃ pretẽdã as tais cousas por via de execuçã, mas cada qual ficará inteiramẽte com o que estiuer possuindo ao tempo da dita manifestação. 1641 Junho 12

ARTIGO XXIII

Os subditos, e moradores dos lugares do dito Rey Dom João o IV e dos Senhores Ordens, respectiuamẽte, durando as Tregoas de dez annos, e suspenção de todo o acto de hostelidade, com reciproca confiança, professarão amizade, sem lembrança algũa das offenças, e danos que antigamente se receberão.

ARTIGO XXIV

E se depois por ventura, com animo, e consentimento conformes, o fundamento da guerra, se passar á India Occidental dos Castelhanos, e fazendo alli guerra, com perda do inimigo commum se acquirir cousa algũa, em tal caso, repartindo trocando, e logrando, amigauelmente, e de commum consentimento, como dito he, se fará concerto: assi como igualmente, durando as ditas tregoas, e suspenção de todo o acto de hostelidade, será permitido, com commum consentimento, e aplauso de ambas as partes, mudar os sobreditos artigos, ou parte delles.

ARTICULUS XXV

1641 Junho 12 Et liberum esto utriusque partis subditis, cujuscumque Nationis, Conditionis, qualitatis & Religionis, nullis exceptis (sive illi in alterutrius ditione natis sint, sive inibi habitasse dicantur) frequentare, navigare, & comercari qualibet mercium & mercaturæ sorte in Regnis, Provinciis, Territoriis & Insulii respective in Europa atque aliorsum ab hac Lineæ parte sitis. Nec fas esto neutrius subditos mercandi gratia confluentes in alterius terris, sitis ut supra, in mercibus asportandis, aut vero exportandis magis aggravare gabellis impositionibus aliisve juribus, quam ipsissimos Incolas & Subditos earundem terrarum, sed gaudeant pariter respective hujusmodi indultus & privilegiis, quibus antehac illi usi sunt, priusquam Lusitania Castellianis fuerit subacta.

ARTICULUS XXVI

Subditi ac Incolæ harum Provinciarum, qui Christiani sunt, in omnibus Locis, Vrbibus & Territoriis etiamque Provinciis ac Insulis Regni Lusitaniæ aut ab eo appendentibus & dependentibus, sive illud sit ab utraque parte Lineæ, tam in Europa, quam extra, ubi frequentandi Locus datur, utentur, & fruentur Libertate conscientiæ in domubus suis privatis, ac intra Naves Libera Religionis exercitio; si vero Legatus aut alius publicus hujus Status Minister in Lusitaniam forte mitteretur, tum illi respective utentur & fruentur in ædibus suis & domiciliis hujusmodi Libertate ac Religionis exercitio, sicut in hoc Statu præsenti Domino Legato Lusitania permittitur.

ARTICULUS XXVII

Domini Ordines Generales, non exspecta Serenissimæ Majestatis ratihabitione ad hunc Tractatum, proprio suo sumptu assistent Regi ac Coronæ Lusitaniæ sub idoneo Architalasso, aliisque necessariis suis Officiariis, quindecim Navibus bellicis, & quinque Scaphis majoribus bene munitis

ARTIGO XXV

E será liure aos subditos, de hũa, e outra parte, de qualquer nação, condição, qualidade, e religião, sem exceição de algum, ou elles sejão nacidos em a Jurisdição de cada hũa das partes, ou nellas tenhão seu Domicilio, assistir, nauegar, e comerciar com qualquer sorte de mercadorias, e empregos em os Reynos, Prouincias, termos, e Ilhas em Europa, e em qualquer outra parte cituadas daquem da linha; nem será licito que a nenhum dos subditos de hũa, e outra parte, que por causa da mercancia cõcorrerem em cada hũa das ditas terras, trazendoas, ou leuandoas, como dito he, se acrecentem mais cizas, imposições, ou outros direitos do que aquelles que os mesmos moradores, e subditos das mesmas terras costumão, mas igualmente em correspondencia gozem destas mesmas liberdades, e priuilegios, dos quaes elles antes vsauão, primeiro que Portugal fosse pelos Castelhanos sobjugado. 1641 Junho 12

ARTIGO XXVI

Os subditos, e moradores destas Prouincias, que são Christãos vzem, e gozem de liberdade de Consciencia priuadamente em suas casas, e dentro de suas naos, de liure exercicio de sua Religião em todos os lugares, Cidades, termos, Prouincias, e Ilhas do Reyno de Portugal, ou em seus dependentes, ou seja desta parte da linha, em Europa, ou dalem della, aonde he primitido comerciar: Porem se algum Embaixador, ou outro Ministro publico deste Estado, for mandado a Portugal, em tal caso estes vsarão, e gozarão em suas casas, e domicilios desta liberdade, e exercicio da Religião, assi como neste estado se premite presentemente ao Senhor Embaixador.

ARTIGO XXVII

Os Senhores Ordens Gêraes sem esperar a retificação de Sua Magestade para este tratado assistirão a el Rey, e á Coroa de Portugal á sua propria custa, debaixo de seu sufficiente Almirante, e os mais necessarios officiaes, com quinze naos de guerra, e cinco fragatas grandes, bem armadas, e

1641 Junho 12 ac instructis, provisis de victu, etiamque tormentis, ac aliis munitionibus belli.

ARTICULUS XXVIII

Ad hanc classem altememoratus Rex comparabit aut conducet Serenissimæ Majestatis propriis sumptibus, & sub ejusdem proprio directorio similem numerum quindecim Navium bellicarum, & quinque Scapharum majorum æque benè munitarum, instructarum nautis & militibus, etiam provisarum de victu, tormentis & aliis belli munitionibus, ut conjunctim una cum Navibus, & Scaphis majoribus harum Provinciarum impendantur ad Littora atque oras Lusitaniæ & Hispaniæ respective, ad detrimentum Regis Castellæ communis hostis.

ARTICULUS XXIX

Rex Lusitaniæ propriis suis expensis instruat decem aut plures Galeones in Lusitania, easque adjungat supra dicta Classi, ut conjunctim impendantur adversus Regem Castellæ ejusque Subditis.

ARTICULUS XXX

Naves, quæ ex Lusitania navigarunt, ut & earundem onera & merces ad prædictam Coronam aut ejusdem Subditos pertinentia, quorum probationis documenta decenter exhiberi poterint, non confiscabuntur, etiam si tale foret, ut istiusmodo naves & merces, navigantes sub vexillo Castellæ per aut extra prædictam Classem caperentur, sed tales Naves earumque onera & merces restituentur originalibus earundem proprietariis.

ARTICULUS XXXI

Prædarum aliorumque emolumentorum virtute prædictæ Classis & Galeorum acquisitorum erit partitio, & distributio pro rata, juxta numerum Corporum, Navium, idque ad præveniendum ac evitandum disputandi diversitatem, quæ alias ex divisione prædarum aliorumque bonorum, aut horum occasione ob certis respectis resultaret.

guarnecidas, prouidas de mantimentos, e artelharia, e outros petrechos de guerra. 1641 Junho 12

ARTIGO XXVIII

Para esta armada, Sua Magestade comprará, ou fretará á sua propria custa, e debaixo de sua mesma ordem, semelhante numero de quinze naos de guerra, e cinco fragatas grandes, igualmente armadas, e guarnecidas de marinheiros, e soldados, e tambem prouidas de mantimentos, e artelharia, e outros estromentos de guerra, para que ajuntandosse com as naos, e fragatas grandes destas Provincias, se apliquem aos Portos, e costas de Portugal, e de Espanha, em ordem a fazer dano a el Rey de Castella inimigo commum.

ARTIGO XXIX

ElRey de Portugal á sua propria custa armará dez Galeões, ou mais em Portugal, os quais se ajuntarão á sobredita Armada, para que juntamente se apliquem contra el Rey de Castella, e contra seus subditos.

ARTIGO XXX

As naos que de Portugal nauegarem, e bem assi suas cargas, e mercadorias, pertencentes á dita Coroa, ou a seus subditos, das quais conuenientemente se possão offerecer prouaueis documentos, não serão confiscadas, posto que acontecesse que as ditas naos, e mercadorias, nauegando debaixo da Bandeira de Castella fossem tomadas com a dita Armada, ou por outras, mas as taes naos, suas cargas e mercadorias, serão restituidas a seus proprios, e originaes donos.

ARTIGO XXXI

Das prezas, e de outros emolumentos, que pello poder da dita Armada, e Galeões forem acqueridos, será a repartição, e destribuição igual, pro ratta, conformandosse com os corpos, e numero das naos, e isto para preuinir, euitar a diuersidade de desputas, quem a diuisão das prezas, e outros bens, ou por occasião delles, por certos respeitos resultaria.

ARTICULUS XXXII

1641 Junho 12 Regi Lusitaniæ licitum sit intra has Provincias conscribere, aut conscribi facere tales superioris & inferioris dignitatis Officiales, etiamque Architectos militares, Cuniculorum actores, Pyropæos aliòsque Mechanicos, quos forte desideraturus erit, idque suis propriis sumptibus & stipendiis; et quod hoc negotium tanto rectius procedat nomine hujus Status illi præbebitur, & continuabitur auxiliaris manus.

ARTICULUS XXXIII

Nec fas esto sub ullo prætextu invadere domus, violare, inspicere, perlustrare Epistolas, Libros rationum aut ipsas rationes Mercatorum, Subditorum aut Incolarum harum Provinciarum Belgicarum frequentantium Regnum Lusitaniæ, vel Insulas aliasque plagas ad idem pertinentes & spectantes, sitas in Europa, vel personas prædictorum Mercatorum conjicere in Carcerem sine prævia judiciali, ac legali informatione secundum constitutionem Locorum respective exceptis casibus criminis Læsæ Majestatis, proditionis publicæ, aut intelligentiæ cum hostibus.

ARTICULUS XXXIV

Liberum & permissum esto Dominis Ordinibus Generalibus Vnitarum Provinciarum in omnibus portibus Regni Lusitaniæ, Insularum aut aliarum plagarum ad idem pertinentibus, & spectantibus, sitis in Europa, committere & authoritate debito munire Procuratores Publicos (vulgo Consules nuncupatos) qui curam habebunt suorum subditorum & Incolarum frequentantium prædictos portus; & vice versa; idem Regi Lusitanorum permissum esto in Portibus harum Provinciarum.

ARTICULUS XXXV

Hic Tractatus confirmabitur et ratihabebitur per Regem Lusitaniæ & Dominos Ordines Generales respective in solita, atque optima forma, uti par est, infra tres Menses, incipientes a dato hujus, & prestabitur idem ab utraque parte

ARTIGO XXXII

A el Rey de Portugal seja licito, dentro destas Prouincias mandar assentar, e fazer os officiaes da milicia de mayor, ou menor dignidade, e tambẽ Architectos militares, minadores, engenheiros de fogo, ou outras Artes, os quais por ventura quererá e isto, á sua custa, e estupendio; e para que este negocio milhor se effeitue em nome destes Estados se lhe darâ sempre continuo socorro. 1641 Junho 12

ARTIGO XXXIII

Não será primitido debaixo de pretexto algũ, entrar nas casas, quebrantar, olhar, reboluer as cartas, e liuros de contas, ou as mesmas contas dos mercadores subditos, ou moradores destas Prouincias dos Holandezes assistentes no Reyno de Portugal, ou nas Ilhas, ou outros lugares a elle pertencẽtes, cituados em Europa, ou prender na cadea as pessoas dos ditos mercadores, sem preceder primeiro informação legal, na forma do estatuto dos lugares respectiuamente, excepto nos casos de crime e leza Magestade, treição publica, ou correspondencia com inimigos.

ARTIGO XXXIV

Seja liure, e primitido aos Senhores Ordens Gêraes das Prouincias vnidas, em todos os Portos do Reyno de Portugal, e Ilhas, ou outros lugares a elle pertencentes cituados em Europa, dar cõmissão, e com a diuida authoridade sobestabelecer, procuradores publicos, vulgarmente chamados Consules, assistentes nos ditos Portos, e da mesma maneira será primitido o proprio a el Rey de Portugal com os Portos destas Prouincias.

ARTIGO XXXV

Este tratado será confirmado, e retificado por el Rey de Portugal, e pellos Senhores Ordens Gêraes, igualmente, e em milhor forma costumada, como he rezão, dentro de tres mezes, que hão de começar desde a data deste, e darseha o

1641 Junho 12 candide ac sincere, & deinceps, quando Serenissimæ Majestatis ratihabitio hic Hagæ infra prædictum tempus fuerit oblata, tum eadem, cum altememoratorum Dominorum Ordinum Generalium ratihabione mutabitur & transsumetur.

Et Nos Legatus ac Commissarii prædicti hunc Tractatum propriis nostris manibus subsignavimus, eundemque nostris Signetis munivimus,

Actum Hagæ Comitis die duodecima Junii, Anno millesimo sexcentesimo quadragesimo primo.

(L. S.) Tristão de Mendoça Furtado.
(L. S.) Rutger Huyghens.
(L. S.) J. Van Brouchoven.
(L. S.) J. Cats.
(L. S.) G. Van Vosbergen.
(L. S.) Joan Van Reede.
(L. S.) J. Van Veltdriel.
(L. S.) J. Van Haersolte.
(L. S.) Wigbold Aldringa.

Edito dos Estados Geraes das Provincias Unidas para a entre El-Rei D. João IV e os mesmos Esta

(Collecção de Tratados de Hespanha, por Abreu e Bertodano. Filippe IV, T. 3.º, pag. 599.)

1641 Junho 13 Publication de la suspension d'armes et cessation de toute hostilité, arrestée et conclue à la Haye le 12 Juin 1641 entre le Très-Illustre et très-Puissant Don Jean IV de ce nom Roy de Portugal, des Algarves, Seigneur de Guinée, et des conquestes de la mer, de la négociation et trafic en Ethiopie, Arabie, Perse et Indes, etc., d'une part: et les Très-puissans Seigneurs, les Estats généraux des Provinces du Pais bas, d'autre part. Laquelle cessation et suspension d'armes, s'estendra respectivement par tous leurs Royaumes, terres, Provinces, Isles et places, leurs sujets y compris et les habitans

mesmo por ambas as partes, liza, e singelamente; e tanto que a retificação de Sua Magestade aqui em Haya, dentro do dito tempo for apresentada, logo com a retificação dos Senhores Ordens Gêraes, se conformará, e trasladará. 1641 Junho 12

E Nos o Embaixador, e Cõmissarios sobreditos cõ nossas proprias mãos asinamos ao pê este tratado, e com nossos sinetes o firmamos, feito Haya do Conde, aos doze dias de Junho, anno de mil, seiscentos e quarenta e hum.

(L. S.) Tristão de Mendoça Furtado.
(L. S.) Ruger Huijghens.
(L. S.) Juan Brouchouen.
(L. S.) Cats.
(L. S.) Gs van Vosberghen.
(L. S.) Joan van Reede.
(L. S.) Juan Veltdriel.
(L. S.) Vanhaersolte.
(L. S.) Wigbolt Aldringa.

---

publicação do Tratado de treguas, navegação e commercio dos. Dado na Haya a 13 de Junho de 1641

(Traducção particular.)

Publicação da suspensão d'armas e cessação de hostilidades, ajustada e concluida na Haia, a 12 de junho de 1641, entre o muito Illustre e muito Poderoso Dom João, o IV deste nome, Rei de Portugal e dos Algarves, Senhor de Guiné e da Conquista, navegação e commercio da Ethiopia, Arabia, Persia e da India, etc., de uma parte, e os muito Poderosos Senhores Estados Geraes das Provincias dos Paizes Baixos, da outra parte. A qual cessação e suspensão d'armas será respectivamente extensiva a todos os seus Reinos, Terras, Provincias, Ilhas e Praças, abrangendo os seus subditos e 1641 Junho 13

1641 Junho 13 d'iceux, soit en l'Europe ou ailleurs: à la reserve des places situées hors les limites des lieux ci-devant octroyez aux compagnies des Indes Orientales et Occidentales, ou qui leur pourroient estre d'oresnavant octroyez et possedez conjointement ou separément par les uns ou les autres contre le Roy de Castille.

Sçavoir faisons à chacun que pour la gloire et l'honneur de Dieu Tout-puissant, l'avancement du bien commum, tant en général qu'en particulier celuy des Provinces unies et des bons habitans d'icelles, a esté arresté et conclue aux susdits Royaumes, terres, Provinces, Isles et places situées en l'Europe et ailleurs hors les limites des lieux respectivement cy-devant octroyez aux Compagnies des Indes Orientales et Occidentales, et qui leur pourroient estre d'oresnavant octroyez, ou possedez séparément par les uns ou par les autres, ou conjointement contre le Roy de Castille, une bien ferme, fidelle, et inviolable suspension d'armes, et cessation de toute hostilité entre le susdit Roy d'une part et les Estats généraux d'autre: et ce tant par les mers et rivières que par terre, à l'égard de tous les sujets et habitans de ces Provinces unies de quelque qualité et condition qu'ils soient, sans en excepter aucunes personnes ou places situées hors les limites susdites. Cette tréve et suspension d'armes faite pour dix ans; en sorte que leurs sujets et habitans pourront desormais venir et demeurer aux Royaumes, terres, villes, Provinces, Isles et places les uns des autres situées en l'Europe ou ailleurs, hors les dites limites et y pourront exercer leur trafic et négoce en toute seureté, tant par les dites mers et rivières que par terre, comme il est plus amplement declaré par les articles de la dite suspension d'armes. C'est pourquoy il est expressement enjoint et commandé par ces présentes au nom et en l'authorité desdits Estats généraux à tous leurs sujets demeurans sous leur jurisdiction, et à chacun d'eux, d'observer inviolablement tant en la chrestienté qu'en tous autres lieux, à la reserve de ceux cy-dessus exceptez, cette cessation et suspention de tous actes d'hostilité, avec tout le contenu ausdits articles, sans y con-

habitantes, quer na Europa, quer n'outra parte: com reserva das praças situadas fóra dos limites dos logares anteriormente concedidos ás Companhias das Indias Orientaes e Occidentaes, ou que d'ora ávante poderem ser-lhes concedidos, e possuidos conjuncta ou separadamente por uns, ou por outros, contra o Rei de Castella. 1641 Junho 13

Fazemos saber a todos que para gloria e honra de Deus Todo-Poderoso, e augmento do bem commum, tanto em geral, como em particular do das Provincias Unidas e dos bons habitantes d'aquellas, foi ajustada e concluida, nos sobreditos Reinos, Terras, Provincias, Ilhas e Praças situadas na Europa e n'outras partes, fóra dos limites dos logares antes respectivamente concedidos ás Companhias das Indias Orientaes e Occidentaes, e que d'ora ávante puderem ser-lhes concedidos, ou possuidos separadamente por uns, ou por outros, ou conjunctamente contra o Rei de Castella, uma bem firme, fiel e inviolavel suspensão d'armas e cessação de qualquer hostilidade entre o sobredito Rei de uma parte, e os Estados geraes da outra: e isto tanto por mares e rios, como por terra, a respeito de todos os subditos e habitantes destas Provincias Unidas de qualquer qualidade e condição que sejam, sem exceptuar pessoa alguma, nem praça situada fóra dos sobredidos limites: sendo esta trégua e suspensão d'armas feita por dez annos; de modo que os seus subditos e habitantes poderão d'ora ávante vir e residir nos Reinos, Terras, Cidades, Provincias, Ilhas e Praças uns dos outros, situadas na Europa ou n'outra parte, fóra dos ditos limites, e poderão exercer ahi, com toda a segurança, o seu trafico e negocio, tanto pelos ditos mares e rios, como por terra, como mais amplamente se declara nos artigos da mencionada suspensão d'armas. Pelo que, é expressamente notificado e ordenado pelo presente, em nome e por auctoridade dos ditos Estados Geraes, a todos e a cada um dos seus subditos, que estão debaixo da sua jurisdicção, que observem inviolavelmente, tanto na christandade como em outros quaesquer logares, com reserva dos acima exceptuados, esta cessação e suspensão de todos os actos de hostilidade, com todo o

1641 Junho 13 trevenir, à peine d'estre punis comme perturbateurs du repos et tranquilité publique, sans espérance de pardon, faveur, suport et dissimulation. Et quant aux quartiers et places octroyées ausdites Compagnies des Ost et West-Indes, les articles aussi accordez et arrestez pour ce sujet en seront pareillement publiez si tost que le Roy de Portugal en aura envoyé ses ratifications, et que les dits Estats généraux auront aussi delivré la leur. Donné à la Haye le 13 Juin 1641. Signé Wigb. Aldringa; et sous signé: Par l'ordre de Messieurs les Estats généraux, Signé Cornelii Musch: et scellé du seau des dits Estats, en cire rouge.

Convenção provisional sobre a nova publicação e observancia das tregoas em toda a India, suspensão d'armas e de todo o acto de hostilidade na ilha de Ceilão, entre o ex.mo sr. João da Silva Tello de Menezes, Conde de Aveiras, Viso Rey e Capitão geral da India, do conselho d'Estado do Serenissimo Rey de Portugal, e o clarissimo sr. Mact Suycker, Embaixador dos prepotentes senhores Ordens Geraes das Provincias Unidas, por commissão do ill.mo sr. Antonio a Diemen, Governador geral da nação Hollandeza.

(Arch. da India, livro gran

1644 Novembro 10 Em nome de Deos, amen. Saibão quantos este estromento de convenção e composição de differenças, que atégora impediram a observancia das tregoas, e suspensão de armas, virem que no anno do nascimento de Nosso Senhor Jesus Christo de mil seiscentos e quarenta e quatro, aos dez dias do mez de novembro, nas casas reaes sitas na praya do Rio de Goa, se achou com o ex.mo sr. João da Silva Tello de Meneses, Conde de Aveiras, V. Rey da India, e do Conselho de Estado do serenissimo e invictissimo Senhor Dom João IV

conteúdo nos ditos artigos, sem a elles contravir, sob pena de serem punidos como perturbadores do socego e tranquillidade publica, sem esperança de perdão, favor, apoio, nem dissimulação. E quanto aos districtos e praças concedidas ás ditas Companhias das Indias Occidentaes e Orientaes, os artigos tambem ajustados e concordados a este respeito, serão igualmente publicados, logo que o Rei de Portugal tiver mandado a sua ratificação, e os ditos Estados Geraes tambem tiverem entregue a sua. Dado na Haia a 13 de Junho de 1641. Assignado Wigb. Aldringa; e referendado: Por ordem dos Senhores Estados Geraes: Assignado: Cornelii Musch; e sellado com o sêllo de cera vermelha dos ditos Estados. 1641 Junho 13

Provisionalis conventio super nova promulgatione, et observantia induciarum in universa India, suspensionis armorum, omnisque actus hostilitatis in insula Ceilano inter excellentissimum Dominum Joannem Sylvium Tellium ac Menesium, comitem de Aveiras, proregem ac generalem Ducem Indiae, a consiliis status serenissimi Domini Regis Portugalliae, et clarissimum Dominum Joannem Maet Suycker, Legatum praepotentum Dominorum Ordinum Generalium unitarum Provinciarum, ex commissione illustrissimi Domini Antonii á Diemen, Belgicae nationis gubernatoris generalis

de de pazes, fol. 29 e 32.

In nomine Domini, Amen. Noverint omnes et singuli praesens instrumentum conventionis et compositionis differentiarum, quae hucusque inducias, et suspensionem armorum impedierunt, conspecturi, quod anno a nativitate Domini nostri Jesu Christi millesimo sexcentesimo quadragesimo quarto, die vero decima mensis novembris, Pangini in aedibus Regiis, in ora Goani fluvii sitis, cum excellentissimo Domino Joanne Sylvio Tellio ac Menesio, comite de Aveiras, à consilio status serenissimi et invictissimi Lusitaniae Regis 1644 Novembro 10

1644 Novembro 10 Rey de Portugal, o clarissimo Senhor João Maet Suycker, embaixador dos prepotentes senhores Ordens Geraes das provincias unidas dos Paizes Baixos por commissão do ill.^{mo} sr. Antonio a Diemen, Governador geral da nação Olandeza no districto da India Oriental, para effeito de assentar as tregoas com os Portuguezes; de cuja commissão o theor de verbo ad verbum he o seguinte:

Antonio a Diemen, Governador geral, e os conselheiros da India por parte dos Estados das Provincias unidas dos Belgas no Oriente; a todos os que as presentes virem ou ouvirem, saude. Fazemos saber que como entre nós e o ex.^{mo} Conde V. Rey da India, e os do seu conselho de Goa por parte do Reino de Portugal se levantou controversia e differença sobre a divisão dos limites das terras, que na ilha de Ceilão estão entre as fortalezas extremas de ambas as partes, por razão da qual não puderão até o presente ter effeito as tregoas de dez annos, que em Europa entre os senhores nossos Principes foram celebradas; e considerando nós que em Europa se guarda tão inteiramente a boa amizade e confederação entre a corôa de Portugal e as Provincias unidas: desejando de ver accommodada a sobredita differença, para por respeito d'ella se não derramar mais sangue na ilha de Ceilão sobre o que se tem derramado com grande sentimento de ambas as partes para alcançar este fim nos pareceu bem mandar, como pelas presentes mandamos ao ex.^{mo} Conde sobredito o muito honrado varão João Maet Suycker, conselheiro tambem da India, com procuração, poder, e plenaria auctoridade para em nosso nome e dos prepotentes Ordens Geraes das sobreditas Provincias unidas se ver com s. ex.^{a} e trabalhar por accommodar a dita differença na melhor fórma que seja possivel ao menos provisionalmente até os Principes de huma e outra parte mandarem sobre ella sua final determinação; promettendo de haver por bom, firme, e valioso, e de o fazer haver por tal a todos e a cada um dos que estão debaixo de nosso mando tudo o que elle fizer, compuser, e concluir tocante a esta

Joannis quarti, et Indiae generali duce, ac prorege, convenit clarissimus Dominus, et multis titulis commendantissimus Joannes Maetsuycker, praepotentum Dominorum Ordinum Generalium Unitarum Belgii Provinciarum ex commissione illustrissimi Domini Antonii à Diemen, Generalis Belgicae Nationis, et districtus in India Gubernatoris, ad inducias cum Lusitanis stabiliendas delegatus, cujus commissionis hic est tenor de verbo ad verbum: 1644 Novembro 10

Antonius à Diemen, Gubernator Generalis, et consiliarii Indiae ex parte status unitarum Belgii Provinciarum in oriente: omnibus hasce visuris, aut lectionem illarum audituris, salutem. Notum facimus cum inter nos qualitate praedicta, et Suam Excellentiam Comitem proregem, atque eos de consiliis in Goa ex parte regni Lusitaniae in hisce terris, quaestio et differentia nata sit super divisionem limitum terrarum inter extrema nostra fortalitia respective in Insula Ceylon sitarum, ob quam induciae decennales inter Dominos Principes nostros respective in Europa conclusae, usque modo in his terris non potuere habere effectum: Et nos considerantes quod tam bona amicitia et confoederatio inter coronam Lusitaniae ac Provincias unitas Belgii in Europa observetur, praedictam differentiam libenter videremus accommodatam, ut ne plus christiani sanguinis ea de causa effundatur, sicut summo nostro dolore ab una et altera parte in praedicta Insula Ceylon plus nimio effusum est, ei obtinendae bonum existimavimus ad alte memoratam Suam Excellentiam delegare sicut delegamus, per praesentes honorabilem virum Joannem Maetsuycker, etiam Indiae consiliarium, cum mandato, potestate, et plena auctoritate nostro nomine et ex parte praepotentum Dominorum Ordinum Generalium praedictarum Belgii Provinciarum, cum saepe nominata Sua Excellentia in collationem veniendi, et supra scriptam differentiam, si possibile sit, omni meliori modo accommodandi; scilicet provisionaliter, et usque dum a Principibus nostris respectivè finalis decisio super ea re fiat. Promittentes pro bono, firmo, et rato habituros, atque haberi facturos ab omnibus, et quibusvis nostrae ditioni subjectis quidquid per-

1644 Novembro 10 causa, com tanta obrigação, como se por nossa propria pessoa fosse feitó, concertado, e concluido; e que não havemos de fazer cousa alguma em contrario, nem consentir aos que estão debaixo de nosso poder e sogeição o fação directa nem indirectamente, fóra de todo o engano. Dado no castello de Batavia na Ilha de Jaoa mayor aos nove de agosto de mil seiscentos e quarenta e quatro.— *Antonio a Diemen.* — Lugar do sello — Por mandado dos sobreditos suas Nobrezas — Pieter Mestdach. — Dou minha fee que este traslado concorda com o seu original, de que foi tirado bem e fielmente, em testemunho do que me assiney aqui de minha propia mão em Pangim a seis de novembro de mil seis centos e quarenta e quatro. — *João Metsuycker.*

Por virtude da qual commissão o ex.^mo^ sr. Conde V. Rey, e o clarissimo embaixador concordarão e convieram nos artigos seguintes:

1.º

Em primeiro lugar huma e outra parte protestarão que esta presente amigavel composição, que agora se faz sómente para accommodar as sobreditas questões e differenças, para que a respeito d'ellas se não derrame mais sangue humano, de nenhuma maneira prejudicará ao direito, dominio, e posse dos senhores Principes acima nomeados respectivamente, assy do serenissimo Rey de Portugal, como dos Prepotentes senhores Ordens Geraes.

2.º

Que em todas as cidades, fortalezas, castros, villas, aldeas, povoações, lugares, portos, e mares de huma e outra parte em toda a India se guardarão as tregoas pura, firme, e inviolavelmente, como forão celebradas entre o serenissimo Senhor Rey de Portugal, e os prepotentes senhores Ordens Geraes das Provincias unidas, tanto que nesta cidade de Goa forem de novo publica e solemnemente apregoadas.

3.º

Mas porque na ilha de Ceilão se levantarão particulares

tinens ad praedictam causam in hac legatione per eundem factum, transactum, et conclusum erit, pari obligatione ac si omnia per nos ipsos in persona facta, transacta, et conclusa forent, neque aliquid contrarium ejus facturos, aut admissuros, ut ab aliis fiat nostrae potestati, aut ditioni subjectis, directe, nec indirecte absque dolo malo. Datum in castello Bataviae in insula Javae Maiori hac nona Augusti anni millesimi sexcentesimi quadragesimi quarti. — *Antonio Van Diemen* — Locus sigilli — Ex mandato Nobilitatum Suarum praedictarum, Pieter Mestdach. — Fidem facio hoc transumptum concordare cum suo originali, ex quo vere, et fideliter depromptum est. In cujus attestationem subsignavi manu mea. Pangini sexto novembris millesimo sexcentesimo quadragesimo quarto. — *Joan. Maetsuycker.*

1644 Novembro 10

Cujus commissionis virtute ita inter praedictum Excellentissimum Comitem Proregem, et Clarissimum Legatum convenit.

1.°

Primò. Utraque pars hinc inde protestatur quod praesens amicabilis conventio, quae solummodo accommodandis praefatis quaestionibus, et differentiis modo fit, ne propter eas plus humani sanguinis effundatur, nullo modo praejudicabit juri, dominiis, aut possessionibus dominorum Principum praedictorum respective, tam serenissimi domini Regis Lusitaniae, quam Praepotentum Dominorum Ordinum Generalium.

2.°

Ut in omnibus civitatibus, arcibus, castris, oppidis, pagis, populis, locis, portibus, et maribus utriusque partis in universa India induciae juxta conventionem celebratam inter serenissimum dominum regem Lusitaniae, et praepotentes dominos Ordines Generales Unitarum Provinciarum, pure, firmiter, et inviolabiliter serventur, simul ac in hac civitate Goana denuo publice et solemniter fuerint promulgatae.

3.°

Caeterum quia in insula Ceilon peculiares dubitationes

1644 Novembro 10 duvidas, pelas quaes as sobreditas tregoas atégora não surtirão effeito, se assentou e accordou que a determinação dellas nua e inteiramente se reservasse ao parecer e decisão dos senhores nossos Principes, e que entretanto se guarde perfeitamente na dita Ilha de Ceilão suspensão de armas, e de todo acto de hostilidade, ficando as cousas, fortalezas, e fortificações no mesmo estado em que se acharem no dia da nova publicação feita n'esta cidade de Goa, sem que de novo se edifique, melhore, altere, innove, ou finalmente intente cousa alguma pertencente á guerra offensiva ou defensiva.

4.º

Assentada n'esta fórma a suspensão de armas na dita Ilha, ficando reservada a divisão da propriedade e posse das terras da contenda á decisão dos senhores nossos Principes; porque não aconteça pela incerteza da posse suspensa perderem-se os fructos d'este tempo intermeyo, se assentou que se partissem os ditos fructos em duas partes iguaes, huma das quaes colherão os Portuguezes, a outra os Olandezes; e esta que os Olandezes colherem ficará em deposito em seu poder até que venha definição de Europa, com obrigação de a haverem de restituir, se assy o mandarem os sobreditos senhores Principes; debaixo de protesto repetido da parte do senhor embaixador que por este titulo de deposito, o qual admitte á instancia do ex.mo sr. conde V. Rey tão somente para accomodar as ditas differenças, e por resão dellas se não derramar mais sangue christão, de nenhuma maneira se prejudicará ao direito ou posse dos senhores Ordens Geraes nas sobreditas terras e fructos; contra o que foi tambem protestado da parte do ex.mo sr. V. Rey. E porque não haja contenda no colhimento dos ditos fructos, se assentou que os Portuguezes livre e seguramente colhessem todos os que nascessem, e se derem na ametade das terras que caiem para a sua fortaleza, e os Olandezes todos aquelles que nacessem n'aquella parte que caie para a sua na forma referida; a qual declaração da ametade dos fructos do mesmo modo se entenderá ter tambem lugar na administra-

sunt exortae, propter quas induciae hactenus effectum non sunt sortitae, placuit illarum decisionem nude, et integre praedictorum dominorum sententiae, et decisioni reservare, et interim perfecte ibi suspensionem armorum, et omnium actuum hostilitatis observari, manentibus rebus, fortalitiis, et munitionibus utriusque partis in eodem statu, in quo die hujus novae publicationis in hac civitate Goana faciendae invenientur, quin aliquid denuo extruatur, vel in meliorem formam redigatur, alteretur, aut innovetur; nec tandem quidquam tentetur pertinens ad bellum offensivum, vel defensivum. 1644 Novembro 10

4.°

Hac armorum suspensione sic constituta, et proprietatis, ac possessionis terrarum divisione Dominorum principum decisioni reservata, ne propter suspensae possessionis incertitudinem fructus medii temporis perire contingat, conventum fuit illos in duas partes aequales dispertiri, quarum unam colligent Lusitani alteram Belgae, et haec apud ipsos Belgas erit in deposito usque dum praefata decisio ex Europa veniat, cum obligatione restitutionis, si alte memorati Principes ita jusserint. Sub iterata protestatione ex parte domini legati, quod isto titulo depositi, quem ad instantiam Excellentissimi Domini Proregis accommodandae tantum quaestioni, ne propter eam plus sanguinis christiani effundatur, admittit, nullo modo prejudicabitur juri, aut possessionibus dominorum Ordinum Generalium in praedictis terris, ac fructibus. Contra quod ex parte Excellentissimi Domini Proregis etiam fuit protestatum. Et ne circa praedictorum fructuum perceptionem contentio oriatur, placuit ut Lusitani libere, ac secure illos omnes percipiant, qui provenient in media parte praedictarum terrarum, quae est versus suum fortalitium, et Belgae illos omnes qui provenient in ea parte, quae est versus suum praedicto modo. Quae declaratio medietatis fructuum simili modo etiam locum habere intelligetur in justitia administrànda, ne propter jurisdictionis incertitudinem scelera impunita maneant. Atque ista declaratio medietatum fiet statim in Ceilano per duces utriusque partis.

1644 Novembro 10 ção da justiça, para que os delictos pela incerteza das jurisdicções não fiquem sem castigo. E esta declaração das ametades se fará logo em Ceilão pelos capitães de huma e outra parte.

5.º

O Rey de Candea Raja Singa será comprehendido n'estas tregoas com as terras e possessões de seu reino, conforme o teor do artigo 3.º do tratado d'ellas.

6.º

Que aos proprietarios e foreiros das aldeas, lugares, e terras seja livre tornarem para as propriedades, foros, e posses antigas de suas aldeas, lugares, e terras, e quaesquer outros bens, e levarem comsigo suas familias, comtanto que irão para ellas dentro de seis mezes, o que poderão fazer ou per sy, ou por seus colonos e inclinos: com condição que pagarão como dantes o foro, e outros quaesquer direitos á parte a que tocarem, do mesmo modo em que primeiro pagavão, e lhe não machinarão dano algum. E para que estes não padeção detrimento em suas consciencias, se dá liberdade aos parochos para tornarem livremente a suas igrejas, dizerem missa n'ellas e administrarem a cura das almas como antes fazião, com tanto que isto seja nos campos e aldeas, mas não dentro nas fortalezas dos Olandezes; e até que a sobredita decisão venha de Europa.

7.º

Os Chaleás que na Ilha de Ceilão fazem a canella, servirão a huma e outra parte, pedindo-se licença a aquelles, em cuja sorte cahirem; e para melhor observancia das tregoas e suspensão d'armas, nenhuma das partes advocará a sy os Chaleás, moradores, foreiros, inquilinos, ou outros quaesquer servidores da outra parte contra sua vontade, e os fugitivos serão logo revesadamente remettidos.

8.º

Todas as cousas que durando as ditas differenças, e por

5.º

Rex Candiae Raja Singa his induciis comprehendetur juxta tenorem articuli tertii tractatus illarum, cum terris, et possessionibus regni sui. 1644 Novembro 10

6.º

Ut proprietariis, et emphyteutis pagorum, terrarum, et locorum liberum sit redire ad proprietatem, emphyteusim, et possessionem antiquam suorum pagorum, ac bonorum quorumcumque, et suas secum familias invehere, dummodo intra sex menses accurrant, quod facere poterunt per se ipsos, vel per colonos, et inquilinos, cum conditione ut debitum canonem, ac reditus prout antea solvant illi parti, in cujus ditionem cedant, et nihil contra eam moliantur. Et ne isti ullum suae conscienciae detrimentum patiantur, parochis etiam conceditur ad suas ecclesias libere redire, rem divinam administrare, et animarum curam habere, ut antea, scilicet in campis et pagis, et non etiam in Belgarum arcibus, et usque dum praefata decisio ex Europa veniat.

7.º

Operarii Insulae Ceilani, qui decorticando cynamomo inserviunt, et dicuntur Chaleás, mutuo utrique parti suas operas prestabunt, habita tamen prius facultate illorum, in quorum sortitionem cesserint. Et ad meliorem induciarum, et suspensionis armorum observantiam neutra pars ad se Chaleás, habitatores, colonos, inquilinos, aut quoslibet alios mercenarios alterius partis, illa invita, advocabit, et fugitivi, ac transfugae illico vicissim remittentur.

8.º

Omnia quae stantibus praedictis differentiis, et occasione

1644 Novembro 10 occasião d'ellas se tomarão de huma e doutra parte, se restituirão na mesma specie, sendo possivel, ou em dinheiro de contado, a saber, aquellas cousas que effectivamente chegarão a poder de ambas as partes, e não outras; para cuja execução promette o clarissimo Senhor Embaixador pagar em Goa, ou em Surrate, ao mais tardar, por todo o mez de janeiro seguinte cem mil patacas de Espanha, fazendo-se depois reducção ao valor das de Batavia, aonde se fez a taxação das cousas, no qual lugar tambem se pagará tudo o que mais se ficar devendo para inteira satisfação despois da dita quantia. E esta restituição se computará de vinte e dois de fevereiro de seiscentos e quarenta e tres, que foi o dia em que se acabou o anno da ratificação do serenissimo senhor Rey de Portugal offerecido em Aya do Conde.

9.º

Se acontecer no tempo das ditas tregoas haver alguma differença entre huma e outra parte, nem por isso cessarão, mas totalmente se guardarão, ficando entretanto as cousas no mesmo estado até vir de Europa decisão dos senhores nossos Principes, respectivamente, ou se a cousa não soffrer dilação, se determinará por juizes arbitros escolhidos de consentimento de ambas as partes, e no meyo tempo em quanto a questão pende, estará a cousa sobre que for a duvida em poder daquelle a quem se move.

10.º

Com esta presente convenção nenhum prejuizo se fará á decisão ou definição, que sobre as ditas differenças se achar estar já feita, ou ao diante fizerem os senhores nossos Principes; mas totalmente se estará por ella de huma e outra parte, não obstando as precedentes capitulações feitas entretanto para se accommodarem as differenças.

A qual composição em observancia das tregoas em toda a India, suspensão d'armas, e de todo o acto de hostilidade na Ilha de Ceilão, como acima he declarado, prometterão ambas as partes publicar logo solenemente, guardar e cumprir, e

illarum intercepta sunt ab hac, et illa parte, restituentur in eadem specie, ubi fieri possit, aut in pecunia numerata, illa scilicet quae effective in utriusque partis potestatem pervenerunt, et non alia. Ad cujus executionem Clarissimus Dominus Legatus hic Goae, aut Surrate se soluturum promisit ad summum mense Januario sequenti summam centum millium pataccarum hispaniarum, facienda postea reductione secundum aestimationem, quam Bataviae habent, ubi rerum taxatio facta est. Quo loco etiam solvetur quod post solutionem praefactae summae ad plenam satisfactionem deesse invenietur. Ista vero restitutio computabitur a die vigesima secunda Februarii anni millesimi sexcentesimi quadragesimi tertii, qua completus fuit annus a ratihabitione Serenissimi Domini Regis Lusitaniae Hagae Comitis oblata. 1644 Novembro 10

9.º

Si contingat tempore praedictarum induciarum differentiam aliquam inter partes oriri, non ideo dissolventur, sed omnino hac religiose observabuntur: manentibus interim rebus in eodem statu donec decisio a Principibus respective ex Europa veniat, aut si res moram non patiatur, per arbitros ex utriusque partis consensu eligendos definiatur. Medio autem tempore dum quaestio pendet, res, de qua dubium fuerit, maneat in potestate illius, cui movetur.

10.º

Hac praesenti conventione nullum praejudicium fiet decisioni, aut definitioni, quae super praedictis differentiis, aut jam facta invenietur, aut postmodum fiet a Dominis Principibus nostris, sed ei omnino stabitur tam ab hac quam ab illa parte, non obstantibus praecedentibus capitulationibus ob accommodandas interim quaestiones inter nos factis.

Quam conventionem ad observantiam induciarum in universa India, suspensionis armorum, omnisque actus hostilitatis in insula Ceilano, ut supra relatum est, una et altera pars promiserunt ab ipsis statim solemniter promulgandam,

1644 Novembro 10 fazelas guardar e cumprir cada huma a seus subditos, o ex.mo sr. Conde V. Rey per sy, e pelos senhores V. Reis e Governadores que ao diante forem, e o clarissimo sr. Embaixador em nome das Provincias Unidas, da Companhia Olandeza da India, e pelos poderes do sr. Antonio Diemen, Governador geral, que eu secretario dou fée ver, e ficarem na secretaria autenticos, em nome do mesmo senhor e de seus successores, em toda a jurisdição e districto de huma e outra parte, tendo e observando o sobredito, tanto que n'esta cidade for feita sua publica manifestação, sem o encontrar por qualquer via, direita ou indireitamente, nem mudar ou alterar a substancia, circumstancias, e sentido em cousa alguma das referidas, antes com sincera e boa fée se dará inteira satisfação a todas e cada huma dellas, conforme o capitulado nas tregoas, e assentado n'esta convenção, querendo seja em tudo firme e valiosa sem questão, ou duvida alguma, como dito he.

Para o que se obrigarão reciprocamente á palavra e fée publica com juramento em os santos evangelhos em hum missal diante dos rev.os arcebispo primaz Dom Frey Francisco dos Martyres, e Dom Affonso Mendes, Patriarcha de Ethiopia, ambos do conselho de Sua Magestade, e dos mais conselheiros deste Estado, que se acharão presentes, e o consentirão, aprovarão, e assistirão como testemunhas, e Jool Brant Geleynsen de Jonyk, presidente da Persia, Abrahão Firco, predicante, João Potiu, Fiscal, André Frisio, Secretario da embaxada, com os quaes assinarão o senhor Conde V. Rey e Embaixador de seus sinaes costumados. Francisco Gonçalves, official mayor da secretaria do Estado o fiz. E assy foi mais testemunha Thomas Cuy mercador grande. Eu Joseph de Chaves Sotto Mayor, Secretario de Sua Magestade n'este estado da India, o fiz escrever, e soescrevi. — *Conde de Aveiras — Joan Maet Suycker — Fr. Francisco dos Martyres, Arcebispo Primaz — A. Patriarca Æthiopiae — Antonio de Faria — Antonio Moniz Barreto — D. Manoel Pereira — Francisco de Mello de Castro — W. Geleynsen de Jonyk —* 1644 — *Abr. Fierens — Thomas Eryck — Johan Pottey Adu:*

servandam, et adimplendam; atque se facturos a subditis utriusque partis observari, et adimpleri; Excellentissimum Dominum Proregem per se et Dominos Proreges, ac Gobernatores, qui postea erunt; clarissimum Dominum Legatum ex parte Unitarum Provinciarum, ac societatis Belgicae in India: et virtute plenae commissionis Domini Antonii a Diemen, gobernatoris generalis, quam ego secretarius fidem facio vidisse, et manere authenticam in archivo arcanorum hujus status, ipsius Domini et successorum nomine; in tota jurisdictione, et districtu utriusque partis, habentes, et observantes supradictum ubi primum publica manifestatio hac civitate Goana facta fuerit, quin ei directe, aut indirecte adversentur, nec mutentur, aut alterentur substantia, circunstantia, aut sensu in quovis aliquo praedictorum; imovero sincera, ac bona fide omnibus et singulis integre satisfiet secundum inducias a Principibus stabilitas, et praesentem hanc conventionem volentes in omnibus firmam ac validam esse sine quaestione, aut dubiò, ut dictum est; ad quod sibi mutuo attestationem, et fidem publicam sub juramento per sacrosanta Evangelia stipulati sunt, coram reverendissimis Archiepiscopo Primati, Dono Fratre Francisco de Martyribus, et Dono Alfonso Mendez, Patriarcha AEthiopiae, a consiliis Regiae Majestatis, ac caeteris consiliariis hujus status, qui id consentientes, approbantes, et admittentes, tanquam testes interfuere; et Jool Brant Geleynsen de Jonyk, Praeses Persiae, Abraham Fierens, Praedicans, Joannes Pottey, Patronus fisci, Andreas Frisius, secretarius, Thomas Ciyed mercator magnus, cum quibus Excellentissimus Dominus Comes Prorex et clarissimus Dominus Legatus solitis signis subsignarunt. Et ego Josephus a Clavibus Sotto mayor a secretis Regiae Majestatis in hoc Indico statu scriptum esse feci, et subscripsi. — *Conde de Aveiras* — *Joan. Maetsuycher* — *Fr. Francisco dos Martyres, Arcebispo Primaz* — *Alphonsus Patriarcha AEthiopiae* — *Antonio Moniz Barreto* — *Joseph Pinto Pereira* — *Wt. Gileynsen de Jongk,* 1644 — *Abrahamus Fierens* — *Johan. Pottey, Ad. Fisci* — *Andreas Frisius, Secretarius* — *Dom Braz de Castro* — *Antonio de*

1644 Novembro 10

1644 Novembro 10 *Fisc. — Andreas Frisius, Secret. — Dom Bras de Castro — João de Sequeira..? — Fr. Gonçalo de S. Joseph — Antonio Carneiro de..? — Joseph Pinto Pereira — André Salema — Luis Mergulhão Borges — Francisco de..? Attaide — Francisco de Figueiredo Cardoso — Jeronymo de Sá,* thesoureiro mór — *Matheus Gomes Ferreira — Fr. João de S. Hyacintho,* Visitador — *Fr. Gaspar d'Amorim,* Provincial — *Fr. João de Jesus,* Prior de Santo Agostinho — *Fr. Francisco de Barcellos,* Commissario geral — *Fr. Antonio de S. Thiago,* Ministro provincial — *Domingos Pereira, da Companhia de Jesu,* Provincial da provincia de Goa — *Diogo de Areda, Socius Provincialis — Fr. Feliciano dos Martyres,* Guardião da Madre de Deus — *Fr. João de Christo,* Visitador apostolico — *Fr. Vicente de S. Francisco,* Prior do Carmo — .... *de Tavora — Baltezar Nunes — Antonio Mendes de Brito — Fr. Antonio da Conceição,* Ministro provincial — *Antonio Jorge.*

Certifico serem os sinaes atraz e acima das pessoas nomeadas n'elles, por lhos ver fazer. Jozeph de Chaves Sotto mayor, Secretario de Sua Magestade, o fiz em Pangim aos dez dias do mez de novembro de mil seiscentos e quarenta e quatro annos. — *Joseph de Chaves Sotto mayor.*

Como se fizerão muitas copias d'esta convenção em Latim, e em Portuguez, foi assentado entre o ex.^{mo} senhor Conde Viso Rey e clarissimo senhor Embaixador, que movendose alguma duvida sobre a interpretação dellas, se recorra ao Latim como a original, e por elle totalmente sem desvio algum se esteja. Em cuja fée se fez esta declaração, que os referidos senhores com os mais assinarão no mesmo lugar e dia; e posto que acima se diz, que jurarão em hum Missal, este juramento foi somente do senhor Conde Viso Rey e o do senhor Embaixador foi feito sobre a Biblia. Eu Joseph de Chaves Sotto mayor, Secretario de Sua Magestade n'este Estado da India, o fiz escrever e soescrivi. — *Conde de Aveiras — Joan. Maet Suycker — Fr. Francisco dos Martyres, Arcebispo Primaz — Alphonsus Patriarcha — Æthiopia — W. Geleynsen de Joñyk,* 1644 — *Abrahamus Fierens — Anto-*

Faria Machado — Francisco de Mello de Castro — André Salema — Dom Manuel Pereira — Luiz Mergulhão Borges. 1644 Novembro 10

Cum plures hujus conventionis copiae fuerint exaratae, tam latino, quam lusitano idiomate inter Excellentissimum Comitem Proregem, et Clarissimum Legatum, convenit ut si super illarum intelligentia dubium aliquod fuerit excitatum, ad latinum, tamquam ad prototypum recurratur, et illi omnino, et citra deflexionem ullam stetur. In quorum fidem facta est haec declaratio eadem die — *Josephus a Clavibus* iterum subscripsi.

1644 Novembre 10 *nio Monis Barreto — Dom Manoel Pereira — Francisco de Mello de Castro — Joseph Pinto Pereira — Johan. Pottey, Ad: Fisc. — Andreas Frisius, Secret. — Dom Bras de Castro — Antonio de Faria — André Salema — Luis Mergulhão Borges.*

Documentos que respeitam ás tregoas com os Hollandezes

Provisão do Viso Rey, Conde de Aveiras, para a publicação das tregoas com os Hollandezes

(Arch. da India, livro 1.º de pazes, fol. 112, e livro grande de pazes, fol 37.)

1645 Janeiro 25 O Conde de Aveiras, do conselho de Estado de Sua Magestade, seu V. Rey e capitão geral da India etc.

Faço saber a todos os capitães das fortalezas, e ministros dellas, capitães móres, e capitães das armadas, e todos os mais vassallos de Sua Magestade, moradores neste Estado da India, que por quanto se tem assentado com a nação Olandeza nova composição sobre as duvidas, que athégora impedirão a observancia das tregoas na India, e convem ser a todos presente a conclusão dellas: Hey por bem, e mando que do dia da publicação desta provisão na cidade de Goa se cumpram e guardem as ditas tregoas em toda a India conforme o capitulado entre o serenissimo senhor Dom João o 4.º, Rey de Portugal, e Ordens geraes das Provincias unidas dos Paizes baixos, e na Ilha de Ceilão suspensão de armas, e de todo acto de hostilidade, segundo o que se assentou com o embaixador João Maest Suycher pelos legitimos poderes, que para isso apresentou de Antonio a Diemen, governador geral de Batavia; o que assi se cumprirá inteiramente. Notificoo assi a todas as sobreditas pessoas, e aos ouvidores geraes do crime e civel, mais ministros e officiaes, e pessoas, a que pertencer, para que logo fação publicar, cumprir, e guardar esta provisão como se nella contem, sob penas de direito, e de tal publicação se passará certidão autentica nas costas desta, que valerá como carta sem embargo de não passar pela chancellaria, e da ordenação em contrario. Diogo Manoel a fez em Goa a 25 de janeiro de 1645. Eu o secretario André Gonçalves Maracote a fiz escrever — *O Conde de Aveyras.— Andre Gonçalves Maracote.* 1645 Janeiro 25

Alvará para se publicar a tregoa feita com a nação Olandeza nestas partes da India, e cessão de armas na Ilha de Ceilão, pela maneira acima declarada—Para v. ex.ª ver toda.

Certifico eu Antonio Garcia, escrivão do publico e do judicial em esta ilha de Zamzibar, ser verdade publicaremse as tregoas com a nação Olandeza nesta ilha de Zamzibar em virtude da provisão atraz, a qual publicação se fez ao povo, presente o ouvidor Simão Coutinho Zuzarte, pelo impedimento do proprietario Ayres de Sequeira Pessoa, e o capitão desta ilha Diogo da Fonseca, e mais cazados, com a solemnidade possivel, o que assy certifico, e porto minha fé passar na verdade. Zamzibar aos vinte e oito de abril de 1645 annos. Antonio Garcia, escrivão, a fiz escrever, e sobescrevi, e assinei — *Antonio Garcia.*

Certifico eu Manoel Leme de Araujo, escrivão da alfandega, e juiz nestas ilhas de Patte, ser verdade pubricarse as tregoas com a nação Olandeza nestas ilhas de Patte e Ampaza, em virtude da provisão atraz, a qual publicação se fez ao povo, presente Gonçalo Pires, feitor, e juiz destas ilhas, e mais cazados; com a solenidade possivel, o que assim o certifico, e porto minha fé passar na verdade. Patte aos vinte cinco dias do mez de agosto de 1645 annos — *Manoel Leme de Araujo.*

Carta do Viso Rey á cidade de Goa, sobre as tregoas

(Arch. da India, livro dos accordãos da camara de Goa, n.º 19, fol. 137.)

1644 Outubro 14 Nas dez náos Olandezas, que ficão nesta barra, e chegaram a ella em 28 de septembro, veo commissario nomeado para tratar da conveniencia das tregoas, o qual me escreveo tinha negocios que comonicarme. Mandou-se saber delles pelo P.[e] Frey Gonçalo de São Joseph, que voltou com huma carta do Geral de Batavia, em que avisava trazer o dito comissario poder bastante para ajustar e concluir a materia. Vendose este papel no conselho, que me assiste, se assentou fossem ás náos Dom Manoel Pereira e Joseph Pinto Pereira, e com elles o mesmo Frey Gonçalo, e pelo que o Olandez lhes comonicou de palavra, e me escreveo a mim, pareceo ao conselho que se fizesse assy, e havendose preparado o necessario, veo ontem, e fica agasalhado nas casas de Ruy Gonçalves de Castelbranco, que estão defronte deste Pangim, como a cidade deve ter sabido. E porque se hade hir tratando e ventilando o negocio, me parece que para tudo se encaminhar como mais convem ao serviço de Deos e de S. Magestade, e bem da republica, mande a cidade ajuntar o povo, e com parecer de todos se nomeem quatro pessoas, dous nobres, e dous de menor condição, que assistão ao que se pratica neste particular de tregoas, para darem nelle seu parecer, as quaes pessoas convirá muito sejão das de mais experiencia das cousas de Ceilão, e de bom discurso; e reduzemse a este numero de quatro por evitar a confusão de povo junto; e o mesmo se hade fazer no ecclesiastico. Nosso Senhor, etc. Pangim 14 de outubro de 1644. — *O Conde de Aveyras.*

Resposta da cidade

(Arch. da India, livro dos accordãos da camara de Goa, n.º 19, fol. 137 v.)

1644 Outubro 15 Oje que forão quinze deste presente mez se ajuntou o povo na casa da camara desta cidade, aonde lhe foi lida a carta de v. ex.ª porque assy o ordenava, e pondose o negocio a votos, sairão por mais votos, Diogo Mendes de Brito, e Constantino de Sá de Miranda, e dos de menor condição, Baltazar Nunes, e Antonio Jorge. Pareceonos dar conta a v. ex.ª do que temos obrado neste particular, para que v. ex.ª disponha como for mais serviço de Sua Magestade, e bem desta cidade. Nosso Senhor guarde a pessoa de v. ex.ª como pode etc. Soescrita por mim André Alves João, taballião, por impedimento do escrivão da camara, em mesa della a 15 de outubro de 1644. — *Francisco Telles de Menezes — Diogo Martins de Brito — Miguel Valladares Souto mayor — Pedro Homem Ferreira — Pedro da Fonseca — Manoel de Barros — André João — Francisco Gaspar — Antonio Duarte da Silva.* 1644 Outubro 15

Carta da nobre cidade ao sr. Conde Viso Rey, sobre as tregoas

(Arch. da India, livro dos accordãos da camara de Goa, n.º 19, fol. 140.)

Senhor. Agradecemos muito a v. ex.ª a boa nova da chegada das embarcações do Reino a bom salvamento; em primeiro lugar estimamos a boa saude, com que ficava a Magestade delRey nosso senhor, e toda a mais caza Real, e esta cidade se offerece para ajudar a v. ex.ª a festejar tão boas novas, e dar muitas graças a Nosso Senhor. Avisamos a Constantino de Sá da eleição, que o povo tinha feito de sua pessoa para se achar no negocio que v. ex.ª ordenava a esta cidade, respondeo o que v. ex.ª verá por huma carta sua. Puxou a cidade por Heitor de Sampaio, por estar com mais votos, o qual se não achou, ou se escusou por muito doente. Na pauta se achou com mais votos Antonio de Tavora, cidadão tão authorisado, e de tanta experiencia das cousas deste Estado, como lhe a v. ex.ª he presente: pareceo-nos nomeallo neste lugar, e como elle está em Pangim, v. ex.ª poderá chamallo, e ordenarlhe o que for mais serviço de Deos e de Sua Magestade, a que Deos guarde por muitos annos etc. Soescrita por mim André Alves João, taballião das notas, no impedimento do escrivão da camara, em mesa a 18 de outubro de 644 — (assignaturas). 1644 Outubro 18

Pessoas que hão de ir a Batavia e Surrate cobrar o pagamento das fazendas tomadas

(Arch. da India, livro dos accordãos da camara do Goa, n.º 19, fol. 140 v.)

1644 Novembro 17 — 17 Novembro 1644 — Em camara, presente o capitão da cidade, vereadores e mais officiaes, e bem assim os mercadores que tinhão suas fazendas, que enviarão na náo ingreza e pataxos da China; e presentes todos se leo a carta do Sr. V. Rey, pela qual ordenava se elegessem duas pessoas, huma para Batavia, a outra para Surrate, e fazendo se eleição foi eleito Francisco Juzarte para Batavia, e João Cardoso Sodré para Surrate, com declaração que a Francisco Juzarte se lhe dá seiscentos xerafins pelo procurador da cidade de Macáo Dom Manoel Pereira, e pelas pessoas que tem fazendas na dita náo ingreza, moradores, lhe dão quatrocentos xerafins, para tudo cobrar em Jacatará de si mesmo, das fazendas que cobrar da dita náo, e a João Cardoso Sodré, que vai a Surrate, se lhe dá meo por cento, e de toda a mais fazenda ou dinheiro, que arrecadarem em Jacatará, ou em Malaqua, pertencentes ao pataxo de Cochim, e mais embarcações que tem tomadas de Ceilão, e champanas, se lhe dê cento e cincoenta xerafins, isto pela fazenda que tocar a Cochim, e pela das mais partes da dita costa, se lhe dê meo por cento, em que entra tambem o pataxo de...?... os quaes aceitarão este partido, e se obrigarão a fazer a dita viagem, e darem conta com entrega de tudo que receberem.

Carta da nobre cidade ao sr. Viso Rey

(Arch. da India, livro dos accordãos da camara de Goa, n.º 19, fol. 142.)

1644 Novembro 14 — Senhor. Por parte dos moradores desta cidade, que vierão a esta mesa, requererão nella que esta cidade tinha obrigação de acudir a seu requerimento, fazendo lembrança a v. ex.ª como o dinheiro, que os Olandezes entregavão á conta das fazendas, que elles enviarão na náo ingreza, que foi tomada em Malaqua, se depositasse em São Francisco thé se averigoar o que a cada hum delles cabe, declarando o embaixador se ficou alguma da dita fazenda em Jôr ou Malaqua, para tudo se orçar, e saber cujas são pelas marquas que levavão. Pareceo-nos justo pedir a v. ex.ª seja servido, visto as necessidades, em que os homens se achão com as continuas guerras, que ha tantos annos padecemos nesta cidade, que o deposito se faça da contia que os Olandezes tem declarado procedeo das fazendas da dita náo, que se venderão em Malaqua, para delle averem satisfação prorata o que lhes couber a cada hum delles. Esperamos que v. ex.ª nos defira com justiça a este requerimento. Não se offerece mais. Guarde Deos a v. ex.ª etc. Soescrita por mim Luis Soares de Goes, escrivão da camara, em mesa della a 14 de novembro de 644 — (assignaturas). 1644 Novembro 14

Resposta do Viso Rey

Os Olandezes não tem dado athégora hum só bazaruco, nem sei quando o darão, que assy acontece em negocios que se fazem depressa; e quando entregarem dinheiro, se depositará em S. Francisco, como se tem assentado. Se os moradores da cidade tiverem que requerer, o farão no conselho da fazenda, onde hade ser ouvido o procurador da corôa, e se fará justiça a quem a tiver. Nosso Senhor etc. Pangim 14 de novembro 644. — *O Conde de Aveyras.*

Carta da nobre cidade ao sr. Viso Rey

(Arch. da India, livro dos accordãos da camara do Goa, n.º 19, fol. 142 v.)

Temos feito eleição das duas pessoas que hão de hir a Surrate e Batavia para o effeito que v. ex.ª ordena, a saber, Francisco Zuzarte para Batavia, e João Cardoso Sodré para Surrate, que todos forão contentes; e D. Manoel Pereira, procurador da cidade de Macáo, mandou por elle João d'Abreu, que tambem esteve na eleição d'elles, e o procurador da cidade de Cochim Sebastião Carvalho. Elles hirão fallar a v. ex.ª para effeito de saber o como se hão de aver nestas 1644 Novembro 17

1644 Novembro 17 cobranças, porque tem requerimento que fazer sobre ellas, e se lhes tem alvidrado o que se lhes hade dar pela mesma junta. O procurador da cidade de Cochim pedio que fosse v. ex.ª servido, podendo ser, chegar a náo a Cochim, para os eleitos poderem tomar a lista das fazendas daquella cidade.

A mea annata parece que conforme a ordem de Sua Magestade, visto não aver guerra com os Olandezes, está acabada. Seja v. ex.ª servido fazernos mercê ordenar assy para se não cobrar mais, visto a ordem do dito Senhor. Não se offerece mais. Nosso Senhor guarde a v. ex.ª etc. Soescrita por mim Luis Soares de Goes, escrivão da camara, em mesa della a 17 de novembro de 644 — (assignaturas).

Lembrança e roteiro da cidade de Goa, e procuradores da cidade de Macáo, que hade seguir João Cardoso Sodré

(Arch. da India, livro dos accordãos da camara de Goa, n.º 19, fol. 143.)

1644 Novembro 18 Por assento desta cidade está v. m. eleito para della ir a Vingurlá, onde levandoo Deos, cobrará o que lá lhe entregarem os ministros de Olanda por conta do que estão obrigados a dar do fato da náo ingreza, e o da China, e assy cobrado o trará comsigo a esta cidade em náo ou embarcação Olandeza, ou mandará por elles mesmos dirigido a esta cidade e camara della, a quem tão somente hade ser entregue, para o pôr, e dar ás partes, e mercadores que herdão fato nas ditas embarcações ingrezas, e navios da China. Feita esta cobrança, passará v. m. a Surrate, onde receberá o que mais lhe entregarem pela mesma conta, e o trará comsigo embarcado sempre em náo Olandeza, que em direitura aja de partir para esta barra e cidade; e sendo caso que não venha embarcação dirigida para cá Olandeza, e o botem em Damão, ahi recolherá v. m. o fato que trouxer, e o porá em guarda no convento de S. Francisco thé aver armada segura, na qual trará o que assy lhe for entregue por conta e risco das pessoas que herdão o fato. E assy v. m. como a pessoa, ou pessoas que trouxerem, sempre virá dirigido a entregar a esta cidade e camara della para o dar ás partes, por quanto esta cidade está obrigada a ellas pela entrega que se faz a v. m. que o elegerão para este negocio, em conformidade do assento que a cidade tem feito na escolha e eleição de v. m. Soescripta por mim Luis Soares de Goes, escrivão da camara, em 18 de novembro de 644—(assignaturas). 1644 Novembro 18

Escripto de crença a João Cardoso Sodré

(Arch. da India, livro dos accordãos da camara de Goa, n.º 19, fol. 143 v.)

Conforme o assento e eleição, que a cidade fez na pessoa de João Cardoso Sodré, mostrador desta, para por ordem de v. s. se lhe entregar em Vingurlá o dinheiro que v. s. lhe mandar dar por conta das cem mil patacas de Hespanha, do contrato que aqui se fez com v. s. lhas pode v. s. mandar contar, e o reste em Surrate pelas letras que se lhe darão, tudo em conformidade do que se contratou entre v. s. e este Estado, e são a conta as ditas cem mil patacas de Hespanha das restituições, que hão de ser feitas aos donos das fazendas, que forão represadas em Batavia. E por me dizerem que v. s. queria este escripto de crença para a referida entrega, que se hade fazer ao dito João Cardoso Sodré, o mandei passar, e o assinei, hoje 8 de novembro de 644 — *O Conde de Aveyras*. 1644 Novembro 8

Outra carta do Viso Rey sobre tregoas e naus do reino

(Arch. da India, livro dos accordãos da camara de Goa, n.º 19, fol. 145.)

Esta manhã se concluio, e resolveo com os Olandezes o particular das tregoas, que se mandão publicar; e porque as pessoas nomeadas pela cidade que assistirão neste acto, dirão a forma, em que tudo se concluio, a elles me remetto, e a este meu escripto 1644 Novembro 10

Determino com o favor divino despedir para o Reino as náos, que aqui estão tanto tempo ha; será para isso conveniente, e estimamos que a cidade venha em irem sete ou

1644 Novembro 10 oito navios da armada da colleta a tratar de trazer para ella algum arros, se o ouver em Barcelor; espero aviso da cidade sobre esta materia. Nosso Senhor etc. Pangim 10 de novembro de 644. — *O Conde de Aveyras.*

Em carta do Conde Viso Rey á cidade, de 3 de dezembro de 1644

(Arch. da India, livro dos accordãos da camara de Goa, n.º 19, fol. 149 v.)

1644 Dezembro 3 Com a minha assistencia em Panelim não foi possivel responder mais cedo ao escrito, que a cidade me mandou sobre o particular da meia annata, e vendose esta materia em conselho do governo, se resolveo que inda que nesta cidade se avião assentado tregoas com a nação Olandeza, não se entendia que com ellas ficava cessando a guerra, em quanto Sua Magestade não approva as ditas tregoas, porque pendem de sua resolução, e sendo criado o dito direito para ajuda da mesma guerra, não se pode levantar por em quanto ella de todo com approvação de Sua Magestade não cessa; e assy darseha conta desta materia ao dito senhor.

Na resposta da cidade, de 6 de dezembro de 1644

1644 Dezembro 6 Pela resposta que v. ex.ª foi servido mandar á cidade sobre o particular das duas propostas, que lhe ella fez, vimos como não foi v. ex.ª servido alevantar a meia annata com o conselho do governo, por rezão de se não ter cessada a guerra, e pender as treguas da approvação de Sua Magestade, no que a cidade não tem que dizer, pois zela tanto o serviço de S. Magestade, e se tem desentranhado por conveniencia sua: porem, senhor, offerecesenos dizer a v. ex.ª, pois milita hoje a mesma rezão em que antes destas tregoas nos viamos, que não convinha desmantelarse a fortaleza de Aguada e Mormugão de sua artelharia, para se artilhar o galeão São Lourenço, que vai para o Reino, sendo que esta cidade não tem outra defensão mais que esses dous fortes, e devendose artilhar o dito galeão, devia ser com a artilharia, que podem trazer as tres embarcações, que virão logo do Norte, que nesta monção vierão do Reino. Pareceonos advertir a v. ex.ª e fazerlhe esta lembrança pela importancia do negocio. 1644 Dezembro 6

Extracto da carta do Embaixador Martyn Poostman sobre as fazendas da nau ingleza

(Arch. da India, livro dos accordãos da camara de Goa, n.º 19, fol. 154 v.)

Das propostas que tive antes que saisse da barra de Goa com o presidente... se moveo duvida sobre o dinheiro que se hade pagar ao Conde V. Rey, em pagamento do que tomamos nestas derradeiras differenças, sendo cem mil patacas, entre o qual tambem contei o fato que foi tomado na não ingleza Boa Esperança, entre o qual elles pretendem ter boa parte, o que inda que os Portuguezes negão, dizendo que tinhão muita fazenda assinada pelo sinal dos ditos inglezes para ser mais asseguradas que não caissem nas nossas mãos; por isso não podemos saber o que pertença aos ditos inglezes por parte de sua companhia, pelo que resolvi escrever a v. m. que quando os patachos para o Malabar voltarem com o dito dinheiro, o não largue antes que o sr. Conde V. Rey prometa segurança etc. 15 dezembro 1644. — Original, muito apagado. 1644 Dezembro 15

Sobre as 15:000 patacas que os inglezes requerem

(Arch. da India, livro dos accordãos da camara de Goa, n.º 19, fol. 155.)

6 Fevereiro 1645 —Vereadores, officiaes, e bem assim o comendor Olandez Cornelio Vanzan, que assiste em Vingurlá, e procuradores das cidades de fora, e pessoas que tinhão parte no dinheiro que se trouxe de Surrate—Pelo vereador do meio Francisco Delgado Franco foi proposto que suas mercês devião de averiguar sobre a duvida que se movia na entrega das quinze mil patacas, que se separarão da conta de cem mil patacas, que João Cardoso Sodré tinha cobrado em Surrate, e estava nesta barra. E ventilada a proposta, e 1645 Fevereiro 6

1645 Fevereiro 6 lida a ordem, que o dito comendor apresentou de seu maior, se assentou por todos que as quinze mil patacas, que vinhão em duvida a se carregarem pelo que se dizia que poderião ter os inglezes parte a respeito da náo Esperança, que se tomou no estreito de Malaca, que levava fazendas dos Portuguezes, que entrou na composição das mais que se tinhão tomado, e porque se derão nas (*sic*) cem mil patacas pelo contrato das pazes, e que essas quinze mil patacas separadas as pudesse a cidade pôr onde lhe parecesse por sua ordem athé se determinar a duvida em caso que a aja, e que com isto se passasse recibo dellas de como ficavão por via de deposito ao dito comendor para sua descarga, e que este dinheiro, em quanto se não resolvesse a duvida, ficaria sempre no dito deposito, e por entrega delle de cidade em cidade, ficando desobrigada a cidade que acabar.

Obrigação que a cidade passou das 15:000 patacas

(Arch. da India, livro dos accordãos da camara de Goa, n.º 19, fol. 157.)

Os vereadores e mais officiaes da camara desta cidade de Goa do anno de 645 em conformidade do assento que se tem tomado em mesa della a fl. 156 v. do livro dos Acordos, confessão tem recebido do senhor commendor Cornelio Vanzana, assistente em Vingorlá, 15$ patacas espanholas, para ficarem em deposito, como ficão, thé se averiguar a duvida, que os Inglezes propuzerão ao sr. embaixador, cometida ao dito senhor comendor, e de como receberão as ditas 15$ patacas na forma sobredita, lhe dão esta quitação para sua descarga, e constar por ella a todo tempo de como as entregou. Em Mesa a 6 de fevereiro de 645. Subscripta por mim Luiz Soares de Goes, escrivão da camara, em mesa della — (assignaturas).

Carta da cidade ao Viso Rey, sobre a gente do mar dos galeões

(Arch. da India, livro dos accordãos da camara de Goa, n.º 19, fol. 157 v.)

1645 Fevereiro 4 Senhor. Temse representado a v. ex.ª sobre o pagamento da gente do mar dos galeões, que assiste no forte d'Aguada e Murmugão, e mais praças, donde se fazião os ditos pagamentos, de que não tivemos resposta para effeito de continuarmos com elles, por rezão de não aver galeões d'armada, que andassem na expulsão dos rebeldes estrangeiros, conforme as condições do Consulado; e porque de presente pede pagamento a dita gente, e não no podemos fazer sem a resposta de v. ex.ª seja servido ordenar o que lhe parecer, para se não poder duvidar nos contos. Não se offerece mais. Guarde Deus a v. ex.ª como pode etc. Sobscripta por mim Luiz Soares de Goes, escrivão da camara, em mesa della a 4 de fevereiro de 645. — (assignaturas). 1645 Fevereiro 4

Resposta do Viso Rey

(Arch. da India, livro dos accordãos da camara de Goa, n.º 19, fol. 158.)

Em quanto El Rei nosso senhor não differe ao particular da tregoa, se não pode aver por firme o que está tratado sobre esta materia, porque do que S. Magestade mandar resolver depende tudo: e assy parece que se deve correr com a gente dos galeões, que estão nos presidios, pera o que pode acontecer, assy como athegora se fez, sem a isso se pôr duvida, nem impedimento algum, com declaração que os taes pagamentos se não fação mais que aos dos ditos presidios, e aos poucos homens, que guardão em Panelim os referidos galeões, presente o escrivão, que se mandará ir todas as vezes que a cidade me avisar que se vai fazer pagamento. Tudo isto communiquei com hum ministro dos principaes dos contos, que he do mesmo parecer, como serão os mais. Nosso Senhor etc. Panelim 6 de fevereiro 645. — *O Conde de Aveyras.* 1645 Fevereiro 6

Carta da nobre cidade ao Conde V. Rey sobre as 100:000 patacas que vieram de Surrate

(Arch. da India, livro dos accordãos da camara de Goa, n.º 19, fol. 160 v.)

João Cardoso Sodré veo a esta mesa a dar conta como v. ex.ª lhe tinha ordenado ontem de que não entregasse as 1645 Fevereiro 11

1645 Fevereiro 11 patacas, que por ordem desta cidade e licença sua, com o que v. ex.ª se conformou, (*sic*) a Vingurlá e Surrate, para se averem de entregar nesta cidade á camara della, e dar a quem pertence, que he ao povo, e outras pessoas, de quem os Olandezes tomarão, e represarão suas fazendas, e vindo ellas por conta e risco do dito povo, e mais pessoas, sem aver risco da fazenda real, nem cobrança alguma por sua ordem, por lhe não pertencer nada deste dinheiro, parece cousa nova aver de se entregar o dito dinheiro ao veedor da fazenda geral, a quem o dito João Cardoso Sodré diz que v. ex.ª tem ordenado se faça entrega, e que por sua ordem se aja de pôr no convento de S. Francisco, o que fica encontrando o assento do povo, que se fez na camara desta cidade sobre este dinheiro e cobrança delle, e mais ordens e cartas de v. ex.ª que enviou a esta mesa; pelo que deve v. ex.ª ser servido fazer mercê, como sempre tem feito, a esta cidade não se aver de inovar cousa alguma sobre este particúlar, e que por sua ordem se aja de pôr o dinheiro no convento de S. Francisco, sem intervenção do dito veedor da fazenda.

E no que toca ás quinze mil patacas, se tem determinado antes de a cidade passar obrigação, que passou aos Olandezes, que fizerão a entrega dellas por via de deposito, que estarão depositadas na casa professa de Bom Jesus, e com esta determinação se passou a da obrigação na conformidade que se avisou a v. ex.ª Não se offerece mais. Guarde nosso senhor a v. ex.ª como pode etc. Sobscripta por mim Luis Soares de Goes, escrivão da camara, em mesa della a 11 de fevereiro 645 — (assignaturas).

Lista do dinheiro que entregou João Cardoso Sodré, que cobrou em Vingurlá e Surrate dos Olandezes

(Arch. da India, livro dos accordãos da camara de Goa, n.º 10, fol. 162 v.)

1645 Março 29 Trouxe de Vingurlá 6686 patacas e mea, e tantas entregou no cofre de S. Francisco...... 6686½

Entregou mais no dito cofre de S. Francisco 75$959 patacas.......................... 75959

Entregou mais na Caza Professa de Bom Jesus em hum cofre por ordem da nobre cidade 15$000 patacas.................................. 15000 1645 Março 29

Pagarão se os Olandezes em Surrate de 1354 patacas e mea, que o sr. Dom Phelippe Mascarenhas mandou dar em Betavia aos soldados prisioneiros.............................. 1354 1/2

Em Goa mais no cofre de S. Francisco presente os srs. vereadores e officiaes da nobre cidade, 309 patacas e um quarto.................... 389 1/4

Sommão as cinco addições acima 99309 patacas e um quarto.......................... 99$309 1/4

Despezas e gastos

Pagarão-se de commissão ao dito João Cardoso Sodré de ir cobrar a copia acima, 493 patacas e hum quarto 493 1/4

Pagarãose mais dos gastos e xerrafos 434 xerafins e hum quarto, que fazem patacas, a rezão de onze tangas, 197, patacas e mea 197 1/2

Somma tudo o conteudo nas sete addições da lista, com os gastos, cem mil patacas......... 100$000

Quitação da cidade

Vistas estas contas, e entrega, despesas, gastos, e commissão, que João Cardoso Sodré fez, a cidade o ha por desobrigado das cem mil patacas, que ficão em deposito no cofre do convento de S. Francisco, e da Casa Professa de Bom Jesus. Em mesa a 29 de março de 1645 — (assignaturas).

Obrigação que fizerão os padres da Companhia sobre as 15:000 patacas

(Arch. da India, livro dos accordãos da camara de Goa, n.º 10, fol. 159 v.)

Estão no caixão, que a cidade tem na Casa Professa de Bom Jesus, trinta saquos por quinze mil patacas, cada saquo 1645 Fevereiro 20

1645 Fevereiro 20 de quinhentas patacas, que forão contadas presente o rd.º Padre Ministro Carlos da Rocha, e entregue ao rd.º Padre procurador da Casa Professa Simão de Passos; e por assy ser se assinarão; e ficou huma chave do dito caixão entregue ao dito rd.º Padre Ministro, e as duas, huma ao procurador da cidade Agostinho d'Almeida Gato, e ao vereador do meio Francisco Delgado Franco. Eu Luis Soares de Goes, escrivão da camara, que me assinei com a nobre cidade. Goa a 20 de fevereiro de 645 — (assignaturas).

Carta do Conde V. Rey á cidade sobre se tirarem 5:000 patacas do deposito

(Arch. da India, livro dos aceordãos da camara de Goa, n.º 10, fol. 163 v.)

1645 Março 28 No conselho da fazenda faço este escripto, por ser negocio do serviço d'ElRey nosso senhor. — Presente he á cidade o assento que no dito conselho se fez em rezão do dinheiro, que se havia de dar ás pessoas interessadas na presa dos Olandezes, assy da China, como deste Estado, e do que era necessario para S. Magestade aprestar, e despedir este galeão tão importante ao seu real serviço; e como no negocio se não tem resoluto thégora cousa alguma pelas rezões que á cidade serão presentes, e a quem nellas votou, e está tudo parado em grande dano do apresto do dito galeão, se tem assentado que o procurador da coroa e fazenda de S. Magestade com o juiz dos feitos do dito senhor, com o thesoureiro do Estado vão a S. Francisco, e tirem do cofre as cinco mil patacas, que se julga serem necessarias para a paga da gente do mar, lascares, e alguns soldados; mande a cidade a sua chave para se executar o referido, porque o dinheiro se hade tirar infallivelmente, e no tocante ao assento sempre terá seu lugar, quando se convenhão no que está assentado. Nosso senhor etc. Panelim em 28 de março de 1645 annos. — *O Conde de Aveyras*.

Resposta da cidade

(Arch. da India, livro dos accordãos da camara de Goa, n.º 10, fol. 163 v.)

Senhor. Vimos a carta de v. ex.ª em que se conclue que infallivelmente se hão de tirar cinco mil patacas do deposito, que está em S. Francisco, da prata que os Olandezes derão; respondemos a v. ex.ª que desta prata se tirarão já tres mil patacas, e que quando se foi a buscar a Vingurlá e Surrate, foi por ordem da cidade, e com aprazimento das partes, a cujo risco veo, por lhe pertencer, para se meter no deposito, aonde está com aprazimento de v. ex.ª para a cidade, ajuntandose o que hade vir de Betavia, fazer pagamento ás partes prorata o que a cada hum couber. E querendo v. ex.ª tirar estas cem mil patacas, a cidade lho não pode impedir; e assy deve v. ex.ª ser servido de a desobrigar dellas, e do mais, ordenando v. ex.ª a quem se entreguem as chaves, e o deposito, de modo que a cidade fique de huma vez desobrigada do dito dinheiro, e das partes a quem pertence. Não se offerece mais. Guarde deus a v. ex.ª como pode etc. Sobscripta por mim Luis Soares de Goes, escrivão da camara, em meza della a 26 de março de 645. — (assignaturas). 1645 Março 26

Declaração á margem de um Assento que se tomou em conselho de fazenda em 22 de março de 1645, para se tirarem do deposito que está em S. Francisco, 5:000 patacas para o apresto do galeão S. Pedro.

(Arch. da India, livro dos accordãos da camara de Goa, n.º 10, fol. 164.)

Por quanto tendose dado copia deste Assento á cidade, não quiz nomear pessoa para assistir com o vedor da fazenda e procurador da coroa á diligencia que se nelle refere, e escrevendolhe s. ex.ª hum escripto para mandar a chave do deposito de S. Francisco, que está em seu poder, para se tirarem as cinco mil patacas, para do procedido dellas se começarem a correr com as obras do galeão S. Pedro, que se apresta, para passar á China, respondeo a s. ex.ª que a ouvesse por desobrigada, assy della, como de ter a cargo o 1645 Março 30

1645 Março 30 dito deposito; o que visto no conselho, se assentou uniformemente se mandasse dizer á cidade que a avião por desobrigada de tudo na forma que pedia, e que a chave que tinha se entregasse ao procurador da coroa e fazenda d'El-Rey Nosso Senhor, que a teria em seu poder; e que logo esta tarde se tirasse do deposito as cinco mil patacas, como estava assentado, para as despesas que se havião fazer com o dito galeão. E por firmeza do contheudo se mandou fazer á margem deste assento esta declaração, em que se assinarão o sr. Conde V. Rey, e os ministros do conselho. Bernardo de Sousa o fez em Goa a 30 de março de 1645 annos. Miguel Rangel de Castelbranco o fez escrever — (assignaturas).

Assento sobre o outro do conselho da fazenda ácerca das 5:000 patacas

(Arch. da India, livro dos accordãos da camara de Goa, n.° 10, fol. 165.)

30 Março 1644 —Vereadores, officiaes, e bem assim as partes interessadas na prata, que os Olandezes derão por cem mil patacas. — Se assentou pelas sobreditas pessoas, em execução de huma declaração feita no conselho da fazenda autentica pelo escrivão della, Miguel Rangel de Castelbranco, pelo qual foi mandado a esta mesa, e da dita declaração consta resolverse no dito conselho da fazenda, presente o sr. Conde V. Rey, e mais ministros deputados delle, que a dita cidade mandasse entregar com effeito ao procurador da coroa e fazenda de Sua Magestade a chave que tinha em seu poder do deposito feito no convento de São Francisco do dinheiro que os Olandezes avião dado por conta do que avião tomado das partes vassallos de Sua Magestade, por cuja conta e risco veo ao dito deposito, por a dita cidade fazer serviço ao dito senhor e a seus vassallos se avia encarregado da dita chave para o dito effeito de dar a dita prata ás partes a que tocasse, pelas mesmas partes assy o pedirem e requererem no tempo, em que se dera principio a este negocio, e de seu consentimento e aprovação, e que em rezão da dita declaração mandarão chamar as pessoas interessadas

no dito dinheiro por si e seus constituintes, pela dita cidade se querer desobrigar de todo o dinheiro, aos quaes se leo a dita declaração e ordem referida, e sendo por todos entendida, unanimes e conformes requererão e pedirão com grande instancia á mesma cidade da parte de Sua Magestade que visto ter vindo por sua conta e risco delles o dinheiro de que se trata, e posto no dito deposito por seu aprazimento, que em nenhuma forma vinhão em que a cidade o largasse, nem se passasse a outra alguma parte o dito deposito, nem as chaves delle, nem consentisse que no tal dinheiro se bulisse, nem se tirasse delle cousa alguma, salvo para as pessoas e partes a quem directamente pertence, por este ser o fundamento com que se fez o dito deposito, e por o dito dinheiro não pertencer á fazenda real, nem deverem direitamente os direitos de fazendas que não chegarão ás alfandegas de Sua Magestade, aonde he estilo e lei avaliaremse, e pagaremse conforme a valia dellas; e por assi o pedirem, requererem, e resolverem, se fez este assento em que se assinarão—(assignaturas). 1645 Março 30

Assento do conselho da fazenda em 22 de março de 1645 sobre o dinheiro do deposito

(Arch. da India, livro dos accordãos da camara de Goa, n.º 19, fol. 167.)

Assentouse em conselho da fazenda presente o sr. Conde V. Rey, e mais ministros deputados delle, que por quanto as oitenta e cinco mil patacas, que se cobrarão dos Olandezes, pertencentes ás partes donos das fazendas, que mandavão nas embarcações que tomarão, que estão depositadas no Convento de São Francisco desta cidade, polas quinze mil estarem depositadas na Casa Professa da Companhia de Jesus, que ao todo fazem as cem mil, que vierão de Surrate, e de presente aver nesta cidade muitas pessoas, que mandavão fazendas nas ditas embarcações por sua conta e risco, e outras que tem procurações dos moradores da China, que pertendem que das ditas patacas se lhe dê satisfação das fazendas e encomendas, que mandavão nas ditas embarcações, 1645 Março 22

1645 Março 22 que os ditos Olandezes tomarão, que requerem com instancia se lhes faça de tudo pagamento por as ditas cem mil patacas, e o mais que se espera cobrar dos ditos Olandezes restituirem e darem o dito dinheiro, para com elle se fazer pagamento ás pessoas, a que pertence o procedido das ditas fazendas, pareceo ao conselho uniformemente que mostrando as pessoas, que se acharem presentes, conhecimentos justificados, e titulos per que conste das quantias que mandarão, ou lhes vinhão empregadas da China, se lhes pague a metade da quantia que assy mandavão, ou lhes vinhão empregadas athé se fazer as contas ultimamente com a chegada e vinda de Francisco Zuzarte, que he ido a Jacatará a buscar o resto que lá ficou, e que o mesmo estilo se tenha no pagamento com os procuradores das pessoas que estiverem na China, ou em qualquer outra parte, mostrando procurações e conhecimentos de seus constituintes, e que a verificação do que pertencer a cada parte, e o exame dos papeis se fará na Ribeira pelo veedor da fazenda geral com assistencia do procurador da coroa e fazenda de Sua Magestade, e huma pessoa que os ministros da nobre cidade de Goa nomearem para o tocante a seus moradores; e as pessoas que se aqui achão da China nomearão outra por sy, e pelos moradores daquella cidade. E porque a fazenda real se lhe devem os direitos das fazendas que se venderão em Jacatará, que vinhão em direitura á India para pagarem os ditos direitos nas alfandegas de Sua Magestade, o que não teve effeito, por as pessoas que as trazião a seu cargo, por sua livre vontade as venderem em Betavia aos Olandezes, e ao não fazerem assy, vierão as ditas fazendas em ser a esta cidade pagar os direitos devidos, como as mais que hade trazer Francisco Zuzarte; em rezão do que pareceo ao conselho se tirasse por conta dos ditos direitos cinco mil patacas do dito deposito, para com ellas se aprestar o galeão S. Pedro, e poder fazer viagem á China, e se considerou para se mandar dar ás partes ametade do dinheiro, que lhes pertencia, para terem mais commodidade de o empregarem nesta monção para a China, e poder vir o retorno no mesmo galeão, por tudo ser em utilidade da fazenda real, e das partes a quem pertence. E por firmeza do contheudo se fez este assento, em que se assinou o sr. V. Rey com os ministros deputados. Francisco Manoel o fez. Goa a 22 de março de 645. Miguel Rangel de Castelbranco o fez escrever — (assignaturas). 1645 Março 22

Protesto do padre commissario geral de S. Francisco, sobre o dinheiro do deposito

(Arch. da India, livro dos accordãos da camara de Goa, n.º 10, fol. 168.)

Ao primeiro de abril de 645 annos neste Convento de S. Francisco, aonde forão o juiz dos Feitos d'ElRey, o Desembargador Luis Teixeira Cabral, e o Desembargador Antonio Velloso de Casseres, Procurador da Coroa, e o Thesoureiro do Estado Manoel de Sousa Pinel, por ordem do Viso Rey e conselho da fazenda para tirarem do thesouro cinco mil patacas pertencentes aos direitos d'ElRey, e despregarem as portas, por não trazerem chaves, logo ahi perante elles foi protestado e requerido pelo rd.º Padre Commissario geral de S. Francisco que elles lhe fazião força em despregarem as fechaduras, e abrirem o thesouro de Sua Magestade sem chaves, e que protestava nunca lhe ser imputada esta diligencia, por quanto elle não consentia nella, antes se fazia força ao convento, e ao thesouro de S. Magestade abrindo violentamente com martellos, quebrandolhe as fechaduras em perjuizo do thesouro de S. Magestade, pelo que protestava de se lhe não perjudicar ao convento, e todo o dano que resultar ao dito thesouro se imputar aos ministros executores da dita violencia, de que tudo protestou perante mim Manoel Alvares, escrivão do thesouro, que o escrevi, e de como lhe foi intimado eu escrivão dou fee, e assinou o dito Padre Commissario geral — *Manoel Alvares* — *Frey Francisco de Barcellos,* Commissario geral. 1645 Abril 1

Tratado provisional entre El-Rei o Senhor D. João IV, e os Estados Geraes occorridas ácerca da jurisdicção do territorio do forte

(Dumont, Corpo Universal Diplomatico, Tom. VI, P. I, pag. 307.)

1645 Março 27 Quamvis Tractatus Induciarum et cessationis omnis hostilitatis actus, ut et navigationis et commerciorum Hagæ Com. duodecimo die Junii, Anno 1641 initus conclususque, tempore decennii in India Orientali, omnibusque locis et maribus tam sub districtu Serenissimi Regis Lusitaniæ, Algarvæ, &c. quam Præpotentium Unitarum Belgii Provinciarum DD. Ordinum Generalium rite observari debuisset; Attamen non omnimodè conservatus neve observatus fuit, propter controversias et dissensiones inter utriusque Partis Gubernatores atque Præfectos exortas super jurisdictione Territorii Fortalitium Gallas spectantes; Quæ controversia varias rixas, navium deprædationes, commerciorum ac navigationum disturbationes in plerisque fere Indiæ Orientalis plagis ac partibus, inter Lusitaniæ atque hujus Status incolas isthuc enavigantes ac mercaturam exercentes pepertet, adeo ut tali rerum continuatione recens et apertum bellum utriusque Partis incolis metuendum foret. Cui ut summe memoratus Rex ac Præpotentes DD. Ordines Generales occurrerent, super hoc negotio provisionaliter conventum fuit inter Dominum Franciscum de Sousa Coutinho, Consiliarum et Legatum Serenissimi Regis Lusitaniæ, Suæque Majestatis Gubernatorem et præfectum supremum Insularum Terceræ, vi ac vigore Procurationis suæ datæ Ulyssyponæ quinto die Maii, anno 1643 ab una, et DD. Deputatos Propotentium DD. Ordinum Generalium vi procurationis datæ concessæque Hagæ-Com. decimo et octavo die Martii anno 1645. ab altera parte, qui sequentes hosce Articulos provisionaliter inierunt ac confirmarunt.

das Provincias Unidas dos Paizes Baixos, relativamente a certas duvidas de Galle, assignado na Haya em 27 de março de 1645

(Traducção particular.)

Posto que o Tratado de Tregoas e de cessação de todo o acto de hostilidade, e bem assim de navegação e commercio, feito e concluido na Haya do Conde no dia doze de Junho do anno de 1641, por tempo de dez annos, na India Oriental e em todos os lugares e mares tanto sob o dominio do Serenissimo Rei de Portugal, dos Algarves, &., como dos Muito Poderosos Senhores Estados Geraes das Provincias Unidas dos Paizes-Baixos, devesse ter sido formalmente observado; comtudo não foi inteiramente mantido nem guardado, em consequencia das controversias e dissensões nascidas entre os Governadores e Authoridades de uma e outra Parte, ácerca da jurisdicção do Territorio do Forte de Galle. Controversias estas que deram lugar a varias rixas, prezas de navios, estorvo de commercio e navegação, em quasi toda a parte das regiões e paizes da India Oriental, entre os habitantes de Portugal, e os deste Estado, que para ali navegam e negoceam, de modo que, por tal continuação de couzas, uma guerra nova e aberta era para ser temida pelos habitantes de uma e outra Parte. E a fim de que os acima mencionados Rei e Muito Poderosos Senhores Estados Geraes prevenissem a mesma, convieram provisionalmente sobre este negocio o Senhor D. Francisco de Souza Coutinho, Conselheiro e Embaixador do Serenissimo Rei de Portugal, e Governador por Sua Magestade da Ilha Terceira, em virtude da sua Procuração dada em Lisboa no dia cinco de Maio do anno de 1643, de uma parte; e da outra, os Senhores Deputados dos Muito Poderosos Senhores Estados Geraes, em virtude da procuração dada e concedida na Haya do Conde no dia dezoito de Março do anno de 1645; os quaes fizeram e confirmaram provisionalmente os seguintes artigos.

1645
Março
27

ARTICULUS I

1645 Março 27 Possessores Fortalitii Gallæ eodem usu et agrorum cultura, quos tempore divulgationis dicti decennalis Tractatus tenuerunt, gaudebunt êa conditione, ne pendente lite, cinnamomum ibidem propagare ipsis liceat.

ARTICULUS II

Serenissimus Rex Lusitaniæ subditos suos ad Indiam Orientalem commercium exercentes, certo ad id constringere tenebitur, ut quotannis, quandiu controversia de jurisdictione territoris sub districtu Fortalitii Gallæ principaliter non fuerit composita, præcise, suisque impensis intra Gallæ Fortalitium sexcentos Quintales optimi et minime agrestis cinnamoni unoquoque Quintale ad centum supra viginti et octo libras Lusitanici ponderis computato, afferant tradantque: Cujus oblationis primus annus exordietur ab hodierno die, adeo ut prima ejusdem oblatio fieri debeat, ante primum diem Martii, anni millesimi sexcentesimi quadragesimi sexti, proxime venturi, sicque porro quotannis continuent, usque dum controversia principaliter fuerit decisa: Quæ si forte infra annum terminaretur, eo non obstante, ante dicti sexcenti Quintales optimi et maxime agrestis cinnamomi, tanto pondere, ad modum præmemoratum, dictis possessoribus, harum Provinciarum incolis, semel et una vice offerri debebunt.

ARTICULUS III

Neutra pars provisionali hoc Tractatus ullum jus acquiret, sive ad intentionem purgandam allegabit, multominus applicabit.

ARTICULUS IV

Serenissimus Rex Lusitaniæ per Legatum suum, et Præpotentes DD. Ordines Generales per Deputatos suos, supradictam controversiam quam primum examinabunt, eamque deinceps principaliter decident. Quod si fortassis eorum opera cœptum opus ex sententia confici non posset; supra

ARTIGO I

Os possuidores do Forte de Galle terão o mesmo uso e cultura dos campos, de que gosavam ao tempo da publicação do dito Tratado que se fez por dez annos, e com a condição de não lhes ser permittido propagar a cultura da canella, em quanto a contenda estiver pendente. 1645 Março 27

ARTIGO II

O Serenissimo Rei de Portugal se obriga a que os seus subditos, que exercem o commercio para a India Oriental, levem todos os annos, em quanto não se terminar a controversia ácerca da jurisdicção do territorio do Forte de Galle, e entreguem infallivelmente e á sua custa, no dito Forte, seiscentos Quintaes de Canella boa e não silvestre, de cento e vinte e oito arrateis de peso Portuguez cada quintal: o primeiro anno da qual entrega começará do dia de hoje, de modo que a primeira entrega deverá fazer-se antes do dia um de Março de mil seiscentos e quarenta e seis proximo futuro, e assim continuará todos os annos, até que a controversia seja decidida. E se esta se terminar dentro de um anno, não obstante isso, deverão os ditos seiscentos Quintaes de canella, com o pezo e pelo modo acima mencionados, ser entregues conjunctamente e por uma só vez, aos ditos possuidores destas Provincias.

ARTIGO III

Nenhuma das duas Partes adquirirá, por este Tratado provisional, direito algum, nem o allegará e muito menos applicará, para justificar qualquer violencia.

ARTIGO IV

O Serenissimo Rei de Portugal, por meio do seu Embaixador, e os Muito Poderosos Senhores Estados Geraes, pelo de seus Deputatos, examinarão quanto antes a sobredita controversia, e a decidirão depois. E se por acaso a negociação entabolada não poder ser concluida, por intervenção delles,

1645 Março 27 memorata controversia per æquos Judices et Arbitros prout utriusque fieri poterit, decidetur; neque ut mora aliqua vel minimum provisionalem hunc Tractatum immutet, permittetur.

ARTICULUS V

Ab utraque parte naves ac merces detentæ, pariterque loca et Fortalitia capta, a tempore divulgationis generalis Pacis, duodecimo die Junii, anno 1641, utrinque in India Orientali institutæ sine ulla mora restituetur; ea lege ac conditione, ut inter utriusque partis Gubernatores atque Præfectos in India Orientali de modo restituendi naves, merces ac Fortalitia supradicta conveniendum sit.

ARTICULUS VI

Præpotentes DD. Ordines Generales, pariterque Legatus Serenissimi Regis per obsignatas literas cum diversis navibus ad Gubernatorem Generalem Senatumque in India Orientali, nomine Unitarum Belgii Provinciarum, copiam authenticam, sive hujus provisionalis Tractatus exemplar mittent, usque universis ac singulis, ut hunc Tractatum ritè ac strictè observent, atque etiam, quantum Fœderati Belgii Statum in India Orientali concernit observari curent, expresse mandabunt ac injungent: Illis insuper per easdem Litteras, ut supradictum Generalem Induciarum Tractatum, duodecimo die Junii anno 1641 ad tempus decennii initum, æque observent, nec non secundum formam et tenorem suum observari curent, neque ullam immutationem aut interpretationem super hoc instituant aut institui permittant, expresse mandabitur. Quinetiam Domino Legato Lusitaniæ supradictarum Litterarum exemplaria solemnibus formulis conscripta quotquot desideraturus est, tradentur, ut in Portugaliæ commodum juxta illarum inscriptionem quam primum, prout Regi visum fuerit emittantur.

a controversia acima dita será decidida por Juizes e Arbitros justos, conforme de uma e outra parte se poder praticar; e não se permitirá que qualquer demora altere no mais minimo este Tratado provisional. 1645 Março 27

ARTIGO V

Os navios e mercadorias detidas de uma e outra parte, e igualmente os lugares e fortalezas tomados, desde o tempo da publicação na India Oriental da Paz geral, celebrada por uma e outra Parte no dia doze de Junho do anno de 1641, serão immediatamente restituidos; com a condição, porém, que os Governadores e Authoridades de uma e outra Parte, na India Oriental, convenham sobre o modo de restituir os mencionados navios, mercadorias e fortalezas.

ARTIGO VI

Os Muito Poderosos Senhores Estados Geraes, bem como o Embaixador do Serenissimo Rei, enviarão em Cartas assignadas, por via de diversos navios, ao Governador Geral, e ao Senado, na India Oriental, em nome das Provincias Unidas dos Paizes-Baixos, copia authentica ou exemplar deste Tratado provisional, e ordenarão expressamente a todos e a cada um, que observem rigorosa e strictamente este Tratado, e façam que seja observado tudo quanto diz respeito aos Estados das Provincia Unidas na India Oriental. Outrosim se lhes ordenará expressamente, que observem igualmente o sobredito Tratado de Tregoas celebrado no dia doze de Junho do anno de 1641, por tempo de dez annos, e procurem que seja observado segundo a sua forma e theor, e que não lhe façam alteração alguma ou dêem interpretação diversa, nem permittam que se lhe dê. Tambem serão entregues ao Senhor Embaixador de Portugal, os exemplares das sobreditas Cartas, escriptas com as formulas solemnes, que elle desejar, a fim de que em utilidade de Portugal, sejam enviadas o mais breve possivel e segundo a direcção das mesmas, conforme a El-Rei approuver.

ARTICULUS VII

1645 Março 27 Celsissimus Legatus Lusitaniæ, se nomine locoque Serenissimi Regis, hinc per obsignatas Litteras cum diversis navibus ad Vice-Regem in Goa, pariterque ad reliquos in India Orientali Gubernatores et Præfectos Lusitanicos, copiam authenticam vel exemplar dicti provisionalis Tractatus missurum, iisdemque universis ac singulis, ut eundem Tractatum ritè ac sincerè observent, necnon quantum Statum Lusitanicum in India Orientali concernit observari curent, in mandatis daturum esse promittit ac pollicetur. Insuper etiam iisdem Litteris, ut supradictum Generalem Tractatum duodecimo die Junii 1641 ad tempus decennii initum, fideliter observent ac secundum formam et tenorem suum observari curent, neque ullam immutationem aut interpretationem super eum instituant, aut institui permittant, expressis verbis demandabit. Celsitudo quoque sua DD. Ordinibus Generalibus tot dictarum suarum Litterarum exemplaria solemnibus formulis conscripta, quot desideraturi sunt, tradere tenebitur, ut juxta illarum inscriptionem, quam primum, prout ipsis visum fuerit, emittantur. Ad hæc Dominus Legatus Lusitaniæ promisit suscepitque effecturum sese, ut similes Litteræ et transmissiones dicti provisionalis Tractatus, ab ipso Rege ad supra nominatum Vice-Regem alios in iisdem Indiis Orientalibus Majestatis Suæ Præfectos, quam primum eidem Majestati Suæ innotuerit, transmittantur.

ARTICULUS VIII

Omnes lites et côntroversiæ, quæ propter generalem Tractatum, duodecimo die Junii anno 1641 initum, aut propter provisionalem hunc et specialem Tractatum, contra omnem expectationem orituræ sunt, Hagam-Com. ex Indiarum Orientalium districtibus deferentur, ut per Dominum Legatum, aut alium Serenissimi Regis Lusitaniæ eo tempore publicum Ministrum, et DD. Deputatos è Consilio Præpotentium DD. Ordinum Generalium conjunctim decidentur, ne pendente

ARTIGO VII

O muito alto Embaixador de Portugal assegura e promette, em nome do Serenissimo Rei, que ha de mandar de aqui, em Cartas assignadas, por via de diversos navios, ao Vice-Rei em Goa, e igualmente aos outros Governadores e Authoridades Portuguezas na India Oriental, copia authentica ou exemplar do dito Tratado provisional, e lhes encarregará, a todos e a cada um, de observarem rigorosa e sinceramente o mesmo Tratado, e tratem que seja observado tudo quanto respeita aos Estados Portuguezes na India Oriental. Outrosim lhes encarregará expressamente nas ditas Cartas, de observarem fielmente o mencionado Tratado geral celebrado no dia doze de Junho de 1641, e procurem que seja observado segundo a forma e theor do mesmo, e não lhe façam alteração alguma ou dêem interpretação diversa, nem permittam que se lhe dê. O mesmo muito alto Senhor Embaixador será tambem obrigado a entregar aos Senhores Estados Geraes tantos exemplares das ditas suas Cartas, escriptas com as formulas solemnes, quantos elles desejarem, a fim de que, segundo a direcção dellas, sejam enviadas quanto antes, conforme aos mesmos approuver. Alem disto promette e toma sobre si o Senhor Embaixador de Portugal, fazer com que similhantes Cartas e copias do dito Tratado provisional, sejam remettidas pelo dito Rei ao acima mencionado Vice-Rei e ás outras Authoridades de Sua Magestade nas mesmas Indias Orientaes, tão depressa Sua Magestade dellas tenha conhecimento. 1645 Março 27

ARTIGO VIII

Todas as questões e controversias que sobrevierem, o que não é de esperar, por causa do Tratado geral celebrado no dia doze de Junho do anno de 1641, ou deste provisional e especial, serão levadas dos districtos das Indias Orientaes para a Haya do Conde, a fim de serem ali decididas conjunctamente pelo Senhor Embaixador, ou por outro Ministro publico do Serenissimo Rei de Portugal, a esse tempo acreditado, e pelos Senhores Deputados do Conselho dos Muito

1645 Março 27 controversia, Induciæ ad decennium initæ, ullo modo inter rumpantur, sed vero utrinque vim ac vigorem suum obtineant. Insuper etiam Serenissimus Rex Lusitaniæ fidem dabit, sicuti ante memoratus D. Legatus nomine locoque Majestatis Suæ, publicum aliquem Ministrum Hagæ-Com. regia auctoritate munitum, ad dictas lites et controversias tollendas, assidue commoraturum esse promittit ac pollicetur.

ARTICULUS IX

Quod si inter utriusque partis Gubernatores et Præfectos in India Orientali provisionalis aliquis Tractatus de Jurisdictione territorii ad Fortalitium Gallæ pertinentis deque restitutione modoque restituendi naves ac merces detentas, pariterque loca, et Fortalitia capta a tempore divulgationis generalis Tractatus, duodecimo die Junii anno 1641, ab alterutra parte in India Orientali cognitæ, antequam divulgatio hujus particularis Tractatus eò pervenerit, initus confirmatusque foret, tali casu supradictus Tractatus inter utriusque Partis Gubernatores et Præfectos initus plenum effectum, quoad jurisdictionem de qua controvertitur, sortietur, sed non ultra tempus principalis ejusdem causæ decisionis quæ Hagæ-Com. instituetur. Quantum autem ad cætera et ulteriora dicto Tractatu generali, atque hoc particulari comprehensa attinet, ea firma mansura sunt.

ARTICULUS X

Provisionalis hic Tractatus a Serenissimo Rege Lusitaniæ et Præpotentibus DD. Ordinibus Generalibus intra quatuor mensium ab hoc die numerandorum spatium, solemnibus formulis confirmabitur. Deinceps autem Magestatis Suæ ratihabitione Hagæ-Com. intra dictum tempus oblata cum DD. Ordinum Generalium ratihabitione permutabitur; dictus tamen cum generalis tum provisionalis Tractatus interea temporis ab utraque parte fideliter atque ex omni parte obser-

Poderosos Senhores Estados Geraes, para que, estando pendente a controversia, as tregoas feitas por dez annos não sejam de modo algum interrompidas, mas obtenham de uma e outra Parte força e vigor. Outrosim assegura e promette o Serenissimo Rei de Portugal, como em nome de Sua Magestade o faz o acima mencionado Senhor Embaixador, que um ministro publico, munido de authoridade Real, ha de residir continuadamente na Haya do Conde para terminar as ditas questões e controversias.

1645 Março 27

ARTIGO IX

E se entre os Governadores e Authoridades de uma e outra Parte na India Oriental algum Tratado provisional fosse feito e confirmado, ácerca da jurisdicção do territorio pertencente ao Forte de Galle, bem como pelo que toca á restituição e modo de restituir os navios e mercadorias detidos, e assim os lugares e fortalezas tomados, desde o tempo da publicação do Tratado geral do dia doze de Junho do anno de 1641 ser conhecida por uma e outra parte na India Oriental, e antes de ali chegar a publicação deste Tratado particular: em tal caso, o sobredito Tratado feito entre os Governadores e Authoridades de uma e outra Parte, surtirá pleno effeito no que diz respeito á jurisdicção sobre que se litiga, mas não subsistirá alem da epoca da decisão da causa principal, que será resolvida na Haya do Conde. Em quanto, porém, ás demais cousas comprehendidas no dito Tratado geral, e neste particular, essas permanecerão firmes.

ARTIGO X

Este Tratado provisional será ratificado com as formulas solemnes pelo Serenissimo Rey de Portugal, e pelos Muito Poderosos Senhores Estados Geraes dentro do prazo de quatro mezes a contar do dia de hoje. E depois de a ratificação de Sua Magestade ser apresentada na Haya do Conde dentro do dito tempo, será a mesma trocada pela ratificação dos Senhores Estados Geraes; e não só o dito Tratado geral como o provisional serão, no intervallo deste tempo, observados

1645 Março 27 vabitur, fidesque scriptionis utrinque petita ac data simul præstabitur.

Proinde nos Legatus et Commissarii huic Tractatui propriis nostris manibus subsignavimus, eundemque sigillis nostris munivimus. Actum Hagæ-Com. vicesimo et septimo die Martii, anno millesimo sexcentesimo quadragesimo et quinto.

F. de Sousa Coutinho.
J. a Gent.
D. Hoogen dor puis.
J. Catrius.
G. Vosbergius.
G. a Reede.
J. Veltdrielius.
G. Riperda.
A. Clantius.

Composição provisional entre o Ex.mo Sr. V. Rey Dom Phelippe Mascarenhas, e o muy nobre varão Cornelis Vanzan, feitor mór e administrador da Unida Companhia Oriental na feitoria de Vingurlá, sobre accomodação das duvidas movidas pela nação Hollandeza, ácerca dos direitos que pretendem na fortaleza de Malaca [1].

(Arch. da India, livro grande de pazes, fol. 38. — Original.)

Em nome de Deos Amen. Saibão quantos este instrumento 1646 Abril 14 de convenção e composição provisional virem, que no anno de nascimento de nosso Senhor Jesus Christo de 1646 annos aos catorze dias do mez de abril, nas cazas reaes da fortaleza desta cidade de Goa, estando ahy o ex.mo senhor Dom Phelippe Mascarenhas, do conselho de estado de Sua Magestade, V. Rey, e capitão geral da India, e o muy nobre varão Cornelis Vanzan, feitor mór, capitão, e administrador da

[1] O original hollandez está no mesmo livro.

fielmente e em toda a parte, de um e outro lado, e a fé do que fica escripto sendo exigida e dada por uma e outra Parte, será juntamente prestada. 1645 Março 27

Pèlo que nós Embaixador e Commissarios assignámos de nossas mãos este Tratado, e o sellámos com os nossos sellos, Feito na Haya do Conde aos vinte e sete dias de Março do anno de mil seiscentos quarenta e cinco.

F. de Sousa Coutinho.
J. de Gent.
D. Hoogen dor puis.
J. Catrius.
G. Vosbergen.
G. de Reede.
J. Veltdriel.
G. Riperda.
A. Clantius.

Unida Companhia Holandeza oriental na feitoria de Vingurlá, com comissão special dos senhores do conselho de Battavia para concertar provisionalmente ás duvidas, que se lhe offerecerão sobre os direitos pretendidos na fortaleza de Malaca, da qual comissão e poderes cometidos per capitulo de carta enviada ao senhor V. Rey, o theor *de verbo ad verbum* he o seguinte: 1646 Abril 14

«No tocante aos direitos e tributos de Malaca temos ficado com Sua Reverencia, e alguns moradores de Macáo, porem não ficamos de acordo, ainda que de nossa parte temos offerecido boas condições. Se v. s. tiver por necessario de determinar nisso alguma cousa certa, para escusar desgostos, poderá com o nosso feitor Cornelis Vanzan em Vingurlá tratar, ao qual para isso temos dado plenario poder, e o que se concluir com elle, teremos por bom e valioso — *Cornelio Vandaly — João Maeth Suyker — Simon Van Alplen* (?)»

Em virtude da mesma comissão e ordem, havendose conferido antes a materia por parte do senhor V. Rey com o

1646 Abril 14 mesmo comissario, a quem se mostrou por manifestos de direitos não dever imposição alguma as embarcações deste estado, que passarem por Malaca, sem vender, ou desembarcar fazendas, a que sua senhoria fez resposta dizendo serem devidos os ditos direitos, como consta dos papeis de huma e outra parte sobre o referido; mas por evitar differenças em conservação da pax, e continuação da boa amizade, e reciproca correspondencia entre ambas nações, concordarão e convierão na accomodação dellas athé decisão de nossos Princepes, pela maneira seguinte:

1. Primeiramente que esta composição provisional feita por bem da pax não prejudicará em tempo algum ao direito dominio, e posse do serenissimo senhor Rey de Portugal, e dos propotentes Senhores Ordens geraes, havendose de restituir aos Portuguezes tudo o que a nação Holandeza gozar, e tiver gozado de direitos na dita fortaleza, não sendo approvados pelo supremo poder.

2. Que as embarcações de Sua Magestade, ou mercantis deste estado, que forem para a China, e qualquer parte do sul, ou aly em direitura, tirado das fazendas que nella effectivamente venderem a seis por cento [1] e o mesmo pagarão os Holandezes das fazendas, que venderem nos portos de Sua Magestade.

3. Que conforme o concerto tratado em Battavia pelos senhores do conselho com os mercadores de Macáo, presente o Reverendo Padre Frei Gonçalo de S. Joseph, cada huma embarcação grande, ou pequena, que passar para Macáo sem desembarcar, nem vender fazendas em Malaca, pagará por hida e vinda dous pães de ouro per deposito, e não por tributo, em mão do feitor da mesma fortaleza, athé resposta de Europa. Da qual contribuição serão livres e isentas as embarcações de Sua Magestade, e nada pagarão, nem ainda das fazendas, que nellas forem do dito senhor, e somente poderão ser visitadas com juramento, para se saber se levão

[1] Assim está no original, mas parece que devia ser... «ou aly em direitura, não pagarão direitos, tirando das fazendas, etc.» *(Rivara).*

alguma de mercadores, e achandose, pagarão os donos della por hida e vinda a quatro e meio por cento das fazendas, que excederem a carga de hum pataxo, e levando só o que pode carregar hum pataxo, não pagarão mais que dous pães de ouro, tambem por deposito. 1646 Abril 14

4. Que os navios pequenos, que passarem por Malaca, e não forem para a China, pagarão a quatro e meio por cento, ainda que não desembarquem, nem vendão fazenda em aquelle porto, e sem outra obrigação, ou imposição poderão fazer sua viagem, comercio, e trato, não recebendo vexação, ou impedimento, antes toda a ajuda e favor da nação Holandeza, cujas embarcações acharão em nós a mesma correspondencia.

A qual composição assentada, e estabelecida como dito he, prometerão ambas as partes publicar, cumprir, e guardar inteiramente, e fazer guardar e cumprir, cada hum a seus subditos athé definição de Europa, o excellentissimo senhor V. Rey por sy, e pelos senhores V. Reys e governadores, que ao diante forem, e o nobilissimo commissario em nome dos senhores do conselho de Batavia, e seus subcessores, pelos poderes que eu secretario dou fé ver, para o que obrigarão reciprocamente a palavra e fé publica com juramento dos santos evangelhos, que ambos fizerão, o senhor V. Rey em hum missal, e o dito commissario na Biblia, perante as testemunhas abaixo assinadas. Eu Duarte de Figueiredo de Mello, secretario de Sua Magestade deste Estado da India o fiz escrever, sobscrevi, e assinei — *Cornelis Van Sandn — Dom Phelippe Mascarenhas — Jan Van Edylingen — Duarte de Figueiredo de Mello — Antony Onder Meulen — Francisco de Mello de Castro — Jacob Proscan — Leendorf Gans — Antonio de Sousa Coutinho — Fr. Gonçalo de S. Joseph.*

Seis artigos preliminares que o Senhor Embaixador extraordinario do parlamento da Repu

(Arch. da India, liv.

1.

Primeiramente entre os sobreditos de huma e outra parte
1652 Janeiro 11 se assentou, e tambem o dito senhor embaixador promette e assegura em nome de seu Rey, que todos os Inglezes, que por alguma via ou maneira estiverem em custodia ou prisão, ou tiverem dado fiança ou caução, ou outro qualquer detrimento originado da occasião das differenças, que se levantassem entre huma e outra gente em algum lugar do senhorio de Portugal desde o tempo e hora que Ruperto entrou no rio de Lisboa, se porão em total liberdade, e seus fiadores ficarão de todo livres.

2.

Tambem se assentou, e o mesmo senhor embaixador em nome de seu Rey promete e assegura que todos os navios e bens dos Inglezes, que por alguns lugares do senhorio de Portugal constar forão represados, logo se lhe restituirão na mesma especie, e isto se entende, se tudo ainda se conservar em o mesmo ser e bondade, e lograr o mesmo preço e valia, que tinha quando se reteve; porem se não puder ser em especie, a tudo quanto se achar corrupto, diminuido, ou perdido por causa da dita retenção, se dará plena e cabal satisfação, dando o justo preço, que então tinha quando padeceo a retenção. Porem quanto á reparação dos danos, o sobredito senhor embaixador deo sua fé e palavra que se satisfarião na forma que se assentar, conforme o conselho em carta sua de 15 de novembro de 1652 mais por extenso, e com maior clareza o declarou e explicou.

3.

Tambem entre os sobreditos de huma e outra parte se assentou que todos aquelles que forão autores, ou derão ajuda para se executarem as mortes de nossa gente, de que

delRey de Portugal assentou e concluio com o conselho de estado blica de Inglaterra

grande de Pázes, fl. 62.)

1.

Primum inter praedictos utriusque partis convenit, atque etiam dictus Dom: Legatus Regis sui nomine fidem dat omnes Anglos, qui quoquomodo in custodiam sive carceris, sive satisdationis, sive cautionis, sive quo alio modo per occasionem controversiarum inter utramque gentem ortarum, ullo in loco ditionis Portugalliae ex quo Rupertus flumen Ulyssiponis invectus est, traditi sunt, liberos prorsus demissum iri, eorumque fideijussores iri liberatum. 1652 Janeiro 11

2.

2.º — Convenit, atque idem Dom: Legatus Regis sui nomine fidem dat omnes naves, pecunias, et bona Anglorum, quae per ulla loca ditionis Regis Portugalliae retenta sunt, protinus sine pretio redditum iri, in specie, siquidem in eadem bonitate permanserint, eademque aestimatione atque tum fuere cum publicarentur; sin minus in specie, aut si per occasionem publicationis vel corrupta, vel imminuta, vel amissa sint, tum ex eorum justo pretio, quo fuerunt, cum occuparentur, satisfactionem datum iri. Quod autem ad damnorum reparationem, si eo certo statuetur prout consilium in sua chartula Novembris quintodecimo 1652 sensum suum explanatius edidit, praedictus Dom: Legatus iis satisfactum iri fidem suam obstringit.

3.

3.º — Inter prae dictos utriusque partis convenit, ut omnes qui vel authores, vel administri nostrorum caedis hominum fuere, in postulatione tertia consilii praedicto Dom: Legato

1652 Janeiro 11 se faz menção na querella terceira do conselho, que ao sobredito embaixador se apresentou, sendo já achados, ou achandose daqui em diante em algum lugar sugeito a ElRey de Portugal, serão castigados pelo mesmo Rey conforme suas culpas, ou se entregarão ao parlamento para que se castiguem; porque os movedores dos sobreditos maleficios são sogeitos a ElRey de Portugal, ahi serão castigados, e os mais reos, como já se disse, de qualquer gente, e condição que forem, que por agora escaparão, os quaes o parlamento da Republica de Inglaterra daqui por diante hirá nomeando, sejão tomados a rol, para serem castigados tanto que tornarem para as terras do sobredito Rey. O sobredito senhor embaixador, em nome de seu Rey, se obrigou e prometeo que se guardaria pontualmente este artigo.

4.

Tambem entre os sobreditos de huma e outra parte se assentou que o sobredito Rey de Portugal em compensação daquelles gastos, que fez esta Republica, os quaes o conselho no seu postulado particularmente numerou, e mostrou ao sobredito senhor embaixador, alem da liquida e cabal estimação, e avaliação dos bens dos Portuguezes, que ou lhe forão tomados, ou se tiverão por presa, os quaes todos fazem somma de quatorze mil e duzentos e quarenta e seis livras, onze soldos, e doze dinheiros, pague ao parlamento cincoenta mil livras de moeda corrente e approvada de Inglaterra, da maneira que daqui em diante se começa a declarar, convem a saber, vinte mil livras, ou aquillo a que a moeda portugueza der o tal valor, o qual dinheiro se hade entregar á pessoa, a quem o parlamento, ou conselho do estado der essa commissão, ou assinar essa somma em Lisboa em o primeiro dia de março proximo seguinte a esta presente convenção, ou dentro de hum mez depois de entregue em Lisboa o assinado do senhor embaixador, em papel passado para o mesmo effeito, e será de hum ou outro modo, conforme mais breve e commoda occasião se offerecer; pague depois outras quinze mil livras de moeda approvada em

exhibita commemoratae, ulloque in loco sub ditione Regis Portugalliae vel reperti jam sunt, vel postea reperientur, á prae dicto Rege pro meritis puniantur, vel Parlamento ad poenam dedantur, quique Regi Portugalliae subjecti sunt praedictorum maleficiorum, ut supra dictum est conscii, dent illic poenas, caeteri quae omnes, ut supra dictum est, rei cujuscumque gentis, aut conditionis fuerint, qui se inpraesentia subduxere, qui que post hac á Parlamento Reipub: Angliae nominati erunt, proscribantur, quam primum in fines praedicti Regis reverterint plectendi; praedictus Dom: Legatus Regis sui nomine fidem suam obstringit articulum hunc praestitum iri. 1652 Janeiro 11

4.

4.º — Inter prae dictos utriusque partis convenit, ut praedictus Rex Portugalliae earum nomine impensarum, quas fecit haec Respub: quasque Concilium in quarto suo postulato ad dictum Dom: Legatum pridem misso particulatim recensuit, ultra liquidam bonorum Lusitanicorum aestimationem, quae vel occupata sunt, vel praedae loco habita, quae centum quatuordecim mille ducentarum quadraginta sex librarum, solidum undecim, senumque duodenarium summam conficit, Parlamento solvat quinquagies mille libras probae monetae Anglicae, eo que modo, qui hic deinceps exponitur, nimirum, vicies mille libras, aut quod monetae ulyssiponicae tantundem valuerit ei solvendum, cui Parlamentum aut Concilium status id negotii dederit, aut eam summam assignaverit Ulyssiponi, die primo Martii, qui praesentem hanc tractationem proxime sequetur, vel intra mensem unum quàm praedicti Dom: Legati syngrapha ad solutionem praedictae summae Ulyssiponi exhibebitur, prout horum alterutrum prius acciderit, solvat deinde quindecies mille libras alias probae monetae anglicae ultimo die 6 Julii 1653, stilo veteri; amplius etiam quindecies mille libras alteras, quae scilicet de summa quinquagies mille librorum

1652 Janeiro 11 Inglaterra a 6 de julho de 1653 pelo estilo antigo; tambem mais outras quinze mil livras que restão da quantia das cincoenta mil, no primeiro dia de novembro de 1653 pelo estilo antigo, de sorte que estas duas pagas ultimas se satisfação aqui em Londres. Tambem se assentou neste artigo que tudo quanto faltar em rezão do cambio da somma inteira do dito dinheiro, que em Portugal se hade pagar, tudo isto supprirá ElRey de Portugal, pois se deve entender que aquella somma deve ser entregue ao parlamento inteira e redonda da moeda corrente, e approvada em Inglaterra; e o sobredito senhor embaixador em nome de seu Rey se obrigou á paga da dita quantia de cincoenta mil libras, e isto na forma que acima se explicou.

5.

Tambem entre os sobreditos de huma e outra parte se assentou que todos os navios e bens dos Inglezes, que por Ruperto ou Mauricio, ou por algum navio de sua armada ou sogeição forão levados a Portugal, ou applicados a seus usos, ou alli reteudos, ou deixados delles, ou dalli forão levados por seu mandado, se restituão logo, ou se dê por elles inteira reparação, e satisfação. O sobredito senhor embaixador em nome de seu Rey se obrigou ao comprimento disto.

6.

Tambem entre os sobreditos de huma e outra parte se assentou que o navio por nome *Convertina*, e outros navios da Republica de Inglaterra todos e quaesquer navios dos moradores desta Republica, os quaes constar que por Ruperto, ou por algum navio de sua armada forão levados a Portugal, e estão em poder delRey de Portugal, ou de algum de seus vassallos, ou antes disto estiverão, ou de que elles usarão como lhe pareceo, ou se venderão por authoridade de qualquer delles, se entreguem com todos os seus apparelhos, artilharia, e tudo o mais que lhe pertencer, e se lhe satisfaça a perda que lhe causou esta retenção; e o sobredito senhor embaixador em nome de seu Rey ao comprimento de tudo isto se obriga.

restant primo die novembris 1653, stilo veteri, ut quae posteriores binae solutiones hic in urbe Londino exhibeantur. Hoc etiam articulo convenit ut quantum ex collybo pecuniae Ulyssiponi ex pacto solvendae de summa integra decesserit, id omne ab Rege Portugalliae praestetur, cum intelligi debeat summam illam integram, et rotundam probae monetae anglicae ad Parlamentum redire opportere; et praedictus Dom: Legatus Regis sui nomine se obstringit iisdem solutionibus, eodemque modo, qui supra exponitur, repraesentando. 1652 Janeiro 11

5.

5.º — Inter praedictos utriusque partis convenit, ut omnes naves, et bona Anglorum, quae à Ruperto aut Mauritio, aut ulla sub eorum ductu nave in Portugalliam allatae sunt, in eorumque usus traducta, aut illic jam retenta, aut relicta, aut ab illis, eorumve mandato deducta inde sunt, suis dominis protinus restituantur, aut eorum loco satisfactio et reparatio detur: praedictusque Dom: Legatus Regis sui nomine hoc praestitum iri fidem suam obstringit.

6.

6.º — Inter praedictos utriusque partis convenit, uti navis *Convertina* dicta, aliaeque naves Reipub: Anglicanae omnes et singulae, et quaecumque naves aliae hujus Reipub: popularium ullius sunt, quae à Ruperto, aut ab aliqua illius classis nave abductae in Portugalliam fuere, suntque in potestate Regis Portugalliae, ulliusve ex ejus populo, aut antehac fuere, quibusve illi, prout visum est, usi sunt, aut quae de eorum cujusquam authoritate sunt venditae, unà cum omnibus armamentis, atque bombardis, omnique alio instrumento suo reddantur, earumque retentionis justa compensatio detur; praedictusque Dom: Legatus Regis sui nomine praestitum iri hunc articulum dat fidem.

1652 Janeiro 11 E o parlamento da Republica de Inglaterra lidos attentamente os seis artigos preliminares, confirmados com o sinal e sello do sobredito senhor embaixador, os confirma, e os tem por bons e valiosos, para cuja fé mandou fixar aqui o seu sello, e se assinou. 11 de janeiro de 1652 — Lugar ✠ do sello — *Prolocutor Parlamenti* — *Prolocutor Reipub: Angliæ.*

Livro grande de pazes, fl. 62, onde á margem tem:

A copia destas pazes veo do Reino com carta do Princepe Dom Pedro nosso senhor de 23 de março de 680. Está junta no Livro pequeno das pazes.

E na verdade se acha nelle a fl. 116 o proprio papel que que veio de Portugal.

Artigos de paz e confederação

(Arch. da India, liv. 1.º

1.º

1654 Julho 10 Em primeiro lugar e sobretudo haverá huma boa, e verdadeira, e firme paz entre a Republica Anglicana, e o Serenissimo Rey de Portugal, e entre as regiões, terras, reinos, dominios, e principados sogeitos a hum e outro estado, e entre os povos e habitantes de huma e outra nação, de qualquer condição, dignidade, e grão que sejão, asy por terra, como por mar, rios, e aguas doces: de modo que os ditos povos, e habitantes se hajão reciprocamente de ajudar, e favorecer, tratandose com mutuo e honesto affecto, e nenhum dos sobreditos estados, nem seus povos, vassallos, e moradores farão ou intentarão cousa alguma contra os do outro em qualquer lugar e sitio que seja, assy em terra, como no mar, portos, e rios de huma e outra dição, nem consentirão em guerra alguma, em conselho, ou tratado, em damno e detrimento do outro estado, nem receberão, ou darão hospedagem aos rebeldes e fugitivos de huma e outra nação reciprocamente em suas terras, reinos, dominios, portos, e fronteiras.

Et parlamentum Reipub: Angliae perlectis articulis illis senis praeliminaribus subscriptione, et sigillo praedicti Dom: Legati confirmatis, pro se pariter eosdem confirmat, atque ratos habet; in cujus rei fidem suum sigillum iis ut imprimeretur mandavit; quibus etiam subscripsit. — 11.º Januarii 1652 — Lugar ✠ do sello — *Gulielmus Lenthall — Prolocutor Parlamenti — Prolocutor Reipub: Angliae.* 1652 Janeiro 11

---

concluida entre Portugal e Inglaterra

de Pazes, fl. 123 e 151.)

1.mus

In primis uti sit bona, vera et firma pax inter Rempublicam Angliae et Serenissimum Portugalliae Regem, et inter regiones, terras, regna, dominia, et principatus sub utrorumque ditione positos, populosque subjectos, incolasque eorum utrorumque cujuscumque conditionis, dignitatis, et gradus sint, tam per terram, quam per mare, flumina, et aquas dulces, ita ut praedicti populi, et subjecti sibi invicem favere et auxilio esse, studiis mutuis ac honesto affectu se utrinque tractare habeant: neutraque dictarum partium, earumve populus, et subjecti, incolaeve quicquam agant, vel attentent contra alterutrum ullo in loco, sive in terra, sive mari, sive in portubus, fluminibus ve alterutrius, nec alicui bello, consilio vel tractatui in alterius damnum consentiat, vel adhaereat, neque alterutrius rebelles, profugosve ullis alterius terris, regnis, dominiis, portubus, finibus tecto, hospitiove recipiat. 1654 Julho 10

2.º

1654 Julho 10 Que entre a Republica de Inglaterra, e o Reino de Portugal, seus povos e vassallos, e habitantes assy por terra como por mar, rios e aguas doces em todas e qualquer regiões, provincias, terras, dominios, territorios, ilhas, colonias, cidades, villas, lugares, portos, e fronteiras, haverá livre commercio em as partes aonde de antes o houve, ou de presente o ha de sorte que sem algum salvo-conducto, e sem outra licença geral, ou especial, tanto por terra como por mar, rios, e aguas doces, os povos, vassallos e habitantes de hum e outro estado poderão vir, navegar, e entrar em os sobrepitos dominios e reinos, e em todas suas povoações, portos, costas, e enseadas, navios carregados, e por carregar, introduzir fazendas, comprar, e vender o que quizerem, fazer provisão de mantimentos, e outras cousas necessarias á sua viagem por seu justo preço, concertar seus navios e carros, assy proprios, como alugados, ou emprestados, e sahir dos sobreditos lugares e paragens com seus bens, e mercadorias, e com outras quaesquer cousas, com a mesma liberdade, e ir ás suas patrias, ou a outras quaesqner terras, que lhes parecer sem impedimento algum, salvos porem todos os estatutos e leis dos sobreditos lugares respectivamente.

3.º

Item, que os povos e habitantes desta Republica possão em os Reinos, Provincias, Territorios e Ilhas de ElRey de Portugal comprar, usar, e gozar de todo o genero de fazendas, bens, e mercadorias da primeira mão e compra, assi por miudo, como por grosso, quando e em qualquer lugar que elles quizerem, nem sejão constrangidos a compralas aos contractadores ou estanqueiros, nem por preço defenito e taxado: e outrosy que possão á sua vontade vender, negociar, e transferir quaesquer bens, fazendas, e mercancias dos sobreditos Reinos e dominios, pagando somente os tributos, e direitos do consulado devidos pelas fazendas que se levão fora do Reino, na conformidade que se pagarão em 10 de março pelo estilo velho, e em 20 do mesmo mez pelo es-

2.dus

Item uti inter Rempub. Angliae, et Regem Portugalliae, eorumque populos, subjectos, incolasque tam per terram, quam mare, flumina, et aquas dulces in omnibus, et singulis regionibus, terris, dominiis, territoriis, provihciis, insulis, coloniis, urbibus, oppidis, pagis,. portubus, et finibus sit liberum commercium quibus in locis commercium aut antea fuit, aut nunc est, ita ut absque ullo salvo conductu, aliaque licentia generali, aut speciali tam per terram, quàm mare, flumina, et aquas dulces populus, subjecti, incolaeque alterutrius possint in praedicta dominia, et regna, omnesque eorum urbes, oppida, portus, littora, sinus, locaque venire, intrare, et navigare, et cum plaustris, equis, sarcinis, navigiis tam onustis quàm onerandis merces importare, emere, vendere in iisdem quantum voluerint commeatum, resque ad victum, et profectionem necessarias justo pretio sibi parare, reficiendis navigiis, et vehiculis propriis, vel conductis, aut commodatis operam dare, atque inde cum bonis, mercibus, aliisque rebus quibuscumque cum eâdem libertate discedere, indeque ad patrias proprias, vel alienas quomodocumque velint, et sine impedimento exire, salvis tamen utriusque loci legibus, et statutis omnibus.

1654 Julho 10

3.tius

Item uti populi, incolaeque hujus Reipub: quodlibet genus mercium, bonorum, mercimoniorum coemere, iisque uti fruique possint in regnis, provinciis, territoriis, insulis que Regis Portugaliae prima coemptione, sive particulatim, sive quocumque numero, aut mole, quando, et quocumque loco libuerit, neque à Propolis aut Monopolis comercari cogantur, neque pretio definito circumscribantur; possint item pro lubitu vendere, negotiari, libereque transportare quaelibet bona, merces, aut mercimonia ex praedictis regnis, et dominiis solventes dumtaxat portoria, et tributa consulatus pro bonis exportatis debita, prout soluta erant decimo die Lartii styl. vet. vicesimo autem styli novi anno millesimo sexcentesimo quinquagesimo $\frac{\text{tertio}}{\text{quarto}}$. Quantum vero ad emptio-

1654 Julho 10 tilo novo, o anno de 1653; e no tocante ás vendas e compras por meio e intervenção de corretores, o sobredito povo desta Republica gozará, e terá os mesmos privilegios, liberdades, e isenções, que gozão, e tem os mesmos Portuguezes: e nos mais actos, e contratos que fizer, se não usará com elle de mais rigor do que se usa com os naturaes Portuguezes; e outrosy o privilegio antigo, a que chamão Foral, e os mais privilegios, e immunidades, que por todos, ou por alguns dos Reys Portuguezes, em algum tempo forão concedidas á nação Ingleza, se confirmarão de novo, para que os povos, e habitantes da dita Republica possão gozar dellas, e juntamente de todos os mais privilegios e immunidades, que já estão, ou de aqui em diante serão concedidas a qualquer nação, Reino, ou Republica confederada com o sobredito Rey de Portugal.

4.º

Item, que todas as vezes que os povos e habitadores desta Republica entrarem com suas náos em algum porto de ElRey de Portugal, não sejão constrangidos pelos ministros, officiaes, e vassallos do dito Rey a carregarem em as ditas suas náos outras especies, e quantidades de bens e fazendas, que as que elles quizerem, e que em quanto ally se detiverem, os guardas, ou officiaes, que se puzerem em suas náos, não passem de dous, e na descarga dellas se não faça demora, e tardança inutil; e se os ditos navios carregados de fazendas suas, se não descargarem no espaço de dez dias, e os cargados de peixe, e mantimentos em tempo de quinze, depois de entrados no porto, com tudo não serão obrigados a pagar estipendio algum, ou contia de dinheiro, ou outro qualquer galardão aos ditos guardas e officiaes, nem por seu respeito pagarão cousa alguma mais que em rasão dos sobreditos dez, e quinze dias respectivamente.

5.º

Se succeder que os subditos do Serenissimo Rey de Portugal, ou outras pessoas dentro dos Reinos e dições do sobredito Rey, e seus bens e fazendas sejão presas, embarga-

nes et venditiones mediantibus proxenetis dictus populus hujus Reipub: iisdem libertatibus, privilegiis, et exemptionibus cum ipsis Portugallis fruetur, et utetur, neque in caeteris auctionibus eorum, aut contractibus durius cum iis agetur quàm cum ipsis nativis, et indigenis, utque antiquum Forale dictum, omniaque privilegia, et immunitates Anglis ullo tempore ab omnibus, ullisve Portugalliae Regibus antehac concessae edicto confirmentur, quo populi, incolaeque praedictae Reipub: illis frui possint, unà cum omnibus aliis privilegiis, atque immunitatibus, quae ulli nationi, regno, aut Reipub: praedicto Portugalliae Regi foederatae vel jam sunt, vel posthac erunt concessae.

1654 Julho 10

4.tus

Item uti quotiescumque populi, incolaeque hujus Reipub: naves suas ullos ad portus Regis Lusitaniae appulerint, dicti populi, incolaeque ne cogantur à ministris, officialibus, et subjectis praedicti Regni onerare, aut imponere in naves suas alias species, et quantitates bonorum, et mercium, quàm iisdem placuerit, neve dum illic morabuntur, plures duobus ad summum custodibus, aut officialibus eorum navibus praeficientur, in quibus exonerandis nulla inanis erit cunctatio. Et si dictae naves, et navigia siccis mercibus onusta intra decem dierum spatium, navesque, et navigia piscibus, et commeatu referta intra spatium quindecim dierum non exonerentur, postquam portum intrarint, non tamen solvere tenebuntur ullum stipendium, argenti summam, aliamve mercedem dictis custodibus, seu officialibus, nec eorum gratia aliquid amplius impendent quàm pro decem, et quindecim diebus illis respectivè praedictis.

5.tus

Item si contigerit subditos Serenissimi Portugalliae Regis, aliosve inter regna, et ditiones Regis praedicti, eorumque merces, et bona à Curiae Inquisitionis officio, ejusdemve

1654 Julho 10 das, ou occupadas pelo officio da Inquisição, seus juizes e ministros, ou pelo fiscal de ElRey, as quaes pessoas devão, ou possão dever dinheiro a algum vassallo desta Republica, as ditas dividas se pagarão inteiramente dos bens e fazendas sobreditas dentro de seis mezes proximos seguintes á prisão, ou occupação sobredita, sem impedimento ou molestia alguma por parte da dita Inquisição, ou de seus ministros: que se entre os sobreditos bens e fazendas asy tomadas e occupadas, alguns bens e fazendas do dito povo e habitantes se acharem em especie, ellas se restituirão sem dilação a seus donos.

6.º

Item, que os capitães, mestres, officiaes, e marinheiros das náos desta Republica, ou de algum de seus povos, não intentem demandas, nem dêm molestia alguma ás sobreditas náos ou povos desta Republica dentro dos Reinos e dominios de ElRey de Portugal, sob titulo de seu estipendio ou salario com este pretexto, de que professão a Religião Romana, nem com esta, ou com outra causa se empenhem no serviço de ElRey de Portugal, ou por outra qualquer via desemparem as náos, em que vinhão embarcados: que se alguns delinquirem nesta parte, dando-se os seus nomes ao magistrado e officiaes daquelle lugar, onde estiverem, o dito magistrado os obrigará a tornar ás náos, e se acaso elles se não puderem achar, será licito ao mestre de tal embarcação reter seus vestidos, bens, ou salario para reparação dos damnos.

7.º

Os Consules que daqui em diante morarem em qualquer parte do dominio portuguez pera emparo e patrocinio dos vassallos desta Republica, serão nomeados, e postos pelo Senhor Proteitor, e assi nomeados com tanta autoridade exercitarão este cargo com quanta os Consules desta, ou de qualquer nação de presente o exercitão, ou daqui em diante o exercitarem em dominios do sobredito Rey, posto que não professem a Romana Religião: e para se julgarem todas as cousas que pertencerem aos povos desta Republica se depu-

judicibus, aut ministris, aut a Regis fiscale capi, sisti, aut occupari, qui ulli ex populo hujus Reipub: debitores aeris sunt, vel erunt, praedicta debita ex bonis et mercibus praedictis integrè solvantur intra sex menses post nexum, vel occupationem praedictam proximè sequentes, sine impedimento, aut molestia à dicta Curia, ejusve judicibus, aut ministris quocumque, quod si inter praedicta bona, et merces ita captas, et occupatas aliqua bona, et merces dicti populi, et incolarum in specie extiterint, eadem dictis iisdem illico restituantur.

1654 Julho 10

6.tus

Item uti capitanei, magistri, officiarii, et nautae navium hujus Reipub: ullorumve ejus populorum ne intendant lites, neve molestiam ullam exhibeant praedictis navibus, aut populo hujus Reipub: intra regna et ditionem Regis Portugalliae, stipendii, sive salarii sui nomine, hoc obtentu se nempe Romanam Religionem profiteri: neve se hoc, vel alio obtentu in servitium Regis Portugalliae addicant, aliove modo à navibus, quarum ex contubernio sunt, secedant, quod si eâ in parte deliquerint, delatis eorum nominibus, ad naves revertere ab illius loci magistratibus, et officialibus cogantur; quod si reperiri nequeant, magistro illius navis, aut navigii eorum vestimenta, bona, aut stipendium retinere ad damnorum reparationem licitum sit.

7.mus

Item uti Consules, qui posthac ullâ in parte ditionis Portugalliae auxilii, ac praesidii causâ populi hujus Reipub: commorabuntur, à praedicto Domino Protectore deinceps nominentur, et praeficiantur; atque ita nominati eandem authoritatem obtineant, atque exerceant quam ullus Consul vel hujus, vel alterius cujuscumque nationis aut in praesentiarum exercet, aut in posterum exercebit in ditionibus praedicti Regis, quantumvis Romanam Religionem non profiteantur. Ad causas item omnes, quae ad hujus Reipub: populum

1654 Julho 10 tará hum juiz Conservador, de cujas sentenças se não poderá apellar senão para o Senado da Relação, aonde as controversias nascidas se haverão de findar dentro de quatro mezes, ao mais tardar.

8.º

Item, se algum dos vassallos desta Republica vier a fallecer nos Reinos e senhorios do Serenissimo Rey de Portugal, os livros de contas, bens, e mercadorias do defuncto, ou de outros vassallos desta Republica não serão tomados, nem occupados pelos juizes dos orfãos, e ausentes, nem por seus ministros, ou officiaes, nem serão sujeitos á sua jurisdição, mas os ditos bens, mercadorias, e livros de contas se entregarão áquelles mercadores, ou procuradores inglezes, que viverem em aquelle lugar, deputados, ou nomeados pelo defuncto, que se elle em sua vida não tiver nomeado pessoa alguma para este effeito, os sobreditos bens, mercancias, e livros por autoridade do juiz Conservador se entregarão a dous ou mais mercadores inglezes, que por pluralidade de votos dos mais mercadores assistentes em aquelle lugar forem eleitos, e aprovados pelo Consul de Inglaterra, dando primeiro caução por abonados fiadores, que o dito Consul haverá de aprovar, de como restituirão os ditos bens, mercancias, e livros aos legitimos donos, ou a seus verdadeiros credores; e os bens que constar serem do falecido se entregarão a seus herdeiros, executores, ou credores.

9.º

Item, não poderá ElRey de Portugal, nem algum de seus ministros deter, embargar, ou prender algum mercador, mestre, marinheiro, náo, fazendas, ou outros bens que forem desta Republica, ou de algum de seus povos, e vassallos, seja para a guerra, seja para outros quaesquer usos, sem que o Senhor Protector, ou as pessoas a quem as ditas náos, e fazendas pertencerem, sejão primeiro avisados, e houverem dado seu consentimento a este fim; mas poderão os ditos navios, homens, e fazendas livremente, e sem impe-

spectaverint dijudicandas, judex Conservator deputetur, à quo nulla dabitur provocatio, nisi ad Relationis Senatum, ubi controversiae ortae interpositis appellationibus intra quatuor mensium spatium ad summum finiantur. 1654 Julho 10

8.vus

Item quod si ullus ex populo hujus Reipub: intra regna et ditiones Serenissimi Regis Portugalliae è vivis excesserit, libri, rationes, merces, et bona ejusdem, aliorumve ex populo hujus Reipub: uti ne capiantur, neve occupentur ab judicibus orphanorum, et absentium, aut ab eorum ministris, aut officialibus, neque eorum jurisdictioni obnoxia erunt; verum uti eadem bona, merces, et rationes iis institoribus, aut procuratoribus Anglis tradantur, qui eo in loco commorabuntur à defunctis nominati, vel deputati; quod si is, dum in vivis erat, nullos nominaverit, eadem bona, merces, et rationes ex authoritate judicis Conservatoris duobus, pluribusve mercatoribus Anglis tradantur, qui pluribus caeterorum mercatorum suffragiis eo in loco versantium eligentur, et à Consule Anglicano approbati erunt, datâ prius cautione per idoneos fide jussores ab eodem Consule approbandos de iisdem bonis, mercibus, et rationibus legitimis dominis, aut eorum veris creditoribus restituendis; et bona, quae defuncti esse constiterit, tradentur haeredibus, executoribus, vel creditoribus ejusdem.

9.nus

Item uti nec Portugalliae Rex, neve ullus ex ministris ejus detineat, arrestet, nexuve occupet ullos mercatores, naucleros, gubernatores, nautasve, eorum naves, merces, aliave bona, quae vel hujus Reipub: vel ullius ex populo ejus fuerint, sive ad belli, sive ad alios quoscumque usus, nisi Dominus Protector, aut ii, ad quos illae naves, bonaque pertinuerint, eâ de re prius moneantur, suumque assensum praebuerint. Verum ut praedictae naves, homines, ac bona possint liberè sine ullo à praedicto Rege, ullisve ejus minis-

1654 Julho 10 dimento causado pelo dito Rey, ou seus ministros, sair a seu arbitrio e vontade dos portos, e dominios do sobredito Rey, nem a venda das fazendas e bens dos vassallos desta Republica se prohibirá, ou retardará com pretexto de que ElRey necessita delles, nem por outra qualquer causa, nem outrosy se poderão divertir em uso de ElRey, ou em outros quaesquer usos sem o consentimento dos interessados.

10.º

Item, que o povo e vassallos da Republica Anglicana possão livremente transportar em seus navios todo o genero de fazendas, e mercadorias, armas, mantimentos, ou outras cousas semelhantes dos portos e dominios da dita Republica, ou de outros quaesquer para os territorios, e portos de ElRey de Castella, com tanto que os sobreditos generos se não hajão immediatamente levados (*sic*) dos portos de Portugal, e de seus dominios, nem poderão o Serenissimo Rey de Portugal, ou seus vassallos com embargos, represalias, ou por qualquer outra causa impedir os ditos homens, fazendas, e náos, que seguramente não possão navegar para os portos e territorios do sobredito Rey de Castella, e nelles commercear. Poderão outrosy os povos desta Republica livremente levar aos Reinos, portos, e terras de ElRey de Portugal assy armas, trigo, e peixe, como outras quaesquer fazendas, e vendellas á sua vontade e arbitrio, ou por grosso, ou por miudo, a quaesquer homens, e por qualquer preço que puderem, nem se lhes porá impedimento, prohibição, ou limitação pela dita Real Magestade, ou por seus ministros, governadores, contratadores, estanqueiros, cameras, ou por outro qualquer magistrado, de particular ou publica jurisdição, e os bens é mercadorias que tiverem satisfeito aos tributos e direitos em quaesquer portos de S. Magestade, poderão ir livremente a outros quaesquer portos e lugares sogeitos á dita Magestade sem que paguem outro qualquer ou maior direito, ou contia de dinheiro do que pagarião os mercadores Portuguezes, se os ditos bens e fazendas lhes pertencessem.

tris impedimento ab illis portubus, ac ditionibus dicti Regis suo arbitratu discedere. Ut quae venditio mercium, bonorumque populi hujus Reipub: ne prohibeatur, differaturve hoc obtentu Regi nimirum eis opus esse, per causamve aliam quamcumque, neve ad usum Regis avertantur, aliosve ad usus quoscumque, nisi illi quorum interest assenserint. 1654 Julho 10

10.mus

Item uti populus Reipub: Angliae in navibus suis omnes res, bona, et merces cujuscumque generis fuerint, etiam arma, annonam, aliave similia e portubus, et dominiis dictae Reipub: aliisve portubus et dominiis quibuscumque (dummodo immediate ex portubus Portugalliae, ejusve ditionum ne sint exportata ad quoscumque portus, et territoria Regis Castellae transvehenda) liberè exportari possint; utque Serenissimus Rex Portugalliae sive subjecti per pignorationes, repressalias, aut aliam quamcumque causam dictas naves, bona, aut homines ne impediant, quominus ad portus, et territoria dicti Regis Castellae tuto navigare, ibique commercium habere possint. Utque populi hujus Reipub: in regna, portus, et territoria Regis Portugalliae tam arma, frumentum, pisces, quàm alia omnia mercium genera liberè importare possint, eaque suo arbitratu vel particulatim, vel integra mole vendere quibuscumque hominibus, quove possint pretio, neve à praedicta Majestate Regia, ejusve ministris, praefectis, redemptoribus, monopolisve, ab ulla ve camera, jurisdictioneve quacumque privatae vel publicae curiae vetentur, circumscribantur, inhibeanturve. Utque bona, mercesque, quae custumas, sive portoria modo solverunt in quisbuscumque Majestatis Suae portubus, libere transvehantur in quoscumque alios portus, locave dictae Majestatis absque solutione alterius cujuscumque, seu ulterioris custumae, portorii, seu argenti summae, praeterquam ejus quam Lusitani mercatores solverent, si bona, et merces ad illos pertinuissent.

11.º

1654 Julho 10 *Item,* que os povos e subditos da Republica de Inglaterra livre e seguramente negociem e tenhão commercio de Portugal ao Brazil e mais conquistas do sobredito Rey na India Occidental, e do Brazil e ditas conquistas ao Reino de Portugal em todo o genero de fazendas e mercadorias, excepto farinhas, peixe, vinho, azeite, e páo Brazil, generos prohibidos por ElRey por contrato feito com a Companhia do Brazil, pagando aquelles direitos e tributos que costumão pagar os que negocião em aquellas partes, e com condição que as náos inglezas fretadas pelos Portuguezes haverão de navegar unidas com a frota portugueza, nem os ditos povos e vassallos vindo de algum dos portos e lugares do Brazil, e sobreditas conquistas, a quaesquer dominios do dito Rey serão obrigados a descargar suas náos, ou pôr em terra as fazendas que pertencerem a Inglezes; mas os officiaes das alfandegas farão pesar em as náos as ditas fazendas para por ellas se pagarem os tributos e imposições devidas; nem se pedirá, ou pagará aos officiaes de ElRey maior direito, contia de dinheiro, ou despesa, que se as ditas fazendas fossem desembarcadas em terra, nem tão pouco se interporá dilação alguma em expedir, e despachar as sobreditas náos. E depois de haverem chegado a quaesquer outros dominios do dito Rey, pagos os direitos e tributos sobreditos, poderão livremente fazer viagem a qualquer outro porto ou lugar, e as fazendas carregadas em navios inglezes, ou por vassallos do dito Rey, ou por outras pessoas, para serem transferidas a qualquer parte dos senhorios de Portugal, não pagarão maiores direitos, nem differentes tributos, do que ouverão de pagar, se fossem cargadas em navios portuguezes. Tambem poderão os povos, e vassallos da Republica Anglicana livremente navegar para as colonias, ilhas, regiões, portos, districtos, povoações, e emporios pertencentes a ElRey de Portugal na India oriental, Guiné, ilha de São Thomé, e outras partes na costa de Africa, e assy fazer demora, negociar, e exercer commercio, por terra, mar, rios, e aguas doces, com quaesquer fazendas, e transferir toda a sorte de

11.mus

Item uti populus et incolae Reipub: Angliae liberè et tuto negotientur, et commercium habeant à Portugallia ad Brasiliam, aliaque conquesta dicti Regis in India occidentali, et à Brasilia, et dictis conquestis ad Portugalliam in omne genus, bonis, et mercantiis quibuscumque, exceptis farina, piscibus, vino, oleo, et ligno Brasiliensi, quibus à Rege interdicitur per contractum cum Societate Brasiliensi, pendentes jura et costumas illas, quas alii pendunt, qui in istis regionibus negotiantur, et proviso quod naves Anglicanae conductae à Lusitanicae inter navigandum classi Lusitanicae adjungendae sunt; et quod dictus populus, et incolae ab ullis è dictis portubus, et locis in Brasilia, et dictis portubus, et locis in Brasilia, et dictis conquestis, ad quaeviscumque dominia dicti Regis appellentes naves suas exonerare, ullave bona ad Anglos pertinentia exponere non cogentur. Verum officiales teloniorum bona, dum in navibus sunt, ponderari faciant, quo debita pro iis vectigalia et jura solvantur, et quod nullum gravis vectigal, aut tributum, neve major pecuniae summa, vel impensa exigetur, aut officialibus Regis solvetur, quam si bona in terram exposita essent, nec in expediendis, et demittendis dictis navibus ulla mora trahetur: et postquam in quaecumque alia dominia dicti Regis appulerint, solutis juribus et custumis antedictis, dein libere iter capessant ad quemcumque alium portum, aut locum, et bona imposita navibus Anglis, vel à subditis dicti Regis, vel ab aliis ad quamcumque partem dominiorum dicti Regis transvehenda nullatenus pendent majores consuetudines, seu diversa alia jura, quam si navibus Lusitanicis essent imposita; atque etiam uti populus et incolae Reipub: Angliae libere possint navigare in colonias, insulas, regiones, portus, districtus, oppida, pagos, et emporia ad Regem Portugalliae pertinentia in India orientali, Guinea, Binea, et Insula Sancti Thomae, et alicubi in oris, et litoribus Africae, atque inibi commorari, negotiari, et commercium exercere terra, mari, fluminibus, et aquis dulcibus in bonis et mercimoniis quibuscumque, et omne genus mercantiarum in aliquem locum,

1654 Junho 10

1654 Julho 10 mercancias a algum lugar ou região com a liberdade sobredita, e com aquella que em algum tempo por qualquer tratado foi concedida, ou de aqui em diante se concederá aos vassallos de qualquer outro estado, amigo e confederado; e no tocante aos direitos que se ouverem de pagar em aquelles regiões, os ditos vassallos da Republica Anglicana os não pagarão maiores do que os costumão pagar quaesquer pessoas que negoceão em qualquer dos ditos lugares e regiões; e outrosy ElRey de Portugal, ou seus vassallos, assy a Companhia do Brazil, como os mais, todas as vezes que necessitarem de navios estrangeiros para a navegação e commercio do Brazil, ou para as costas e ilhas sobreditas, ou para outras partes, fretarão pelo solicito (*sic*) e ordinario preço as náos que puderem desta Republica, e de seus vassallos, e outras nenhumas de outro Princepe ou Republica, achandose numero de baixeis inglezes sufficiente para os sobreditos usos, excepto que a Companhia Brasilense poderá á sua vontade e eleição fretar de outra qualquer nação duas náos de guerra, e outras quatro para peixe, e mandalas ao Brazil, na conformidade que se contem na escritura das liberdades á dita Companhia, concedidas por patente real; e que assy a dita Companhia do Brazil, como todos os mais vassallos do sobredito Rey, que exercitão a mercancia, fretarão livremente, e sem alguma licença geral, ou especial, que primeiro se haja de impetrar, aquelle numero de navios inglezes, que lhes parecer, e nelles navegarão para o Brazil, e para as mais conquistas do dito Rey na India occidental: e o salario da carga, e da mora que tiverem entre sy ajustado, hira correndo, e se terá delle conta até sua total satisfação, posto que exceda o estipendio do tempo estabelecido e concertado.

12.º

E por o Serenissimo Rey de Portugal por decreto passado em Lisboa em 21 de janeiro de 641, e sellado com o seu sello, tem concedido livre faculdade aos habitantes e subditos dos Estados de Hollanda de poderem introduzir, e levar de seus reinos, dominios, e territorios todo o genero de

seu regionem eâdem qua prius libertate transvehere; atque etiam eadem, quae ullo antehac tempore in quovis tractatu concessa fuit, vel incolis alterius cujusvis nationis foedere, et amicitia sociatae in posterum concedatur. Quantum vero ad custumas et vectigalia in iis regionibus solvendo non pendent majora vel graviora iis quae penduntur à quavis persona vel personis in quovis dictorum locorum seu regionum negotiantibus. Atque etiam uti Rex Portugalliae, subditive ejus, tam Societas Brasiliensis, quam omnes alii, quoties naves exterae ad navigationem, et mercaturam Brasiliensem exercendam, vel ad oras, et insulas praedictas, vel alibi opus iis erunt, eas hujus Reipub: ejusque populi solitis, et ordinariis pretiis quas poterunt, conducent, nullasque alias ullius Principis, aut Reipub: modo adsit numerus Anglicarum navium illorum usibus sufficiens, excepto quod fraternitas Brasiliensis poterit duas naves apparatu bellico instruendas, et quatuor alias piscibus ad Brasiliam mittendas à quaviscumque natione pro libitu suo conducere, prout continetur in carta libertatum per diploma regium ei concessa; et quòd tam Societas Brasiliensis quàm omnes alii subditi dicti Regis, qui mercaturam exercent, libere absque ulla licentia generali, vel speciali prius impetranda naves Anglicas quocumque numero iis placuerit conducent, inque iis navigent in Brasiliam, caeteraque conquesta dicti Regis in India occidentali, quodque stipendium onerandi, et commorandi convenerit, id uti procedat, ejusque ratio habeatur donec totum solvatur, quamvis etiam pacti temporis stipendium superarit. 1654 Julho 10

12.^{mus}

Item et cum Serenissimus Rex Portugalliae per rescriptum suum sigillo suo munitum, datum in Urbe Ullyssiponis vicesimo primo Januarii anno nativitatis Domini nostri 1641 incolis terrarum subjectarum dominio Ordinum Hollandiae &.ª liberam facultatem concesserit omnia genera mercium

1654 Julho 10 mercadorias, os povos da Republica Ingleza terão e gozarão da mesma faculdade em os reinos e senhorios do sobredito Serenissimo Rey de Portugal.

13.º

Item, nenhum alcayde, ou outro official de S. Magestade poderá prender, ou molestar nenhum vassallo desta Republica de qualquer gráo, ou condição que seja, salvo em caso de crime, e comprehendido no delicto, sem que proceda ordem por escripto do juiz Conservador para este effeito; e os sobreditos povos de Inglaterra no tocante a sua pessoa, domicilios, livros de contas, interesses, fazenda, e bens, terão dentro do dominio do Serenissimo Rey de Portugal a mesma immunidade de prisões, embargos, e outras quaesquer molestias, que se concedeu, ou daqui em diante se conceder a qualquer outro Princepe, ou povo confederado com ElRey de Portugal, nem por algum salvo conducto, ou patrocinio, que se ouver de conceder aos subditos do sobredito Rey, ou outras pessoas dentro de seus senhorios, serão os ditos povos impedidos de poderem cobrar suas dividas, mas poderão chamar a juizo a qualquer homem emparado de qualquer patrocinio, salvo conducto, ou privilegio que possa ser, em rasão de qualquer justa divida.

14.º

E porque se não seguiria o fruito e utilidade do commercio, e da paz, que se espera, se os vassallos da Republica Anglicana fossem inquietados em razão de suas consciencias, em quanto vão e vem pelos reinos e senhorios do sobredito Rey de Portugal, ou nelles fazem morada por causa da permutação de fazendas, para que por mar e por terra seja livre e seguro o commercio, terá o dito Rey cuidado, e fará com efficacia que por nenhum homem ou tribunal sejão os ditos vassallos inquietados e molestados em suas consciencias, ou por trazerem comsigo e usarem de Biblias Inglezas, ou de outros livros, e será licito aos povos desta Republica em suas

invehendi, evehendique à regnis, dominiis, et territoriis suis: uti populus Reipub: Angliae eadem facultate in regnis et dominiis dicti Serenissimi Regis Portugalliae utatur, fruaturque. 1654 Julho 10

13.tius

Item uti nullus Alcaydes vulgo dictus, aliusve Regiae Majestatis officialis ullum ex populo hujus Reipub: cujuscumque gradus, aut conditionis fuerit, praeterquam in causa criminali, et ipso facto deprehensum arrestare, aut interpellare possit, nisi ab judice Conservatore potestate ad id scripto prius factâ. Utque populus praedictus alioquin quoad corpora, domicilia, rationum libros, interesse, merces, bonaque sua intra ditionem Serenissimi Regis Portugalliae, pari, eademque fruatur immunitate à carceribus, arrestationibus, aliisque molestiis quibuscumque, quae alii cuicumque Principi, populoque cum Rege Lusitaniae foederato concessa est, aut deinceps concedetur; neque per ullum salvum conductum, aut patrocinium ejusdem Regis subditis, aliisve in ejus ditione versantibus concedendum, suo jure prohibeantur, quo sua debita recuperare queant, verum uti quemcumque hominem in jus vocare possint in cujuscumque domum patrocinium recipiendum, sive quovis diplomate munitum, sive redemptorem, sive alio quovis privilegio donatum, justi cujusvis debiti causa.

14.tus

Item quandoquidem verò jura commercii, et pacis irrita forent et inutilia, si populus Reipub: Angliae conscientiae causa inquietarentur, dum ultro citroque commeant ad Regna et dominia dicti Regis Portugalliae, vel illic mercium commutandarum gratia hospitantur, ut igitur terra, marique liberum et securum sit commercium, dictus Portugalliae Rex id efficaciter aget, et providebit ne à quoviscumque homine, curia, vel tribunali ante dictae conscientiae gratia molestentur, aut inquietentur, vel propterea quod secum habeant, vel utantur Bibliis Angliis, aliisve libris; utque liberum sit populo hujus Reipub: in privatis aedibus unà cum familiis

1654 Julho 10 cazas particulares, e juntamente com suas familias em quaesquer senhorios do dito Rey de Portugal, guardar e professar sua religião, exercitala em suas náos, e embarcações como lhes parecer, sem molestia ou impedimento algum. Finalmente se lhes deputará hum sitio idoneo para a sepultura dos mortos; porem terão os Inglezes cuidado de não exceder o que se lhes concede por este artigo.

15.°

Se succeder pelo tempo adiante nascerem algumas controversias, ou duvidas entre hum e outro Estado com perigo de se interromper o commercio de ambas as nações, avisar-se-hão publicamente os povos e vassallos de huma e outra parte por todos os Reinos e provincias de ambos os Estados, e se lhes dará o tempo de dous annos despois deste aviso, para que possão transferir suas pessoas, e todos os seus bens, náos, fazendas, e mercancias, sem impedimento, molestia, e aggravo que entre tanto se faça a elles, ou a suas fazendas, e será licito aos povos e vassallos sobreditos reciprocamente aquelles a quem no tempo deste publico aviso se dever alguma cousa, arrecadar legitimamente as suas dividas em aquelles lugares e senhorios, onde se deverem, dentro do sobredito espaço biennal, e se lhes fará justiça com brevidade, e com effeito de modo que possão conseguir o que lhes pertencer dentro do tempo limitado.

16.°

Item, se durante esta confederação e amizade acontecer que algum dos povos e vassallos de hum e outro Estado faça, ou intente cousa alguma contra esta alliança, ou alguma parte della por mar, terra, rios, ou aguas doces, nem por isso a dita confederação e amizade entre as nações sobreditas se interromperá, ou quebrará; mas permanecerá inteira, e terá sua plenaria força e vigor, e somente se punirão os particulares, que contra a dita confederação ouverem delinquido, e não outra pessoa alguma, fazendose justiça, e dandose satisfação aos interessados por parte de aquelles que

intra quaecumque dominia dicti Regis Portugalliae religionem suam observare, et profiteri, atque eandem in navibus, et navigiis suis exercere, prout illis visum fuerit, absque omni molestia vel impedimento. Denique ut locus mortuis sepeliendis idoneus eis assignetur. Provideant tamen Angli ne excedant quod scriptum est in hoc Articulo. 1654 Julho 10

15.tus

Item si acciderit posthac ut ullae controversiae, dubiaque intra praedictas Reipub: oriantur, unde interrumpendi inter utramque gentem commercium periculum esse possit, populis, subditisque partis utriusque per omnia utriusque Regna, et provincias publica monitio danda erit, bienniique spatium ab illa monitione ad se bona, naves, merces, et facultates quascumque transportandas sine ulla molestia, impedimento, aut damno sibi, bonisve suis interea illato; dictisque populis atque subditis utrinque licitum erit, quibus publicae monitionis tempore debita alicubi erunt, ea intra dictum biennium iis in locis, et ditionibus ubi debentur legitimè exigere; utque exinde jus iis expeditum, et cum effectu reddetur, ita ut creditores ejusmodi intra tempus praefinitum sua consequi possint.

16.tus

Item si acciderit ut quandiu foedus, amicitia, et societas haec duraverit ab ullo ex populis, aut incolis alterutrius partis praedictae, contra hoc foedus, aut ullam ejus partem mari, terra, fluminibus, aut aquis dulcibus quicquam fiat, aut tentetur; amicitiam hanc, foedus, et societatem inter hasce nationes non idcirco interrumpi, aut infringi, verum integram nihilominus durare, plenamque vim suam obtinere, tantummodo illos ipsos qui contra foedus praedictum commisserint singulos puniri, aliumque neminem, justitiamque reddi, et satisfactionem dari illis omnibus quorum id interest

1654 Julho 10 por terra, mar, rios, ou agoas doces contra esta amizade tiverem cometido alguma cousa, em Europa, ou em outro qualquer lugar dentro do Estreito de Gibraltar, ou em America, e na costa de Africa, ou em quaesquer Ilhas, mares, estreitos, enseadas, rios, ou em outra qualquer parte áquem dó Cabo da Boa Esperança, dentro de hum anno, depois que se tiver pedido justiça, e em todos os lugares, com a especificação acima, alem o sobredito Cabo, dentro de anno e meio depois de se havér feito requérimento. Que se os infractores desta confederação não se apresentarem em juizo, nem derem satisfação dentro deste ou aquelle espaço de tempo acima limitato segundo a distancia do lugar, os taes serão julgados por inimigos de hum e outro Estado, e seus bens, fazendas, e rendas se confiscarão, e se despenderão em satisfação justa e inteira das injurias e damnos que tiverem feito, e caso que huma ou outra das ditas nações os venha escolher[1], serão sujeitos áquellas penas que cada hum delles merecer por suas culpas.

17.º

Item, se incidir alguma controversia entre os ministros e officiaes do sobredito Rey, e os ditos mercàdores, tocante á bondade do peixe, ou outro qualquer mantimento, que se leve ás terras e senhorios do dito Rey, decidirseha esta controversia por arbitrio de homens honrados portuguezes, que o magistrado do tal lugar, e o consul inglez elegerem, os quaes de modo julgarão este negocio, que em quanto se altercar não venha o dono da fazenda a padecer detrimento.

18.º

Item, será licito e permittido ao povo e vassallos de huma das duas nações entrar nos portos da outra, e nelles fazer detença, e com igual liberdade partirse não só com navios mercantis, mas tambem com náos de guerra, e de comboy, seja que a tempestade os haja obrigado a entrar, seja que

[1] Assim está: mas o sentido pede que se lea — *os venha a colher.*

ab iis omnibus, qui terra, mari, fluminibus, aut aquis dulcibus contra hoc foedus quicquam commiserint ulla in parte Europae, aut ubivis locorum intra fretum Gaditanum, sive in America, vel per Affricae litora, ullisve in terris, insulis, aequoribus, aestuariis, sinibus, fluminibus, ullisve in locis cis Caput Bonae Spei, intra anni spatium quàm justitia postulabitur. In omnibus autem locis uti supra trans dictum Caput infra menses octodecim quàm justitia praedicto modo poscetur, et si foederis ruptores non comparuerint, neque se judicandos submiserint, neque satisfactionem dederint intra hoc vel illud temporis spatium pro loci longinquitate modò limitatum, praedicti illi utriusque partis hostes judicabuntur, eorumque bona, facultates, et quicumque reditus publicabuntur, plenaeque ac justae satisfactioni impendendi erunt earum injuriarum, quae ab ipsis illatae sunt, ipsique praeterea cum in alterutrius partis potestate fuerint iis paenis obnoxii erunt, quas suo quisque crimine commeruerit.

1654 Julho 10

17.mus

Item si qua inciderit controversia inter praedicti Regis inspectores, officiales, aut ministros, et dictos mercatores de bonitate piscium, vel cujusque penûs, qui ullas in ditiones praedicti Regis asportabitur, ea dirimetur bonorum virorum, modò Lusitani sint, arbitrio, qui a Magistratu illius loci, Consuleque gentis Anglicae a quo jure eligantur, qui rem ita dijudicabunt, ut nequid interim detrimenti, dum de re disceptatur, ad dominum perveniat.

18.vus

Item populo, subjectisve partis alterutrius ad alterius portus appellare, ibique commorari, indeque pari cum libertate discedere non solum cum navibus mercatoriis, et onerariis, sed etiam cum bellicis, et praesidiariis, et ad hostium vim propulsandam instructis, permissum esto, sive vi

1654 Julho 10 hajão tomado os taes portos para se concertarem, ou para comprar mantimentos, com tanto que as náos de guerra não excedão o numero de seis, se entrarão spontaneamente nem poderão as sobreditas náos fazer maior demora nos ditos portos, ou na costa, que a que for necessaria para o concerto dellas, ou para se comprar o de que necessitarem, por não dar occasião de se interromper o commercio de outras nações confederadas e amigas: que se alguma vez por qualquer caso chegar aos ditos portos hum numero de navios extraordinario, não lhes será licito entrar nelles, sem primeiro terem licença de quem for senhor do tal porto, salvo se constrangidos do impulso da tempestade, ou por alguma necessidade urgente o fizerão para evitarem o perigo do mar, e do naufragio; e neste caso farão logo presente ao governador, ou supremo magistrado de aquelle lugar a causa da sua chegada, nem se deterão em aquellas paragens mais tempo do que lhes permittir o governador, ou supremo magistrado sobreditos, nem farão nos ditos portos ou sitios acto algum de hostilidade, que possa redundar em detrimento de hum ou outro Estado.

19.º

Item, nem a dita Republica, nem o sobredito Rey permittirão que as náos e bens de hum delles, ou de seus vassallos respectivamente, que em algum tempo forem tomados dos inimigos, ou rebeldes do outro, e levados aos portos, lugares, e terras de seu dominio, se transfirão de seus donos e proprietarios a outras pessoas; mas os ditos bens e navios se restituirão aos ditos donos, ou a seus procuradores, com tanto que tratem de seu direito antes que se vendão e descarguem, e que dentro de tres mezes depois de tomados, e assim levados os ditos bens, e navios, provem o direito que tem nelles, ou produzão testemunhas de sua propriedade, e entretanto os sobreditos proprietarios pagarão as custas e gastos, que forem necessarios para a conservação e guarda dos ditos bens e fazendas.

20.º

Item, o povo e vassallos da Republica Ingleza, que em re-

tempestatis eò delatae fuerint, sive ad naves reficiendas, aut ad commeatum parandum appullerint, modò sex bellicarum numerum non superarint, si sponte eò pervenerint, neque diutius in portubus, vel circa littora haereant, aut commorentur, quàm ad naves reficiendas, aut ad alia necessaria comparanda opus erit, ne quid forte causae praebuerint interpellandi aliarum gentium commercii, quae amicitia et societate conjunctae fuerint, et si quando inusitatus aliquis navium numerus casu quovis ad eos portus accesserit, iis ne liceto portum intrare, nisi facta prius ab iis potestate quorum in ditione portus illi erunt, nisi vi tempestatis, aut impellente alia necessitate invito id fecerint, ad maris, et naufragii periculum evitandum, quod si acciderit, adventus sui illius loci praesidi, aut summo magistratui protinus aperiunto, neque diutius illic manento quàm per illius loci praesidem, aut summum magistratum licuerit, neque in illis portubus quod praedictae Reipub: aut Regi detrimento sit quicquam hostiliter faciunt. 1654 Julho 10

19.nus

Item ut neque Respub: praedicta, neque Rex naves, bonaque alterutrius, populive corum, quae erunt ab alterius hostibus aut rebellibus ullo tempore capta, atque ullos in portus, aut loca terrarum alterius, aut ditionum abducta, sinat a dominis, seu proprietariis transferri, verùm ipsis aut eorum procuratoribus eadem restituantur, proviso quod illi ad dictas naves, bonaque jus sibi vendicent, priusquam vendantur, et exonerentur, et intra tres menses postquam dictae naves, bonaque sic abducta fuerint, jus eorum vel probent, vel proprietatis testimonia producant, atque interea temporis sumptus necessarios pro servandis, et custodiendis dictis navibus, bonisque ipsi proprietarii solvent, et dependent.

20.mus

Item uti populus, et incolae Reipub: Angliae negotiandi

1654 Julho 10 zão do commercio fazem morada em os Reinos, dominios, e regiões sogeitas ao dito Rey, ou entrão em seus portos com embarcações, não pagarão por tonelagem, ancoragem, ou por outras despesas dos portos, outras contias de dinheiro, ou direitos, que os que se costumavão pagar a ElRey, ou á camara de Lisboa; que se outros por máo costume se introduziram, não se pagarão daqui em diante.

21.º

Item, não se poderá exigir dos vassallos desta Republica, assi em Lisboa, como em outro lugar, tributo algum para a capella de Sam George, nem elles em suas pessoas se poderão obrigar a encargo algum, nem a tomar armas, ou subministralas a outrem.

22.º

Os mercadores de huma e outra nação, seus caixeiros, criados, familias, feitores, ou mestres de navios, e marinheiros poderão livre e seguramente andar pelos senhorios, terras, provincias, costas, e portos da dita Republica, e do sobredito Rey, e os povos e vassallos de hum Estado poderão ter e possuir em quaesquer dominios do outro cazas proprias em que habitem, e armazens em que guardem seus bens, e mercadorias, todo o tempo que os alugarem, sem que alguem lhes dê molestia neste particular; poderão outrosy trazer espadas e armas, assy offensivas, como defensivas, segundo o costume e uso da terra, para que melhor possão defender suas pessoas e fazendas.

23.º

Item, todos os bens e fazendas dos sobreditos Rey e Republica, ou de seus povos e vassallos, embarcadas, e achadas em navios de inimigos de hum delles, serão com os ditos navios de boa presa, e confiscadas: porem todos os bens, e fazendas de inimigos de hum dos ditos Rey e Republica embarcadas em navios de huma das partes contrahentes, ou de seus povos e subditos, serão illesas e intactas.

causa commeantes in Regna, dominia, et regiones dicti Regis, aut ad portus suos cum navibus eorum appellentes ne pendant pro tonnagio, anchoragio, aliisve portuúm expensis, aliqua alia telonia, seu argenti summas, praeter eas quas Regi, seu camerae Ulyssiponensi pendere moris erat, si qua vero alia prava consuetudo introduxerit, in posterum ne solvantur. 1654 Julho 10

21.^{mus}

Item uti nullum tributum ab ullo ex populis hujus Reipub: sive Ulyssipone, sive alio in loco exigatur Sancti Georgii sacello impendendum, neque cogantur ipsi ulla munia in personis suis praestare, aut ullum genus armorum induere, aliisve suppeditare.

22.^{dus}

Item uti mercatores partis alterutrius praedictae, eorumque institores, famuli, familiae, negociatores, aliique ministri, nautae, naviumque magistri, et classiarii in ditionibus, territoriis, et regionibus praedictae Reipub: et Regis, necnon in eorum portubus, et litoribus tuto ac libere versari possint. Populusque et subditi unius in ullis alterius ditionibus aedes proprias, in quibus habitent, habere et possidere, necnon repositoria. in quibus bona, mercesque suas recondant, quandiu conduxerint, absque ulla a quopiam molestia. Item gladiis se cingere, armaque secum portare tam offensiva, quàm defensiva, secundum morem et consuetudinem loci, quò se ipsos, bonaque sua melius tutari possint.

23.^{tius}

Item uti omnia bona, mercesve dictae Reipub: aut Regis, eorumve utrinque populorum, aut subditorum in alterutrius hostium naves impositae, ibique repertae, cum ipsis navibus praedae sint, atque in publicum addictae; omnia autem alterutrius, bona mercesve in naves partis alterutrius, eorumve populi, aut subditorum impositae, in tactae sint.

24.º

1654 Julho 10 *Item*, que todas as dividas justas, que em rezão de mercadorias tomadas, ou compradas, ou finalmente de navios carregados, ElRey de Portugal deve aos Inglezes, antes e depois do sequestro de seus bens, se pagarão, e restituirão immediatamente dentro de dous annos proximos seguintes; e outrosy todas as fazendas, cauções, e garantias, que os Inglezes derão por quaesquer náos de antes carregadas por ElRey de Portugal, ou seus subditos, para navegarem ao Brazil, ou Angola, e depois deteudas em alguns portos de S. Magestade, ou occupadas, é tomadas dos Princepes Roberto e Mauricio, ou por qualquer via por ElRey de Portugal, ou seus officiaes e ministros impedidas de poderem dar complemento a seus contratos, serão de aqui em diante annulladas, e de nenhuma força e vigor, nem suas pessoas, náos, ou fazendas serão por ElRey, ou seus vassallos sobreditos embargadas, ou por algum modo molestadas em razão dos ditos contratos.

25.º

E por quanto o Parlamento passado, e o embaixador extraordinario de ElRey de Portugal convierão, e o sobredito embaixador no 2.º artigo dos seis preliminares (em os quaes a 29 de dezembro de 1652 consentirão) se obrigou em que todos os navios, dinheiro, dividas, e bens que pertencessem aos Inglezes, embargados, e deteudos em quaesquer dominios de ElRey de Portugal, livremente e sem dilação se havião de restituir em especie, achandose de igual valor e bondade que erão ao tempo da retenção, e não restituindose em especie, ou estando damnificados pela detenção, que se daria por elles satisfação, segundo o verdadeiro preço e valor que tinhão, quando logo os detiverão; e no que toca á compensação dos damnos, sendo elles por declaração do conselho de 15 de novembro de 1658 reduzidos a certa forma, e manifestando o dito conselho que não he sua tenção apertar e exigir com rigor a dita reparação, mas somente obrar conforme a razão e equidade, por onde se possa en-

24.tus

Item uti omnia justa debita, quae sumptarum, aut emptarum mercium nomine, aut oneratarum denique navium, Anglis, sive ante, sive post bona eorum sequestro posita, ad hoc usque tempus ab Rege Portugalliae debentur, persolvantur, et reddantur immediate infra biennium proxime secuturum, utque omnes satisdationes, cautiones, aut fidei jussiones ab Anglis datae ullas ob naves à Rege Portugalliae, ullisve subditorum ejus antehac oneratas, Brasiliae, aut Angolae oram petituras, et postea in ullis Majestatis Suae portubus detentas, vel à Principibus Ruperto seu Mauritio captas, et occupatas, vel à praedicto Rege, ullisve ex ejus officialibus, aut ministris quovismodo impeditas, quominus contractus suos praestare possent, dehinc cancellentur, rescindantur, irritaque fiant; utque nec personae suae, nec eorum naves, bonave sub arresto ponantur, vel ullatenus molestentur à praedicto Rege, ullisve ex ejus subditis nomine, et ratione contractuum praedictorum. 1654 Julho 10

25.tus

Item cum inter nuperum Parlamentum, et Legatum extraordinarium à Portugalliæ Rege convenerit, dictusque Legatus in secundo sex præliminarium articulorum, in quos 29.º decembris 1652 consensum est, sese obligaverit omnes naves, pecunias, bona, et debita ad quoscumque Anglos pertinentia, quæ in quibuscumque dominiis Regis Portugalliæ prehensa, et detenta fuerint, in specie protinus liberè restituenda fore, modo ejusdem valoris fuerint, atque in aedem bonitate permanserint, qua erant tempore detentionis. Sin minus in specie restituantur, vel si ex detentione deteriora facta sint, tum satisfactionem ob ea dandam juxta verum eorum pretium, quando primo detinebantur. Quantum vero ad damnorum compensationem, iis ex declaratione Concilii per chartulam suam 15.º Novembris an. 1652 in certum redactis, declaratoque à Concilio sibi deliberatum non esse reparationem summo jure urgere, atque exigere, sed quatenus dumtaxat æquitati, et rationi consentaneum erit, quod-

1654 Julho 10 tender a propensão de seu animo para a paz: isto supposto, o dito senhor embaxador se tem obrigado á compensação dos damnos recebidos; e no 5.º dos sobreditos artigos preliminares o mesmo embaxador prometeo em sua pessoa que todos os navios e bens dos Inglezes, que pelos Princepes Roberto e Mauricio, ou por qualquer náo a elles subordinada forão levados a Portugal, ou ainda estão no dito Reino, ou por via de outros, e por seu mandado tornarão a vir, se restituirão sem dilação aos donos, e proprietarios, ou por elles se faria reparação satisfactoria: e porque ficão ainda hoje algumas controversias que decidir sobre a satisfação, que pedem certos mercadores, e outras pessoas; para que semelhantes requerimentos, e queixas se julguem, e determinem conforme direito e razão, foi acordado e concluido por huma e outra parte que os sobreditos requerimentos de satisfação, e detrimento recebido se referirão, como pelas presentes se referem, ao juizo, e arbitrio, e sentença do Doutor Walter Walker, João Crouther, do Doutor Hyeronimo da Silva, secretario da embaixada, e de Francisco Ferreira Rebello, agente nas cousas da mesma embaixada, pessoas indifferentemente eleitas, assy por parte de ElRey de Portugal, como do Senhor Protector, os quaes pelas presentes são feitos, e constituidos arbitros, e juizes para ouvirem, e examinarem, e determinarem todas, e quaesquer petições, e queixas de todos e quaesquer mercadores, mestres de navios, e de todos os mais, que tem em si algum direito, ou jurisdição commissiva em todos, ou alguns navios, dinheiro, dividas, mercancias, ou outros quaesquer bens, dos quaes nos artigos preliminares se faz menção; os quaes juizes arbitros se ajuntarão, e farão seu assento e tribunal na cidade de Londres em 20 de julho proximo que vem, pelo estilo antigo, e no mesmo dia farão solemne juramento diante dos juizes do supremo senado de Inglaterra, em que prometerão que elles em tudo aquillo que ouverem de julgar, por lhe pertencer pelo cargo e officio que tomão, hande lançar fora qualquer apparencia de favor, e renunciar qualquer sombra de respeito em ordem a qualquer das partes, não atentando nunca

que testari possit propensum ad pacem animum suum, dictus Dominus Legatus sese obstrinxerit hoc supposito damna resarcienda fore: atque in quinto dictorum præliminarium dictus Legatus in se ulterius receperit, quod omnes naves, et bona Anglorum, quæ a Principibus Ruperto et Mauritio, vel a quacumque nave sub eorum præfectura in Portugalliam invecta sunt, ibique disposita, vel adhuc manentia, vel ab aliis, seu eorum jussu inde revecta, dominis, et proprietariis protinus restituentur, vel reparatio et satisfactio pro iis daretur. Et quoniam de mercatorum, aliorumque postulatis, quæ satisfactionem attinent, controversiæ nonnullæ etiam nunc supersunt, quo omnia istiusmodi postulata, et quærelæ ex jure et æquo dijudicentur, et determinentur, utrinque conventum, conclusum, et concordatum est quod dicta postulata ob damna, et satisfactionem referentur, sicut et his præsentibus referuntur, ad judicium, arbitrium, et sententiam Doctoris Walteri Walker, Johanis Crouther, Doctoris Hieronymi a Silva, Secretarii Legationis, et Francisci Ferreira Rebello, Agentis in rebus ejudem Legationis, personarum indifferenter electarum tam ex parte Regis Portugalliæ, quàm Domini Protectoris, qui his præsentibus fiunt, et constituuntur cognitores, arbitri, et judices ad audienda, examinanda, et determinanda omnia, et singula postulata, et quærelas omnium, et singulorum mercatorum, naucleorum, aliorumque, qui jus sibi vendicant ad omnes, vel aliquas naves, pecunias, debita, mercantias, bonave quæcumque, quorum in dictis Articulis præliminaribus mentio facta est, qui arbitri convenient, et considebunt in urbe Londino vigesimo die Julii proximi, Styl. Veter. atque eodem die solemne juramentum suscipient coram judicibus supremæ curiæ Admiralitatis Angliæ se in rebus ad se relatis dijudicandis omni favori et respectui erga partem alterutram, omnique privato commodo renuntiaturos, atque his præsentibus instruuntur, et authoritate muniuntur ad personas quascumque accersendas, necnon depositiones et chartulas sibi adferri jubendas, quæ rem sibi commissam spectaverint, et vel juramento adhibito, vel non adhibito, omnium istiusmodi postulatorum, 1654 Julho 10

1654 Julho 10 o proprio interesse, senão somente o bem commum, e finalmente que tomão por instrucção somente as cousas que ali se lhe ordenão, e com a authoridade, que se lhe dá, avocarão a si quaesquer pessoas, e tambem mandarão que se lhe apresentem quaesquer disposições e papeis, que virem que lhe pertencem; e ou dêm o juramento, ou não, examinarão summariamente a verdade das petições ou queixas a seu juizo pertencentes, e tambem quaesquer dannos e perdas, que procederem dos ditos impedimentos, embargos, e detenções; e os ditos juizes arbitros por estas presentes acquirem authoridade para deferirem quaesquer rezões que se allegarem, e tambem para liquidarem, adjudicarem, e finalmente determinarem, e resolverem quaesquer dannos e perdas, que se fizerem, conforme todos, ou a maior parte delles em suas consciencias, e milhor entenderem, e julgarem que he rezão, e justiça, e tambem para publicarem final sentença, firmada de mão propria, a qual sentença publicada nesta forma convencerá e obrigará a huma e outra parte, sem alguma revista, ou declaração: e tambem o mesmo Rey se obriga ao vigor e observação de todos os membros, e capitulos della, e tambem para pagar, ou fazer que se pague tal cantia, ou cantias de dinheiro, que (como já se disse) se julgar se deve de pagar; e de mais disso se assentou que se os ditos juizes arbitros não concordarem, nem finalmente determinarem a resulta dos papeis, e requerimentos juridicos, que se lhe fizerão athé o primeiro de setembro proximo seguinte, pelo estilo antigo, então as ditas petições, e papeis indeterminados pelos juizes arbitros se submetem, como por estas presentes se dão por submetidos, a hum dos conselheiros do Senhor Protector, que o dito senhor nomear em qualquer tempo despois de passado o primeiro de setembro proximo que vier, para o qual fim o dito Senhor Protector por provisão dará authoridade á pessoa, que nomear para sentenciar em final todas e quaesquer petições, papeis, e requerimentos, que pela dita provisão lhe forem submetidos; e se antes de dada a sentença pelo dito conselheiro, chegarem de Portugal alguns papeis, ou procurador para tratar algu-

et quærelarum veritatem, nec non omnia, et singula damna ex dictis arrestationibus, et detentionibus illata summatim examinabunt. Et dicti arbitri his præsentibus authoritate muniuntur ad singula præmissa definienda, damnaque liquidanda, ajudicanda, et finaliter determinanda, prout ipsi, vel major eorum pars in conscientiis, et sanis suis discretionibus justum et æquum censuerint, et ad finalem suam sententiam sub chirographis suis publicandum; quæ sententia ita publicata utramque partem devinciet, et obligabit absque appellatione, revisione, vel reclamatione quibuscumque. Atque idem Rex ad eandem efficaciter præstandam et observandam in omnibus ejus membris et capitulis se se obligat, nec non ad solvendum, vel solvi curandum talem summam, vel summas pecuniarum, quæ, uti prædictum est, adjudicabuntur. Atque ulterius conventum est quod si dicti arbitri non consenserint, et finaliter determinaverint de, et super præmissis ad se relatis intra primum septembris proximè secuturum, Styl: Vet: tunc dicta postulata a dictis arbitris indeterminata relicta submittantur, sicut et his præsentibus submittuntur, tali personæ Domino Protectori a conciliis, quam dictus Dominus Protector intra quodcumque tempus post primum septembris proximi nominaverit; in quem finem dictus Dominus Protector tali personæ taliter nominatæ authoritatem diploma dabit ad finaliter determinandum de, et super omnibus, et singulis postulatis prædictis. Et si ante datam a dicto Consiliario sententiam chartæ nonnullæ e Lusitania pervenerint, vel procurator ad aliquas ex iis causas agendas, dictus Conciliarius eum de novo audiet, quæque sententia a tali persona taliter instructa sub chirographo et sigillo suo lata fuerit, utramque partem concludet, et obligabit, eaque rite præstabitur, et præficietur. Atque in majorem cautelam et securitatem quod ejusmodi pecuniæ summa, quæ vel a dictis arbitris, vel arbitro adjudicabitur, bona fide solvetur, conclusum et concordatum est quod una medietas vectigalium, et costumarum Portugalliae proximè post datum tractatus ex omnibus bonis, et merchandizes quibuscumque incolarum et popularium hujus Reipub: qui in Portugallia

1654 Julho 10

1654 Julho 10 mas destas causas; o dito conselheiro o tornará a ouvir de novo, e a sentença, que o dito conselheiro de novo enformado, e inteirado então der, corroborada com seu sinal e sello, concluirá, e obrigará a ambas as partes, e esta será juridica, e valiosa, e a que se hade executar; e para maior cautella, e segurança em se pagar a cantia do dinheiro, que pelos juizes arbitros, ou juiz arbitro se julgar e sentenciar, para que nisto haja a devida pontualidade se assentou que huma ametade dos tributos e direitos costumados (logo despois da entrega deste tratado a Portugal) dos bens e fazendas quaesquer que sejão, sendo expostas á mercancia, dos moradores e naturaes desta Republica, os quaes comerceão em Portugal, se aplique para se despender na dita paga e satisfação, a qual ametade de tempo em tempo se entregará á pessoa, que o sobredito Senhor Protector nomear, para que dahy satisfação os damnos e perdas dos mercadores, mareantes, e proprietarios.

26.º

Tambem se concluio e concordou que a presente pax e confederação se não derogará por causa alguma de qualquer outra liga, ou confederação feita, ou que se aja de fazer pelos Serenissimos Senhores Protector de Inglaterra e Rey de Portugal, com quaesquer outros Princepes, ou Respublicas, mas que esta pax e confederação se guarde inteiramente, tenha sempre firmeza, e logre seu effeito.

27.º

Tambem se assentou, e concluio que huma e outra parte com verdade e firmeza observará, e dará á execução o presente tratado, e todas e quaesquer cousas nelle contheudas e comprehendidas, e porá efficax cuidado que o povo, subditos, e moradores de hum e outro guardem, observem, e venerem o que neste tratado se contem.

28.º

Tambem se assentou, concluiu, e concordou que o presente tratado, e todas as cousas e cada huma dellas, que

commerceantur provenientium dictae solutioni impendetur, 1654 Julho 10
quae medietas de tempore in tempus tali personae solvetur, quam prædictus Dominus Protector nominaverit, unde mercatorum, naucleorum, et proprietariorum damna resarciantur.

26.[tus]

Item conclusum et concordatum est quòd præsens Pax, et Confœderatio non derogabitur per quancumque aliam ligam, vel confœderationem factam, vel fiendam a Serenissimis Dominis Protectore Angliæ, et Rege Portugalliæ cum quibuscumque aliis Principibus, vel Rebuspub: sed quòd ista Pax et Confœderatio integrè servetur, et semper suum sortiatur effectum.

27.[mus]

Item conventum et conclusum est quòd utraque pars verè et firmiter observabit, atque executioni mandabit præsentem Tractatum, omniaque et singula in eo contenta et comprehensa, atque eadem ab alterutrius populi subditis et incolis observari, et præstari efficaciter curabit.

28.[us]

Item conventum, conclusum, et concordatum est quod præsens Tractatus, atque omnia et singula in eo contenta, et

nelle se contem, e se concluem, dentro em seis mezes pro-
1654 Julho 10 ximos seguintes se confirmarão, e retificarão pelos ditos Senhores Protector e Rey por letras patentes de huma e outra parte, selladas com o sello grande em forma devida e authentiqua, e haverá mutua entrega de instrumentos dentro no mesmo tempo de huma e outra parte, e tambem esta pax e confederação se publicará logo despois da entrega, e permutação dos instrumentos, na forma e lugar que se costuma.

Em fé e testemunho de todas as quaes cousas, assim nós os commissarios de Sua Alteza o Senhor Protector, como tambem o embaixador extraordinario do Serenissimo Rey, pela força e vigor de nossas commissões respectivamente, e tambem procurações, assinamos o tratado presente com mão propria, e o sellamos com nossos sellos ordinarios. Feita em Wesmonasterio aos dez dias de julho 1654.

Math. Fiennes.
Wal. Strickland.

Com quatro sellos.

Artigo secreto assentado e concluido com o Serenissimo Senhor e da outra o Serenissimo Rey

Livro 1.º de

O povo e moradores da Republica de Inglaterra, que exercitam a mercancia, como já acima se tratou, nas provincias, dominios, portos, e jurisdições do dito Rey, não pagarão os tributos, e direitos costumados, senão na forma seguinte, convem a saber; os bens, fazendas, mercadorias, e obras de mãos se avaliarão favoravelmente, conformando-se nisto com os regimentos das alfandegas, e antigas leis do Reino, pondolhe preços acomodados para por elles se pagarem os

conclusa a dictis Domino Protectore, et Rege per patentes utriusque partis literas sigillo magno munitas debita, et authentica forma intra sex menses proximè insequentes confirmabuntur, et rati habebuntur, mutuaque instrumenta infra prædictum tempus hinc inde extradentur, necnon et Pax hæc, et Confœderatio statim a traditis et permutatis instrumentis forma, et loco solitis publicabitur. 1654 Julho 10

In quorum omnium fidem, et testimonium tam Nos Commissarii Celsitudinis Suæ Domini Protectoris, quàm Legatus extraordinarius Serenissimi Regis vi et rigore nostrorum respectivè commissionum, et procurationum præsentem Tractatum manu propria subsignavimus, et sigillis nostris manualibus munivimus. Actum Wesmonasterii decimo die Julii Ann. millesimo sexcentesimo quinquagesimo quarto.

Math. Fiennes.
Wal. Strickland.

Cum quatuor sigillos.

Protector de Inglaterra, Scocia, e Hybernia, etc., de uma parte, de Portugal e dos Algarves, etc.

Pazes, fl. 121.)

Populus et incolæ Reipub: Anglicæ, qui mercaturam, uti prædictum est, in regnis, dominiis, portubus, et territoriis dicti Regis exercent, custumas et telonia non pendent, nisi juxta formam sequentem: videlicet, Anglorum bona, merces, et manufacturæ in assignandis earum pretiis, secundum quæ custumas solvere debeant, quæ tamen nunquam excedeant 23 per centum, favorabiliter æstimabuntur juxta regulas alfandegæ, et antiquas leges Regni; et si quando agatur

1654 Julho 10 direitos costumados, os quaes nunca excederão de vinte e tres por cento: e quando se trate de lhe dar maior valia, por estar crescido e augmentado o seu verdadeiro valor, isto se não fará sem que estejão presentes, e dem seu consentimento, vindo no mesmo parecer, dois mercadores Ingrezes, que por então existirem em Portugal; e estes taes serão escolhidos pelo consul Ingrez; e se acontecer que o preço das taes fazendas chegue a ter menor valor, será tambem a avaliação menor, a qual conforme as leis e regras postas acima, de tempo em tempo se diminuirá; e se ouver duvida na dita avaliação, qualquer contenda que nisto ouver se decidirá por juizes arbitros indiferentes, os quaes se escolherão pelo Consul da gente ingreza, e pelos officiaes da alfandega; mas os subditos e moradores do dito Reino, que mercancião nos dominios e jurisdições desta Republica, pagarão os presentes direitos, e fretes conforme agora se avalião neste mez de mayo de 1654, conforme as leis e costumes do lugar, e conseguintemente de ambas as partes observarão as leis e costumes de qualquer lugar.

Tambem se assentou e concluio que o sobredito artigo, e tudo o que nelle se contem, dentro de seis mezes proximos seguintes se confirmará, e ratificará pelos Senhores Protector e Rey, por letras patentes de huma e outra parte, selladas com o sello grande em forma devida, e que faça fé; e se fará mutua entrega de instrumentos no mesmo tempo: em cuja fé e testemunho, assim nós os commissarios de Sua Alteza o Senhor Protector, como o embaixador extraordinario do Serenissimo sobredito Rey pela força e vigor de nossa commissão respectivamente subscrevemos de mão propria o dito artigo secreto, e o sellamos com nossos sellos ordinarios. Feito em Westmonasterio aos dez dias de julho 1654.

Math. Fiennes. — em lugar ✠ do sello.
Wal. Strickland. — em lugar ✠ do sello.

de iis pluris æstimandis, eapropter, quoniam verus earum valor augetur, id non fiet, nisi præsentibus, et assentientibus duobus mercatoribus Anglis tunc temporis in Portugallia existentibus, et ab Anglo Consule delectis. Quod si contingat rei pretium minui, ejus æstimatio secundum leges et regulam prædictam pari modo de tempore in tempus minuetur. Et si lis orta fuerit circa dictam æstimationem, id de quo disceptatur a talibus indifferentibus arbitris dijudicabitur, qui a Consule gentis Anglicanae, et ab alfandegae officialibus eligentur; subditi vero, incolæque dicti Regni in dominiis, et territoriis hujus Reipub: negotiantes præsentia vectigalia, et portoria prout nunc æstimantur in hoc mense Maii ann. 1654 secundum leges, et consuetudinem loci solvento, et consimiliter leges, et consuetudines cujusque loci utrinque observanto.

1654 Julho 10

Item conventum et conclusum est quod articulus prædictus, et omne in eo contentum a dictis Domino Protectore, et Rege per patentes utriusque partis literas sigillo magno munitas, debita forma et authentica infra sex menses proximè insequentes confirmabuntur, e ratihabebuntur, mutuaque instrumenta infra prædictum tempus hinc inde extradentur.

In cujus fidem et testimonium tam Nos Commissarii Celsitudinis Suæ Domini Protectoris, quam Legatus extraordinarius Serenissimi Regis prædicti vi, et vigore nostrarum respectivè commissionum prædictum articulum secretum manu propria subsignavimus, et sigillis nostris manualibus munivimus. Actum Westmonasterii decimo die Julii anno millesimo sexcentesimo quinquagesimo quarto.

Math. Fiennes — Loco ✠ sigilli.
Wal. Strickland — Loco ✠ sigilli.

Assento, reteficação e juramento de pazes feitas com o Senhor Rey Sultão Mamede Idalxá por seu enviado Melique Acute, de sua presença, e o Padre Gonçalo Martins, da Companhia de Jesus, governando o Estado da India o Senhor Dom Braz de Castro do conselho de Sua Magestade.

(Arch. da India. – Livro grande de Pazes, fl. 44.)

1655 Março 7 Em nome de Deos todo poderoso. Saibão quantos este assento de reteficação de pazes juradas virem que no anno do nascimento de nosso Senhor Jesu Christo de 1655 annos aos 7 dias do mez de março, estando o Senhor Dom Bras de Castro, do conselho de Sua Magestade, governador da India, na salla real dos aposentos da fortaleza desta cidade de Goa, em que os Senhores V. Reys fazem sua assistencia e morada, e bem assy Melique Acute, enviado do Senhor Rey Sultão Mamede Idalxá, e o Padre Gonçalo Martins, que em sua companhia veio de Visapor, aonde havia passado a instancia do mesmo Senhor Rey, e com poder e commissão sua tratou tambem desta composição e conformidade, o capitão da cidade Dom Pedro Henriques, fidalgos do conselho que assiste ao mesmo Senhor Governador, Dom Gilianes de Noronha, Dom Fernando Manoel, capitão mór das náos do Reino, e soccorro que passou á India, Ruy Dias da Cunha, o Doctor Luis Mergulhão Borges, o veedor da fazenda geral Martim Velho Barreto, os desembargadores da Relação os Doctores Jorge de Amaral de Vasconcellos, ouvidor geral do crime, Sebastião Alvrez Migós, ouvidor geral do civel, João Alvrez Carrilho, procurador da coroa e fazenda, Francisco de Figueiredo Cardoso, chantre da Sé, Bras Henriques da Veiga, deão da mesma Sé, e provedor mór dos defunctos, Luis Monteiro da Costa, e a cidade incorporada, vereadores Luis Pires Pachequo, Pedro Homem Ferreira, Aires de Sousa da Silva, juizes Paschoal de Torres, e Manoel Laureins, procurador Francisco Soares de Castelbranco, procuradores dos misteres Lucas Fernandes, João Gonçalves, Matheus Mendes e Duarte Rodrigues, e o escrivão Manoel Soares de Goes, e Joseph de Chaves Sottomayor secretario do Estado, e o lingoa delle Chrisná Sinay, e Ramá Sinay Cottary, que neste acto fez tambem o officio de lingoa, recebendo primeiro juramento conforme seu rito: E foi dito pelo Senhor Governador ao enviado do Senhor Rey Sultam Mamede Idalxá, Melique Acute, que presente lhe era que o Senhor Rey seu senhor sem outro fundamento mais que indusimento de pessoas mal affectas, e zelavão pouco seu serviço, declarára guerra a este Estado, impedindose o trato e comercio da outra banda, cerrandose os portos, entrando Abdul Aquimo, seu capitão, nas terras de Bardez e Salcete, donde se retirára, e considerando o dito Senhor Rey o pouco fructo que resultava da tal guerra, e a pouca justiça com que se emprehendera, sendo que havia tantos annos se conservava a paz, e por outras considerações que o devião mover, de seu motto proprio escreveo huma carta ao Senhor Governador com data de 3 de outubro de 1654, dizendo havia mandado retirar Abdul Aquimo, e Mussecan, capitão de cavallos, e ordem para se haver de correr como d'antes; e com effeito se publicou em Diucholim (Bicholim), Pondá, e mais terras do Conquão com a chegada a elle de Melique Acute, enviado do senhor Rey Sultão Mamede Idalxá, e do padre Gonçalo Martins, se abrissem os portos, e corressem os mercadores de huma e outra parte, como antes da alteração se fazia; de que tendo o Senhor Governador certa verificação, por corresponder a huma acção tão louvavel, nem reparando com os do conselho na hostilidade que se havia feito com tão pouca causa, mandou passar alvará em 30 de novembro de 654 para que se corresse na mesma forma em que se havia apregoado na terra firme, e se passasse pelos passos livremente, e na mesma em que se fazia, correndo a paz: e assy se foi continuando thé 3 de dezembro do dito anno, em que Melique Acute entrou nesta cidade por enviado, e apresentou com o padre Gonçalo Martins ao Senhor Governador na mesma salla huma carta do senhor Rey Idalxá Sultão Mamede de 3 de novembro de 654, em que declara de mais de outras palavras, que o que o dito Melique Acute, de sua confiança, e assistente no lugar della, e o padre Gonçalo Mar-

1655 Março 7

1655 Março 7 tins communicassem ao Senhor Governador, que entenda que falla sua mesma pessoa, de maneira que a amizade que ha entre Sua Magestade e elle senhor Rey Sultão Mamede Idalxá, não fique no ar, e de dia em dia seja acrescentada com muita fortidão; e para maior clareza o theor da dita carta he o seguinte:

«Ao assistente no alto estado, mando, poderes, e governo, animo, obra, e ventura, sostentador da paz e amizade, e liberal de condição, escolhido na ley do Mexia (*sic*), e leão do mar, Dom Braz de Castro, Viso Rey do estado de Goa, que sempre esteja com a sua boa ventura a bom salvamento, a quem escrevo esta com amor, e fazendo por ella a saber.

Ao presente a carta que V. S. me escreveo com muito amor, e conformidade, e contentamento, me foi dada, e entendi mui bem a sustancia della, em que tratava sobre se mandar de qua ao muito servo de Deos o padre Gonçalo Martins, e ao honrado e merecedor de minhas mercês, e de minha grande confiança Melique Acute, da presença real, prometendome juntamente a fazer meu desejo, com que folguei muito, pelo que o dito Padre conforme como me tem tratado e informado sobre se sostentar, e guardar a amizade de muitos annos, que ha entre mym e ElRey de Portugal, que tem a coroa de ouro, a quem dando eu ouvido, lhe dei favor e ajuda, e na sua companhia tenho mandado ao de minha confiança, e assistente no lugar della, ao dito Melique Acute, o qual e o dito Padre o que agora communicarem com V. S. sobre as cousas de meu gosto, e contentamento, em que entenda V. S. que fallo eu propio, de que inteirando bem, faça muita diligencia com melhor cuidado de modo que a amizade, que ha entre mym e ElRey de Portugal, que tem coroa do ouro, a qual por dito de pessoas más, e de pouco entendimento se não fique no ar, e sobre o vento, e faça de maneira que de dia em dia fique acrescentada com muita fortidão, e se V. S. o fizer assy, entenda que nisso consiste o bem e augmento do reinado d'ElRey de Portugal, e mando pelo dito Melique Acute roupas de minhas mercês reaes, e outras mais cousas estimadas, por ficar mui fixa a amizade de V. S. a qual indo V. S. adiante, vestirá e honrará, e recceberá como convem á cortezia e honra, estimando muito, e das mais minhas mercês manifestarão a V. S. o dito Padre, e o dito Melique, com que ficará informado. Feita aos 24 do mez Gilheja do anno dos Mouros de 1064, que foi aos 3 de novembro de 1654». 1655 Março 7

O que visto e considerado em conselho, pareceo se devia reteficar e jurar a paz, em que se corria na forma, em que se fizera o anno de 1633 aos 3 dias do mez de abril, sendo VisoRey Dom Miguel de Noronha, Conde de Linhares, do conselho de Estado, e embaxador Mamede Zaman, para assy ficarem mais fixas e perpetuas; reteficandose tambem as do anno de 1576 feitas com o embaxador Zaerbeque, que do Reino havia vindo, sendo governador Antonio Moniz Barreto, e a reteficação que tambem se fez com o Conde de Villa d'Orta Dom Francisco Mascarenhas, VisoRey, aos 29 de janeiro de 582, embaixador Abdul Melique e Coje Fatardim, que vão lançadas neste mesmo livro atraz a fl. 13 as do Conde de Linhares, e a fl. 7 as do governador Antonio Moniz Barreto, e a fl. 12 as do Conde de Villa d'Orta VisoRey Dom Francisco Mascarenhas.

E assy disse o dito Senhor Governador visse o dito Melique Acute se estava pelo que lhe avia referido e proposto, e se tinha bastante poder para jurar e reteficar as taes pazes, a que deferio que o poder que tinha era o mesmo que seu senhor ElRey Sultão Mamede Idalxá declarava na carta, que enviara a Sua Senhoria, e o mesmo havia concedido ao Padre Gonçalo Martins, e debaixo do tal poder e commissão estava prompto a fazer nova reteficação de pazes, incluindo nellas as mais referidas, e pois do Padre Gonçalo Martins fizera seu Rey e senhor tanta confiança, devia elle tambem de concorrer pela commissão que se lhe dava no tal juramento, a que o dito Padre deferio que elle era vassallo de Sua Magestade, que Deos guarde, e como esse passara a Visapor, e que não lhe tocava concorrer na tal retificação, mas que polla mercê que o senhor Rey Idalxá lhe fizera em lhe conceder os poderes declarados na carta para o mesmo

1653 Março 7 effeito, pollo agradar, e por parecer assy, e o querer Melique Acute, enviado, que presente estava, juraria por parte do dito senhor Rey Idalxá a retificação da paz, que ora se formava. E assy o dito Melique Acute com o dito Padre, em nome do senhor Rey Sultão Mamede Idalxá, pello poder que para isso lhe era concedido e declarado na carta, por este assento logo com effeito retificarão a paz e amizade para sempre, como se havia assentado e reteficado pelo embaixador do dito senhor Rey Sultão Mamede Idalxá com o Conde de Linhares, e o celebrado com o Conde de Villa d'Orta, e as principaes pazes effectuadas e acabadas com o governador Antonio Moniz Barreto o anno de 1576, como fica referido, e havião as taes capitulações, pazes, e assentos de reteficação por firmes e valiosos, como se ora, e de novo se capitulasse, e promettião de em tudo se guardarem, e observarem sem innovação, arte, nem cautela alguma, havendo por expressos e declarados todos os capitulos, e palavras dos taes assentos, e não precederia (*sic*) duvida ou contradição alguma, por ser este assento á satisfação do dito senhor Rey Sultão Mamede Idalxá, e de sua espontanea vontade; e de assy o comprir em seu nome o jurou em hum mossafo Melique Acute, seu enviado, e prometeo de se guardarem as taes pazes pelo senhor Rey Sultão Mamede Idalxá como por seus successores, e que em tempo algum viria nem allegaria cousa em contrario: e o Padre Gonçalo Martins jurou em hum missal, com protestação de ser religioso, vassallo de Sua Magestade, como fica referido, e que por observar a ordem do senhor Rey Idalxá, esperando de sua grandeza o comprimento da reteficação deste assento de paz, fazia o tal juramento. O que effectuado e jurado, o senhor governador Dom Braz de Castro disse, e prometeo de guardar e observar as ditas pazes inviolavelmente, sem arte, nem cautela alguma, e assy o prometeo em nome da Magestade d'El Rey nosso senhor por sy e por seus successores, para não ir nunca contra ella, em parte nem em todo; em fé do que jurou em hum missal aos sanctos evangelhos, que lhe foi dado pelo doutor Bras Henriques da Veiga, deão da Sé Primacial. E feita assy a dita reteficação e juramento pelo Senhor Governador, e pelo enviado Melique Acute, e o padre Gonçalo Martins, se mandou fazer este assento neste livro, onde se lanção os contratos de pazes dos Reys amigos e alliados do Estado, e delle se dessem as copias necessarias assinadas pelo Senhor Governador, e pelo enviado Melique Acute, e Padre Gonçalo Martins, e assinassem por testemunhas todas as que presentes estavão no original, e por parte do enviado Melique Acute, Hany Haga Sayd Raja, Narssingao Rao Naicavary, Ricossa Guzerate, para constar ao diante, e se evitarem duvidas, por ser vontade espontanea de ambos os Estados haver perpetua paz, evitandose toda a occasião de discordia, e de se poder quebrantar este assento de reteficação, antes observarse, e guardarse inviolavelmente, e que hum treslado em portuguez, e outro em parsio se desse ao dito enviado Melique Acute pera apresentar ao senhor Rey Sultão Mamede Idalxá, para sendo servido, o mandar pôr no archivo de sua secretaria real, e em toda a occasião lhe ser presente, e a seus successores o contheudo nelles, e assy ficar a paz mais firme, limpa, e verdadeira para perpetuo, em que Sua Magestade, e o dito Senhor Rey como irmão em armas se conservem, e seja de maneira que os mais Reys não só a envejem, mas procurem a mesma união e conformidade. 1655 Março 7

Tambem se dará outra copia ao capitão desta cidade para correr por sua conta a observancia no que lhe tocar, e se faria aviso aos capitães e feitores das fortalezas circumvisinhas ás terras do senhor Rey Idalxá, e aonde mais convenha de uma e outra parte, para assy o guardarem e cumprirem, e o que o contrario fizer será castigado como a qualidade do delicto merecer.

E assy se obrigou mais o dito enviado Melique Acute em nome do dito senhor Rey Sultão Mamede Idalxá á observancia e guarda deste assento de paz, e na mesma forma se obriga o Senhor Governador em nome de Sua Magestade sob as penas declaradas no capitulado nas pazes feitas com o governador Antonio Moniz Barreto, que hão por expresso e declarado; com tanto que o dito enviado Melique Acute se

1655 Março 7 obriga a mandar vir a approvação e retificação por juramento do senhor Rey Sultão Mamede Idalxá com toda a brevidade, para se ajuntar a este assento[1], e de lhe constar do assy determinado, e da tal reteficação, e se apregoar nesta cidade, Vizapor, e onde mais comprir. E por tudo o conteudo neste assento ser lido, e ouvido, e declarado ao dito enviado Melique Acute, e ás testemunhas, que por sua parte assinarão, Hany Haga Said Raza, Narssingao Rao Naicavary, e Ricossa Guzerate, pelos lingoas Chrisna Sinay, e Rama Sinay Cottary, e sendo por elles bem entendido, e inteirados de tudo o referido, o reteficou o dito enviado Melique Acute, e o padre Gonçalo Martins pelos mesmos respeitos apontados, e que o Senhor Rey Idalxá queria paz e amizade, e o mesmo o Senhor Governador, e o Estado, e que tratava elle enviado Melique Acute por parte do Senhor Rey seu senhor reparar a quebra que havia havido por más informações, e que houvesse huma firme e perpetua paz, como esperava observarse e guardarse. E por assy se haver assentado, e jurado, se fez este assento, em que se assinou o Senhor Governador, Melique Acute, o Padre Gonçalo Martins, e os mais apontados;

Pleno poder, dado por El-Rei Dom Affonso VI a D. Fernando Telles de Faro, para ajustar com os ditos Estados, e com os Ministros da Compa

Dado em Lisboa, a 4

(Collecção de Tratados de Hespanha por Abreu y

1658 Março 4 Dominus Alphonsus, Dei gratia, Portugalliae Rex, et Algarbiorum, ultra citraque Mare in Africa, Dominus Guineae, et Conquistae, Navigationis, Commercii, tum Aethiopiae, tum Arabiae, Persiae, Indiaeque, etc. Per praesentes hasce Literas omnem potestatem, et facultatem necessariam facio D. Ferdinando Telles de Faro, meo Extraordinario Legato apud Generales Unitarum Provinciarum Status, ut pro me, meoque nomine possit inire pactionem, cumque praedictis Statibus,

e nos treslados que se darão ao dito Melique Acute, assy na lingua vulgar portugueza, como na parsia, vão encorporadas todas as ditas pazes. Achou-se presente o Doctor Sebastião Cardoso, juiz dos feitos da coroa e fazenda, e chanceler do Estado. Eu Joseph de Chaves Sottomayor, secretario deste Estado por Sua Magestade, que a tudo fui presente, e aos juramentos, o fiz escrever, e assinei. — *Dom Bras de Castro* — Sello de *Melique Acute* — Sello de *Hany Haga* — *O Padre Gonçalo Martins* — *Dom Gilianes de Noronha* — *Dom Pedro Henriques* — *Ruy Dias da Cunha* — *Luis Mergulhão Borges* — *Sebastião Cardozo* — *Joseph de Chaves Sottomaior* — *João Alvres Carrilho* — *Sebastião Alvares Migós* — *Braz Henriques da Veiga* — *Luis Peres Pacheco* — *Aires de Sousa da Silva* — *Pedro Homem Ferreira* — *Francisco Soares de Castelbranco* — *Manoel Laureins* — *Manoel Soares de Goes* — Sello de *Sayde Raze* — Sello de *Narsinga Ráo* — *Lucas Fernandes* — *Matheus Mendes* — *João Gonçalves* — *Duarte Rodrigues* — Sinal de *Ricosa* (em letra guzerate) — *Crisna Sinay* (em letra portugueza) — Sinal de *Rama Sinay Cotary* (em letra Maratha). 1655 Março 7

---

seu Embaixador extraordinario aos Estados Geraes das Provincias Unidas,
nhia Oriental e Occidental qualquer Tratado de Paz ou Treguas.
de Março de 1658.

Bertodano, Filippe IV, T. 6.º, p. 338.)

Dom Affonso, por graça de Deus, Rei de Portugal e dos Algarves d'aquem e d'alem Mar em Africa, Senhor de Guiné, e da Conquista, Navegação e Commercio da Ethiopia, Arabia, Persia e da India, etc. Por esta presente Carta dou todo o poder e faculdade necessaria a Dom Fernando Telles de Faro, meu Embaixador extraordinario aos Estados Geraes das Provincias Unidas, para por mim, e em meu nome, poder tratar, e fazer accordo com os ditos Estados, e com os Ministros 1658 Março 4

1658 Março 4 Ministrisque Societatum, et Orientalis, et Occidentalis convenire, vel qualibet illarum, quodlibetcumque foedus pacis constituendo, sive generalis, sive particularis, induciarum, aut armorum suspensionis, idque per eos annos, iisque conditionibus, et oneribus, quae convenire judicaverit inter haec Regna, et Conquistas, quae illorum subjacent Imperio, et praedictos Generales Status, Societatesque, tum Orientalem, tum Occidentalem, eo modo formaque, quae idonea, et commoda praedicto meo Legato videbitur, quidquid enim in hac parte ab ipso fuerit constitutum, ratum, firmumque habebo, ac si per me actum, stabilitumque fuisset, idque nullis obstantibus Legibus, Juribusve, aut Capitulis comitiorum, aut moribus (siqui sunt) in contrarium vergentibus; omnia enim, ac si de illis hic expressè, et particulariter agerem mentionem, volo enervata in hunc casum, idque omne ex meo motu proprio, certa scientia, Regali, despoticaque potestate, commodiori forma, modoque, quae juxta jus fieri possit; et ut quaeque sunt dicta maneant firma, has Literas à me subscriptas, maximoque meorum stemmatum sigillo munitas, ei dare praecepi.

Datis Ulissipone 4 Martii. Luduvicus Teixeira de Carvallio scripsit anno Nativitatis Domini nostri Jesu Christi 1658. Petrus Vieira à Silva fecit scribere.—REGINA.

Procuração da Infanta D. Catharina a Francisco de Mello, Conde da Ponte, para poder receber por seu legitimo marido a ElRei da Grã Bretanha, Carlos II

(Torre do Tombo, Mss. de S. Vicente, T. 14, p. 124.)

1661 Janeiro 11 Dona Caterina Infante de Portugal, filha dos muito altos, e muito poderosos Reys D. João o 4.º e D. Luiza, meus Senhores: por esta minha procuração dou poder a Francisco de Mello, Conde da Ponte, Commendador das Comendas de S. Maria de Montemór, São Pedro fins da Marinha, S. Martinho das Freixedas, S. Thiago de Gudofrem, e S. Salvador de

das Companhias Oriental e Occidental, ou com qualquer del- 1658 Março 4
las, ajustando qualquer alliança de paz geral, ou particular, de treguas, ou de suspensão d'armas, pelos annos, e com as condições e encargos que julgar conveniente entre estes Reinos, e suas conquistas, e os ditos Estados Geraes, e Companhias assim Oriental como Occidental, no modo e fórma que ao dito meu Embaixador parecer util e conveniente; e tudo o por elle ajustado n'esta parte haverei por valioso e firme como se por mim fôra assentado e estabelecido, sem embargo de quaesquer leis, decretos, capitulos de Cortes, ou costumes, que haja em contrario, porque todos hei por derogados para este caso, como se d'elles aqui se fizera expressa e particular menção; tudo de meu moto proprio, certa sciencia, poder real e absoluto, no melhor modo e fórma que de direito puder ser; e por firmeza de tudo, mandei passar esta Carta, por mim assignada e sellada com o sello grande das minhas armas.

Dada em Lisboa a 4 de Março. Luiz Teixeira de Carvalho a fez, anno do nascimento de N. S. Jesus Christo de 1658. Pedro Vieira da Silva a fez escrever. — A RAINHA.

Fornellos, da Ordem de nosso Senhor Jezus Christo, General 1661 Janeiro 11
da Artilharia do exercito d'Alemtejo, do Conselho de Guerra d'ElRey meu Senhor e Irmão, e Seu Embaixador Extraordinario na corte de Inglaterra, para que por mim, e em meu nome, como se presente fôra, possa receber por meu legitimo marido, ao Muito Alto, e muito poderoso Principe Carlos, Rey da Grã-Bretanha, por palavras de presente, na melhor fórma, que posso e devo, outorgando-me por sua legitima mulher, e recebendo a Sua Magestade por meu legitimo marido; e sendo assim feito e outorgado o dito casamento, me outorgo por sua legitima mulher, e o recebo por meu legitimo marido, e para o referido dou ao dito meu procurador

1661 Janeiro 11 todo o mandado especial, que em direito se requere, e a seu cumprimento obrigo minha pessoa e bens. Dada na cidade de Lisboa aos onze dias do mez de Janeiro do anno do nascimento de Nosso Senhor Jezus Christo de mil e seiscentos e sessenta e um. Gaspar de Faria Severim a fez. A INFANTE.

Carta do Conde da Ponte para Sua Magestade

(Collecção dos meus Mss.)

1661 Maio 9 Londres, 9 de Maio de 1661.

Senhora. — Hoje segunda feira, que se contão 9 de Maio, e pelo estilo de Inglaterra 29 de Abril, dia em que a Igreja pelo kalendario deste Reino celebra a festa de S. Pedro Martyr (que parece quiz ter parte no successo delle pela protecção que Vossa Magestade dá ao Tribunal da Fé) na conformidade do aviso, que em carta de 4 do corrente fiz a Vossa Magestade, se acha todo o Conselho de Estado d'ElRey da Gram Bretanha, sem faltar Conselheiro algum. E no Domingo antecedente havia o Embaixador de Castella feito grande festa, e dito, que todo o negocio de Portugal em Inglaterra estava desfeito. Comtudo sabendo depois do meio dia do mesmo Domingo que ElRey tinha chamado o Conselho para dia em que se não costumava fazer, se foi ao Paço, e esteve fechado com ElRey mais de duas horas, e d'ali passou a casa do Conde de Northumberland, que he um dos primeiros Senhores deste Reino em qualidade, cargos, juizo, generosidade e estima, e que me faz mais que ordinario favor, muito bem affecto ao serviço de Vossa Magestade; e não obstante que nunca lhe entrou em casa, sendo seu visinho, o foi buscar naquelle tempo para lhe dizer que Sua Magestade da Gram Bretanha havia chamado o Conselho para o dia seguinte, e que elle sabia que era, ou para romper, ou para effectuar o casamento de Portugal, e que se tal era elle protestava que tinha ordem para lhe declarar guerra, e se hir logo, e que por que sabia o seu poder, e desinteresse lhe hia fallar com aquella clareza. O Conde de Manchester, que foi quem m'o referiu, diz, que a resposta ainda que fôra mais modesta, não tivera menos de resoluta. E a mesma diligencia fez o mesmo Embaixador naquella noite com o Chanceller, e andou fazendo taes excessos no Paço, que parecia doudo. Finalmente na manham de 9 de Maio mandei Russell esperar á porta do Conselho, que durou das oito horas até perto de meio dia, e sahindo todos quizerão os amigos levar Russell a jantar a suas casas; e o Conde de Manchester lhe disse: dizei ao Embaixador que tudo está bom, e que tenho ordem d'ElRey para lhe hir fallar ás tres horas da tarde. A ellas veio, e me disse, que Sua Magestade havia hoje proposto ao Conselho o negocio, e que me queria fallar das sete para as oito horas, que cuidava me daria inteira satisfação. Intentei saber mais, mas elle com bom modo mudou o proposito. Offereci-lhe huns vasos de alambre, não sei se os aceitará, porque hoje Castella e Hollanda tem aqui feito grandes presentes. Eu não tenho com que, nem Vossa Magestade está em tempo de fazer muitas despezas. Porém não posso deixar de dizer a Vossa Magestade, que mandando eu hum presente ao Conde de Southampton, de cheiros, laranjas, escrevaninha, doces e pedra bazar, em huma conversação disse sua mulher, que os Embaixadores de Hollanda tinhão bom gosto, mas que o de Portugal mandava razão; não lhe pareça a Vossa Magestade que esta reflexão por pequena deixa de ter peso em os negocios que trato. Emfim das sete para as oito horas fui ao Paço, aonde me esperava o Conde de Manchester, que me levou a ElRey, e chegando á sua presença me disse: E bem Embaixador sou eu homem de minha palavra, ou não? Eu como vós prometti declarei hoje o casamento em Conselho pleno, dizendo (a fim de melhor persuadir os Conselheiros) que eu não estava resoluto, mas que erão taes as vantagens que me offerecia Portugal, e a obrigação que eu lhe tinha pelo que em minha adversidade haviam seus Reinos obrado por mim, que confessava lhes tinha particular inclinação; porém que não obstante eu não era Rey para seguir a pro-

1661 Maio 9

1661 Maio 9 pria vontade, se não o mais decoroso, honesto e util á minha nação, e que assim lhes mandava, pedia e rogava, que me dissessem livremente seu parecer. Todos o derão uniformemente, e só houve divisão em dizerem muitos que se não perdesse hum instante de tempo. Eu assim o farei. Isto me disse ElRey que se passara no Conselho, e que o Embaixador de Castella estivera a noite passada com elle, e lhe dissera depois de huma larga arenga, que se elle casava com a filha de Portugal, ou se ligava com Portugal, ou se mandava Embaixador, ou Ministro a Portugal, elle logo lhe declararia guerra, e se hiria embora, e que lhe lembrava que teria huma larga guerra, e muito cruel, e que a maior parte do seu paiz era contra tal acção, e que devia advertir, que se Portugal lhe offerecia dinheiro, que o não tinha, e que as duas Praças que lhe promettia, Tanger era nada, e Setubal não dava mais que hum pouco de sal, e que elle sabia bem, que primeiro que os Portuguezes a entregassem, D. João de Austria a teria tomado, porque a sua direita marcha era sobre Setubal, que dava já por tomada, como elle veria pelos primeiros avisos. Ao que ElRey me disse lhe respondera, elle não sabia ainda o que faria; porém que sempre seria o que fosse mais util a Inglaterra, e que elle desejava muito de dar toda a satisfação a ElRey de Castella e a Dom Luiz de Haro, mas que por isso não perderia as suas conveniencias, nem esqueceria as obrigações que tinha a outros Principes, e que quanto a elle se hir, que elle teria a outro dia resposta do seu ultimo papel; e que no que tocava á guerra com que o ameaçava, que elle e os do seu Conselho sabião melhor os interesses de Inglaterra que qualquer estrangeiro por maiores noticias que tivesse. E que quanto a haver muita parte de Inglaterra que era contra este negocio, que elle não seguia o numero, porém a qualidade dos homens de bem, e que do dinheiro de Portugal não sabia, por que ainda o não tinha tocado. Ultimamente ElRey concluio com me diser, que lhe fôra necessario grande paciencia para ouvir ao dito Embaixador, mas que elle a tivera. Eu lhe beijei a mão, e lhe disse, que Deus o restituira a seus reinos para ser o maior Principe da Europa, e que assim o esperava, e que agora só restavam duas cousas. A primeira assignar o Tratado. A segunda não perder o tempo. Representei-lhe o estado presente e as cousas de Hollanda. Respondeo-me, que elle abrandára os Hollandezes por bons meios, e que logo mandava Downing para Hollanda, e que estaua certo em que os Estados Geraes farião tudo porque França estava da sua parte delle, e que os Hollandezes cuidavão o contrario, e que elle fallaria aos Embaixadores dos Estados Geraes. Representei-lhe tambem como estava aqui Dom Manoel de Aux Catalão, ficou de o ouvir ámanham, e de entreter a pratica, e não deixar em nada perder o tempo. Perguntei-lhe se podia já publicar isto. Respondeu-me com destreza: mas que antes de oito dias se assignaria o Tratado, acrescentando que tinha já dado ordem para reforçar a guarnição de Dunkerque e Mardick, e se lhe por novo governador, não por duvidar do presente, mas por ocupar ali hum sujeito dos melhores que tinha na arte militar. Pedi-lhe licença para hir dar as graças ao Duque de York, disse-me que lhe parecia muito bem. Eu o fui buscar e o não encontrei em casa. Agora he necessario que Vossa Magestade tenha prompto o que he obrigado, a fim de que veja Inglaterra que fallamos verdade, e que não são certas as mentiras que fazem aqui crer do Tratado de Vossa Magestade com Castella. O Conde de Manchester me esperou quando sahi de fallar a ElRey, e me disse que o Conde de Bristol depois da sua volta de Parma escrevera uma carta a ElRey que lhe deo Digby, Chanceller da Rainha, na qual lhe dizia que em as Princezas de Parma não achara os dotes da natureza e da fortuna que se havia imaginado, nem as que se requerião para hum tal e tão grande Principe, e afim que Sua Magestade não perdesse o tempo lhe fazia aquelle aviso. Este lance foi de politica, e me disem que Mylord Obiny lhe aconselhara por um expresso dizendo-lhe, que pois o negocio de Portugal estava concluido, que se fizesse n'outra volta: o que a elle lhe foi facil porque não he menos mudavel que entremettido. De tudo me pareceo fazer este aviso para que Vossa Magestade o tenha de tudo o que se passa. Deus guarde, &c.

1661 Maio 9

Carta de ElRei da Grã Bretanha á Rainha D. Luiza de Gusmão

(Quadro elementar, T. XVII, p. 187.)

1661 Maio 14 Señora. Bien se que el Embaxador de Vuestra Magestad el Conde da Ponte, tiene representado a Vuestra Magestad con todas particularidades lo que se ha passado en el principal negocio, que es de tanta importancia para Vuestra Magestad y juntamente para mi; y ainsi no puede Vuestra Magestad deixar de haver entendido, que de la dilacion en publicar aquello (que ya está cierto, y inteiramente acordado entre nos otros) me fue no solo necessario, mas perciso para bien de las dos Coronas. Que supuesto todas las particularidades se ajuntassen totalmente, poco despues de llegado el Conde Embaxador de Vuestra Magestad entre el y los comissarios que le nombré para ajustamiento del Tratado. Con todo no era razon declarar yo, antes de unos dias a cá, mi resolucion; lo que hizo a mi Consejo d'Estado, estando en el todos mis Consejeros, en los quales allei tan grande inclinacion, aprobacion y consentimiento, que ni uno solo parecer huvo en contrario; lo que há sido una circunstancia tan importante, y para mi de tanta satisfacion, que con un tan buen pressagio no puedo dexar de esperar muchas, y mui grandes felicidades. D'aqui a pocos dias lo haré publico a todo el mundo. Lo que aora solo resta es copiar las capitulaciones, y firmalas, lo que se hará bien presto. Lo qual siendo hecho se embarcará luego para dar a Vuestra Magestad cuenta de lo referido, el Conde Embaxador, a cuya prudencia y actividad en el manejo deste Tratado se deve atrebuir lo effeto, porque el fue quien me propuso primero este negocio; no huvo otra persona a quien yo lo comunicasse, é con quien negociasse la minima circunstancia del. En llegando a essa Corte el Conde Embaxador, aguardaré por instantes con la mayor impaciencia, que lo expressado en mis precedentes cartas, para mandar luego mi armada a Lisboa, a fin de me traher mi muger. En el interim me encomiendo mucho en la buena gracia de la Señora Infante mi Señora sobre todas, bien querida, y le asseguro todas aquellas dichas que por mi puede tener, estando cierto, que para mi no havra mayor felicidad que la de possuirme tan grande bien. Finalmente suplico y ruego a Vuestra Magestad com todas instancias, que esté todo preparado para quando llegare la armada, porque no se me dilate mi dicha, y bien todo, un solo instante más de aquello que fuere preciso. Dios guarde la real persona de Vuestra Magestad como mucho deseo. 1661 Maio 14

Decreto de 27 de maio de 1661, por que se ordena ao Senado de Lisboa que venda alguns fóros, para se acudir a um negocio que se trata em Inglaterra

(Arch. da Camara Municipal de Lisboa, Original, colligido no L.º 2.º de Consultas e Decretos d'ElRei D. Affonso VI, fol. 79.)

He de tanta importancia ao bem e conservação destes meus Reinos hum negocio que se está tratando em Inglaterra, e são tão grandes as utilidades, que espero se sigão d'elle a meus vassalos, que convem que por falta de dinheiro não deixe de se ajustar; e porque para o haver he necessario valer de tudo o de que se possa tirar: Hey por bem que o Senado da Camara venda dos fóros que tem seis centos mil réis, para com o procedido delles acudir a este negocio. Em Lisboa a 27 de Maio de 1661. Com a Rubrica da Rainha. 1661 Maio 27

Carta de El-Rei D. Affonso VI ao Senado de Lisboa e ás camaras das cidades e villas do reino sobre o modo mais prompto e suave de se realisar o auxilio pedido aos povos para o dote da Infanta D. Catharina, sua irmã

(Torre do Tombo, Minuta, nos Mss. de S. Vicente, T. 20, p. 237 e 233.)

ElRey da Grão Bretanha, meu bom irmão e Primo, me mandou representar por Francisco de Mello, Conde da Pon- 1661 Maio

1661 Maio te, do meu Conselho de Guerra, e meu Embaixador extraordinario em sua Corte, o grande desejo, que tinha de cazar com a Infante Dona Catharina, minha muito amada e presada irmãa, e porque França fez a paz com Castella sem me incluir nella, faltando ao que capitulou com ElRey meu Senhor e Pay que Deus tem, despois de tantas promessas, e eu desejar por esta razão, e pella inclinação que ElRey mostra a este casamento emparentar, e unir-me com elle o mais que fôr possivel, cazando a Infante com um tão grande Principe, e fazendo com elle huma liga, de que se fique seguindo ao Reyno grande reputação para com as nações e se adiante muito com isto a paz de Hollanda, cuja mediação aquelle Rey tem já muito por sua conta, e ainda a esperança de se poder ajustar com Castella; e finalmente, por se achar o Reyno e os vassallos gastados com huma guerra tão visinha, que dura ha tantos annos, e de que só por este meyo se podem ver livres, e restituidos á paz e socego, que muito lhes desejo, mandei ordenar ao dito meu Embaixador tratasse este negocio com ElRey, e ajustado me avisasse para se dispôr a entrega do dote; e porque conforme aos ultimos avisos que se receberam do Embaixador, o tem ajustado, e para se concluir de todo convem esteja tudo tão prompto, que não falte na occasião, esperando de meus vassallos me sirvão para ella com huma somma muito igual a hum negocio de que (demais de se lhe seguirem tantas e tão grandes utilidades e reputação) póde resultar sua quietação, mandando-o communicar a meus Ministros e ao Senado da Camara desta Cidade (por não dar logar a diversão das campanhas e a brevidade com que ElRey quer celebrar o cazamento a o fazer em Cortes) me representárão que o meyo mais prompto, e suave para meus vassallos ajudarem o dote da Infante, conforme ao costume, e obrigação do Reyno em semelhantes occasiões, era o de dobrarem as sizas por tempo de dous annos, que se entendia poderião importar ao mais quinhentos mil cruzados; e por parecer este meyo mais conveniente que o do imposto das moendas, o da decima dobrada, e outros que se me apontárão, fui servido acceital-o, querendo primeiro que se executasse mandar-vo-lo avizar, como faço por esta carta. Encomendo-vos muito, que considerando este negocio como pede a importancia delle, vos conformeis com esta minha resolução com tão boa vontade, como vos merece meu animo, a affeição que vos tenho e a grande estimação que faço de vossas pessoas, advertindo que para o fim do mez de Novembro que vem determino celebrar Côrtes nesta Cidade, para o que podereis nomear logo procuradores e estarem prevenidos para este tempo, e nellas ouvirei meus vassallos e ajustarei com elles algumas cousas convenientes ao bem e conservação do Reyno, allivio e consolação de todos, que he o que mais trago diante dos olhos. 1661 Maio

---

Ordem regia de 9 de junho de 1661, ao Senado de Lisboa, para um emprestimo, por motivo de um negocio de utilidade do Reino, que se trata em Inglaterra

(Arch. da Camara Municipal de Lisboa, Original, colligido no L.° 2.° de Consultas e Decretos d'ElRei D. Affonso VI, fol. 76.)

He de tanta importancia ao bem, e conservação destes meus Reynos hum negocio, que se está tratando em Inglaterra, e são tantas, e tão grandes as utilidades, que espero se siguão delle a meus vassallos, que convem, que por falta de dinheiro naõ deixe de se ajustar. E porque para o haver he necessario valer de todos os meyos; houve por bem tomar por emprestimo o segundo quartel deste anno, como já se fez em occasiaõ semelhante, exceptuando os conventos, e misericordias, advertindo, que se hade pagar dos primeiros crecimentos que houver. Encomendo muito ao Senado da Camara desta Cidade queira nesta conformidade mandar entregar ao Joaõ Froes de Aguiar (que tenho nomeado Thezoureiro deste dinheiro) o segundo quartel dos ordenados, juros e tenças, que a Camara paga, enviando-me relaçaõ do que importa o quartel. Em Lisboa a 9 de Junho de 1661. Com a Rubrica da Rainha. 1661 Junho 9

Tratado de paz e alliança entre ElRei Dom
e do casamento d'este Monarcha com a Infanta de Portugal
e ratificada por parte de Portugal,

(Public Record Office: — Treaties, n.° 35.)

1661 Junho 23 Alfonsus Dei Gratia Rex Portugalliæ et Algarbiorum citra et ultra Mare in Africa, Dominus Guineæ, atque adquisitionis, Navigationis, et Commercii, Æthiopiæ, Arabiæ, Persiæ ac Indiæ, etc. Notum facimus universis per præsentes nostras literas patentes approbationis, ratihabitionis, et confirmationis quod vicesimo tertio die Mensis Junii Anni præsentis millesimi sexcentesimi sexagesimi primi apud Palatium Aulæ Albæ factus, innitus, et conclusus fuit Tractatus de arctiori pace stabilienda, et præcipue de Matrimonio inter Serenissimam Principissam Portugalliæ Infantam Sororem nostram Charissimam, et Serenissimum Carolum Secundum Magnæ Britanniæ etc. Regem, contrahendo, inter Franciscum de Mello Comitem de Ponte a Nostris Conciliis Belli, et Generalem Tormentorum Bellicorum in Provintia Transtagana, nostrumque ad Serenissimum Carolum Secundum Magnæ Britanniæ etc. Regem Legatum Extraordinarium et admodum Illustrissimos Eduardum Comitem Clarendeni Summum Angliæ Cancellarium, Thomam Comitem Southamptoniæ, Summum Angliæ Thesaurarium, et Georgium Ducem Albemarlæ Equorum Regis Magistrum, et Exercituum in Magna Britannia et Hibernia Capitaneum Generalem, Jacobum Ducem Ormondiæ Domus Regiæ Seneschallum, Eduardum Comitem Mancestriæ Domus Regiæ Camerarium, Eduardum Nicholas Equitem auratum unum atque Guilielmum Morice Equitem auratum, alterum Primariorum Regis Secretariorum ex parte dicti Serenissimi Regis Magnæ Britanniæ etc. Commissarios et Deputados cujus tenor hic inseritur.

Tractatus inter Serenissimos et Potentissimos Carolum Secundum Magnæ Britanniæ etc. et Alfonsum sextum Portugalliæ Reges de arctiori inter utrosque Reges Pace stabilienda, et præcipuè de Matrimonio inter Serenissimum Regem Magnæ Britanniæ et Serenissimam Principissam Portugalliæ

Affonso VI e Carlos II da Gran-Bretanha,
D. Catharina, assignado em Londres a 23 de Junho de 1661
em 28 de Agosto do mesmo anno

(Traducção particular.)

Dom Affonso, por graça de Deus, Rei de Portugal e dos Algarves d'aquem e d'alem mar em Africa, Senhor de Guiné, e da conquista, navegação e commercio da Ethiopia, Arabia, Persia e da India, etc. Fazemos saber a quantos esta nossa Carta patente de approvação, ratificação e confirmação virem, que aos vinte e tres dias do mez de junho do presente anno de mil seiscentos e sessenta e um, no Palacio de Whitehall, se fez, ajustou e concluiu um Tratado de mais apertada paz, e principalmente de casamento que se ha de contrahir entre a Serenissima Princeza a Infanta de Portugal, nossa muito amada irmã, e o Serenissimo Carlos Segundo, Rei da Gram Bretanha, etc.; entre Francisco de Mello, Conde da Ponte, do nosso Conselho de Guerra e General de artilheria da provincia do Alemtejo e nosso Embaixador extraordinario ao Serenissimo Carlos Segundo, Rei da Gram Bretanha, etc., e os muito illustres Eduardo Conde de Clarendon, Chanceller mór de Inglaterra, Thòmaz Conde de Southampton, Thesoureiro mór de Inglaterra, Jorge Duque de Albemarle, Estribeiro mór do Rei e General dos exercitos na Gram Bretanha e Irlanda, Diogo Duque de Ormond, Mordomo mór da Casa real, Eduardo Conde de Manchester, Camareiro da Casa real, Eduardo Nicholas e Guilherme Morice, ambos Cavalleiros dourados, secretarios principaes do Rei, commissarios e deputados por parte do dito Serenissimo Rei da Gram Bretanha, etc.; o teor do qual tratado aqui se inclue: 1661 Junho 23

Tratado entre os Serenissimos e muito Poderosos Reis Carlos Segundo da Gram Bretanha etc. e Dom Affonso Sexto de Portugal, de estabelecimento de mais apertada paz, e principalmente de casamento que se ha de contrahir entre o Serenissimo Rei da Gram Bretanha e a Serenissima Prin-

1661 Junho 23 Infantam contrahendo, factus, et conclusus per Illustrissimos et Clarissimos Viros Eduardum Comitem Clarendeni Summum Angliæ Cancellarium, Thomam Comitem Southamptoniæ Summum Angliæ Thesaurarium, Georgium Ducem Albemarlæ Equorum Regis Magistrum, et Exercituum in Magna Britannia et Hibernia Capitaneum Generalem, Jacobum Ducem Ormondiæ Domus Regiæ Seneschallum, Eduardum Comitem Mancestriæ Domus Regiæ Camerarium, Eduardum Nicholas, Equitem auratum unum, atque Guilielmum Morice Equitem auratum alterum primariorum Regis Secretariorum ex parte Regis Magnæ Britanniæ Commissarios et Excellentissimum Virum Franciscum de Mello, Comitem de Ponte, Regis Portugalliæ Legatum extraordinarium, ex parte dicti Regis Portugalliæ.

Quandoquidem rebus omnibus probè perpensis, et deliberatis concordatum mutuò fuerit inter Serenissimos et Potentissimos Carolum Dei gratia Magnæ Britanniæ, Franciæ, et Hiberniæ etc. et Alfonsum eadem Dei gratia Portugalliæ et Algarbiorum etc. Reges, Quod Serenissimus, et Potentissimus Magnæ Britanniæ Rex Excellentissimam Principissam Dominam Catherinam Portugalliæ Infantam, summa qua tantum negotium perfici poterit, celeritate uxorem ducet, cum ad pacem firmiorem et diuturniorem inter Coronas hasce stabiliendam, tum ad utilitates Populi utriusque promovendas quos in posterum opportebit alterutrius invicem commodis non minus quam suis prospicere, conventum et conclusum est.

1.

Quod tractatus omnes ab anno 1641 ad hoc usque tempus facti inter Magnam Britanniam et Portugalliam ratihabebuntur, et confirmati in omnibus, et ad omnes intentiones, necnon per præsentem tractatum, vim et vigorem æquè plenum accipient, ac si singulorum in iisdem respectivè de verbo in verbum particularis mentio facta esset, vel fuisset.

2.

Dominus Rex Portugalliæ de assensu, et deliberatione

ceza Infanta de Portugal; feito e concluido pelos illustrissimos e clarissimos Varões Eduardo Conde de Clarendon, Chanceller mór de Inglaterra, Thomaz Conde de Southampton, Thesoureiro mór de Inglaterra, Jorge Duque de Albemarle, Estribeiro mór do Rei e General dos exercitos na Gram Bretanha e na Irlanda, Diogo Duque de Ormond, Mordomo mór da Casa real, Eduardo Conde de Manchester, Camareiro da Casa Real, Eduardo Nicholas e Guilherme Morice, ambos Cavalleiros dourados, secretarios principaes do Rei, commissarios por parte do rei da Gram Bretanha; e o excellentissimo varão Francisco de Mello, Conde da Ponte, Embaixador extraordinario d'El-Rei de Portugal, por parte do dito Rei de Portugal. 1661 Junho 23

Tendo-se depois de maduro exame e deliberação, concordado mutuamente entre os Serenissimos e muito Poderosos Carlos pela graça de Deus Rei da Gram Bretanha, França e Irlanda, etc. e Dom Affonso pela mesma graça de Deus, Rei de Portugal e dos Algarves, etc. que o Serenissimo e muito Poderoso Rei da Gram Bretanha casará com a Excellentissima Princeza Dona Catharina, Infanta de Portugal, com a maior brevidade, com que tam importante negocio puder concluir-se; tanto para estabelecer paz mais firme e duradoura entre estas Corôas, como para promover as vantagens de ambas as Nações, que d'ora avante devem reciprocamente attender aos interesses uma da outra, como se fossem proprios; assentou-se e concluiu-se:

1.

Que todos os Tratados feitos desde 1641 até o dia d'hoje entre a Gram Bretanha e Portugal, serão ratificados e confirmados em tudo e para todos os seus fins; e receberão pelo presente Tratado tam plena força e vigor, como se de cada um d'elles respectivamente aqui estivesse, ou fosse feita menção particular palavra por palavra.

2.

O Senhor Rei de Portugal com o consentimento e delibe-

1661 Junho 23 Concilii sui dat, transfert, et concedit, et confirmat per præsentes Domino Regi Magnæ Britanniæ, Hæredibus et Successoribus suis in perpetuum Civitatem, et Castrum Tingitanum cum omnibus suis juribus, proficuis, territoriis, et pertinentiis suis quibuscumque, necnon tam utile, quam directum, plenum, et absolutum dominium, et supremum imperium ejusdem civitatis, et castri, et territoriorum prædictorum cum Regalibus eorumdem liberè, plenè, integrè, et absolutè, necnon convenit, et concedit quod plena et pacifica possessio prædictæ civitatis et castri, cæterorumque præmissorum cum omni, quæ fieri poterit celeritate Domino Regi Magnæ Britanniæ, et in usum suum in exequtionem hujusmodi concessionis liberè tradatur cum effectu. Et conventum est quod quamprimum tractatus iste signatus fuerit a Domino Rege Magnæ Britanniæ et Contractus Matrimonialis inter ipsum Dominum Regem, et Dominam Infantam per verba de præsenti factus, dictus Dominus Rex quinque naves bellicas (vel quot ipsi visum fuerit) Ulissiponam mittet, quæ mandata illic accipient ad Portum Tingitanum navigandi, ibique commorandi, tam ad Præsidii transportationem, quam ad loci securitatem, et ut primum Præfectus illius loci notum fecerit se Regis Portugalliæ Mandata de traditione dictorum locorum exequtum esse, ipso quoque Tractatu per Dominum Regem Portugalliæ ratihabito, et confirmato, Dominus Rex Magnæ Britanniæ quanta fieri poterit expeditione de præmissis certior fiat, qui protinus classem duodecim navium bellicarum ad Portum Ulyssiponem mittet, quæ intra quatuor, aut quinque dies, postquam illuc appulerit, mandata habebit eundi, et possessionem urbis et castri Tingitani cum cæteris præmissis in usum Domini Regis Magnæ Britanniæ capiendi, et cum effectu recipiendi, quæ civitas cum castro et Territoriis, cæterisque præmissis, tam in Dominio, et Imperio absoluto, quam in possessione cedet, et remanebit Domino Regi Magnæ Britanniæ, Hæredibus, et Successoribus suis in perpetuum, Coronæ ejus Imperiali annexa.

3.

Quod Milites omnes, necnon alii quicunque prædictæ Ur-

ração do seu Conselho dá, transfere e concede, e pelo presente confirma para sempre ao Senhor Rei da Gram Bretanha, e aos seus herdeiros e successores, a cidade e fortaleza de Tanger com todos os seus direitos, proveitos, territorios e quaesquer pertenças; e o dominio tanto util, como directo, pleno e absoluto, e o supremo poder da mesma cidade e fortaleza e dos sobreditos territorios, com os seus direitos reaes, livre, plena, integral e absolutamente; e tambem concorda e outorga que se dê com effeito livremente ao Senhor Rei da Gram Bretanha, e em cumprimento d'esta concessão para seu uso, a posse plena e pacifica da dita cidade e fortaleza e do mais acima dito com toda a brevidade que puder ser. E assentou-se que logo que este Tratado fôr assignado pelo Senhor Rei da Gram Bretanha, e o Contracto matrimonial entre o mesmo Senhor Rei e a Senhora Infanta fôr celebrado por palavras de presente, o dito Senhor Rei enviará a Lisboa cinco navios de guerra (ou quantos lhe parecer),que ahi receberão ordem de navegar para o porto de Tanger e demorar-se alli, tanto para o transporte da guarnição, como para a segurança do logar; e apenas o Capitão d'aquella Praça fizer saber que executou as ordens d'El-Rei de Portugal sobre a entrega dos ditos logares, ratificado e confirmado tambem o mesmo Tratado pelo Senhor Rei de Portugal, avisar-se-ha do sobredito com a maior presteza possivel o Senhor Rei da Gram Bretanha; o qual expedirá immediatamente para o porto de Lisboa uma armada de doze navios de guerra, que, dentro de quatro ou cinco dias depois de chegar alli, terá ordem de partir para tomar posse, e recebêl-a com effeito, da cidade e fortaleza de Tanger com o mais sobredito, para uso do Senhor Rei da Gram Bretanha; a qual cidade com a fortaleza, territorio e mais cousas acima ditas, tanto no dominio e soberania absoluta, como na posse, pertencerá e ficará para sempre ao Senhor Rei da Gram Bretanha e aos seus herdeiros e successores, annexa á sua Corôa imperial. 1661 Junho 23

3.

Que todos os soldados e outros quaesquer habitantes da

1661 Junho 23 bis et Castelli Tingitani Incolæ quotquot inibi commorari, et residere cupient, amicissimè tractentur iisque Romanæ Catholicæ Religionis exercitium liberè permittatur ac in omnibus rebus civilibus sub Domino Rege Magnæ Britanniæ et tanquam Populi eidem Domino Regi, et Imperio suo subditi et subjecti iisdem legibus, et consuetudinibus in Civitate et Castro prædictis hactenus usitatis et approbatis regulentur, et gubernentur. Militibus porrò aliisque incolis cujuscunque fuerint conditionis, qui in Portugalliam redire cupient plena dabitur facultas bona sua omnia vendendi et distrahendi, et deinde in Portugalliam quandocunque id desiderabunt navibus a Magnæ Britanniæ Rege suppeditatis transvehentur, una cum tormentis bellicis quibus sine incommodo fortalitia Tingitana carere possint.

4.

Statim ac Civitas Tingitana cum castro et territoriis (in exequtionem hujus tractatus et concessionis de translatione imperii, et absoluti inde dominii Domino Regi Magnæ Britanniæ) in usum et possessionem dicti Domini Regis Magnæ Britanniæ effectualiter tradita fuerit, classis ad Ulissiponam revertetur, ubi Domina Infanta in Prætoriam recipietur cum ejusmodi lætitiæ declarationibus, signis, et ceremoniis quæ excellentiam et qualitatem suæ Personæ deceant.

5.

Rex Portugalliæ promittit seseque obligat per præsentes dare in dotem Domino Rege Magnæ Britanniæ cum dicta Domina Infanta sorore sua duos milliones coronatorum vel cruciatorum Portugallensium, quorum unum dimidium in dictam classem realiter importabitur antequam ipsa Principissa navem conscenderit, et dictum dimidium, vel tanta ejus portio quæ ex moneta constabit, statim tradetur (in rationibus postea collocandum) ejusmodi personis, quas Dominus Rex Magnæ Britanniæ ad illud recipiendum in suum ipsius usum deputaverit, tanta autem ejusdem dimidii portio, quæ in classem imponetur constans ex gemmis, saccaro, aliisque

sobredita cidade e fortaleza de Tanger, que desejarem ahi ficar e residir, sejam tratados mui benevolamente, e se lhes permitta o livre exercicio da Religião Catholica Romana, e em todos os negocios civis sejam regidos e governados sob o Senhor Rei da Gram Bretanha, e como povos subditos e sujeitos ao mesmo Senhor Rei e á sua autoridade, pelas mesmas leis e costumes até agora usados e approvados na dita cidade e fortaleza. Mas os soldados e outros habitantes de qualquer condição que sejam, que desejarem voltar para Portugal, terão plena faculdade de vender todos os seus bens e dispor d'elles, e depois, em qualquer occasião que quizerem, serão transportados a Portugal em navios fornecidos pelo Rei da Gram Bretanha, juntamente com a artilheria, que sem prejuizo puder ser dispensada das fortificações de Tanger. 1661 Junho 23

4.

Logo que a cidade de Tanger com a fortaleza e territorios (em execução d'este Tratado e concessão de transferencia de soberania e dominio absoluto para o Senhor Rei da Gram Bretanha) fôr effectivamente entregue ao uso e posse do dito Senhor Rei da Gram Bretanha, voltará a Lisboa a armada, em cuja Capitania será recebida a Senhora Infanta com aquellas demonstrações de alegria, signaes e ceremonias que convierem á excellencia e qualidade da Sua Pessoa.

5.

El-Rei de Portugal promette e obriga-se pelo presente a dar em dote, com a dita Senhora Infanta Sua Irmã, ao Senhor Rei da Gram Bretanha dois milhões de cruzados portuguezes, metade dos quaes será levada realmente para a dita armada antes da mesma Princeza embarcar; e a dita metade, ou a porção d'ella que constar de moeda, será logo entregue (para ser depois lançada em conta) áquellas pessoas que o Senhor Rei da Gram Bretanha deputar para a receberem, para uso d'elle mesmo; mas aquella porção da mesma metade, que constar de pedraria, assucar e outras mercadorias, e se embarcar na armada, não se lançará na conta do

1661 Junho 23 mercimoniis non recipietur in rationibus Domini Regis Magnæ Britanniæ, sed in Fluvium Thamasis transportabitur pro usu talium personarum quibus Dominus Rex Portugalliæ authoritatem dederit, illam partem recipiendi. Eæ autem personæ tenebuntur (et Dominus Rex Portugalliæ se ipsum obligat pro tali solutione per easdem personas realiter facienda) intra duos menses postquam illa pars ipsis tradita fuerit, plenum et integrum valorem ejusdem in moneta Anglicana (uti concordatum est) Domino Regi Magnæ Britanniæ effectualiter numerare et persolvere. Quod ad alterum dicti dotis dimidium extendens ad unum millionem coronatorum vel cruciatorum Portugallensium attinet, Dominus Rex Portugalliæ sese obligat illud solvere intra spacium unius anni postquam dicta Principissa Angliam appulerit duabus (scilicet) solutionibus, altera intra sex menses proximè sequentes, altera intra dicti anni terminum utrisque in civitate London faciendis, gemmis autem aliisque mercibus in dicti Domini Regis Magnæ Britanniæ navibus (uti dictum est) transportandis, ex quibus tanta etiam hujus dimidii portio, quæ constiterit in Angliam transportabitur pro usu talium personarum, quas Dominus Rex Portugalliæ ad eam recipiendam deputaverit: Eæ autem personæ tenebuntur (uti præfertur) intra dictos terminos plenum et integrum valorem ejusdem in moneta Anglicana Domino Regi Magnæ Britanniæ effectualiter numerare persolvere.

6.

Ab eo tempore quo in Regiam Classem recepta fuerit Serenissima Infanta, ipsa cum omni comitatu, sumptibus et impensis Serenissimi Domini Regis Magnæ Britanniæ transportabitur, qui cum primum acceperit nuncium illud exoptatissimum Majestatem Suam littus Anglicanum appulisse, summa quæ fieri poterit festinatione ad eam recipiendam accelerabit, quod fiet denique cum omnibus affectuum expressionibus et demonstrationibus, quæ et tantæ personæ Serenitati, et Majestatis Suæ expectationi respondere possint, quo tempore matrimonii instrumentum palam recitabitur, cui tam Dominus Rex, quam Domina Infanta assensum personaliter

Senhor Rei da Gram Bretanha, mas será transportada até o Rio Tamisa, consignada ás pessoas, a quem o Senhor Rei de Portugal der auctorisação para a receberem. E essas pessoas serão obrigadas (e o Senhor Rei de Portugal se obriga tambem pelo pagamento que as mesmas pessoas realmente hão de fazer) dentro de dois mezes, depois de lhes ter sido entregue aquella porção, a contar e pagar effectivamente o seu completo e inteiro valor em moeda ingleza (como se ajustou) ao Senhor Rei da Gram Bretanha. Pelo que respeita a outra metade do dito dote, importando n'um milhão de cruzados portuguezes, o Senhor Rei de Portugal obriga-se a pagal-a dentro do espaço de um anno, depois da chegada da dita Princesa a Inglaterra, em dois pagamentos, que ambos se hão de fazer na cidade de Londres, a saber, um dentro de seis mezes proximos seguintes, outro dentro do termo do dito anno; e devendo transportar-se nos navios do dito Senhor Rei da Gram Bretanha (como dito é) a pedraria e outras mercadorias, a parte d'ellas, de que constar a porção d'esta metade, será remettida para Inglaterra, consignada ás pessoas que o Senhor Rei de Portugal designar para a receberem; e essas pessoas serão obrigadas (como acima se diz) a contar e pagar o seu valor completo e inteiro em moeda ingleza ao Senhor Rei da Gram Bretanha, dentro dos ditos prasos. 1661 Junho 23

6.

Desde o momento em que fôr recebida na real Armada a Serenissima Infanta, os gastos e despezas da viagem da mesma com toda a sua comitiva serão á custa do Serenissimo Rei da Gram Bretanha, que tam depressa tiver a muito desejada noticia de Sua Magestade haver aportado ás margens inglezas, se apressará com a maior diligencia possivel a recebêl-a, o que finalmente se fará com todas as expressões e demonstrações de affectos, que possam corresponder á dignidade de tal Pessoa e ao desejo de Sua Magestade; na qual occasião se lerá publicamente o Contrato do casamento, a que prestarão pessoalmente o seu consentimento, tanto o Se-

1664 Junho 23 præstabit; Reliquaque omnia peragentur ad ampliorem ejus rei solemnitatem, et perfectionem, quæ ex parte Serenissimi Portugalliæ Regis expectentur.

7.

Concordatum item est quod Serenissimæ Angliæ Reginæ totique familiæ suæ liberè permittetur Romanæ Catholicæ Religionis exercitium; quem in finem in omnibus palatiis, seu domibus Regiis in quibus Majestati Suæ placuerit quovis tempore commerari, sacellum habebit aut locum alium hujusmodi usibus peculiariter destinatum idque eodem planè modo, quo Reginæ Matri etiamnum superstiti olim erat permissum; Tales item sacellanos et ecclesiasticos numero et qualitate penes se habebit, quales habuit prædicta Regina, et cum iisdem privilegiis et immunitatibus. Pollicetur insuper Magnæ Britanniæ Rex se Conjugi suæ nullas molestias daturum, nec ab aliis ullis dari passurum de rebus ad religionem et conscientiam spectantibus.

8.

Quod Magnæ Britanniæ Rex intra unius anni spatium post Reginæ Suæ in Angliam adventum constituet illi, stabilietque in donationem propter Nuptias triginta millia librarum monetæ Anglicanæ per annum simulque palatium sive domum unam ad minimum in qua Majestas Sua residere atque habitare possit, rebusque omnibus ornatam et instructam, quæ Majestati Suæ conveniant; Quibus perfruetur illa durante vita sua, si Regiæ Majestati supervixerit.

9.

Quod Majestatis suæ familia ex quo tempore ipsa in Angliam advenerit, instituetur, et componetur, ex tali numero officiariorum et famulorum, qui Dignitati suæ congruat, eodemque modo quo Regina Mater eisdem gavisa est.

10.

Si Sua Majestas Regi Magnæ Britanniæ supervixerit et tunc in Portugalliam vel ullum *(sic)* aliam Regionem redire

nhor Rei como a Senhora Infanta; e cumprir-se-ha tudo o mais que, para maior solemnidade e perfeição d'este acto, fôr desejado por parte do Serenissimo Rei de Portugal. 1661 Junho 23

7.

Concordou-se tambem que será livremente permittido á Serenissima Rainha de Inglaterra e a toda a sua familia o exercicio da Religião Catholica Romana; para o qual fim, em todos os Palacios, ou Casas Reaes, onde aprouver a Sua Magestade residir por qualquer tempo, terá uma Capella, ou outro logar destinado particularmente para tal uso; e isto inteiramente do mesmo modo que outrora se tinha permittido á Rainha mãe, ainda hoje viva; e terá junto de si o mesmo numero e qualidade de capellães e ecclesiasticos, que a dita Rainha teve, e com os mesmos privilegios e immunidades. Promette alem d'isto o Senhor Rei da Gram Bretanha que não suscitará contrariedades algumas a sua esposa, nem consentirá que alguem lh'as suscite, sobre cousas de religião e de consciencia.

8.

Que o Rei da Gram Bretanha dentro do espaço de um anno depois da chegada da sua Rainha a Inglaterra, lhe concederá e estabelecerá, por doação *propter nuptias*, trinta mil libras de moeda ingleza por anno, e juntamente um Palacio, ou ao menos uma Casa, onde Sua Magestade possa residir e habitar, ornada e guarnecida de tudo que fôr conveniente a Sua Magestade, o que a mesma desfructará durante a sua vida, no caso de sobreviver á Magestade Real.

9.

Que a familia de Sua Magestade, desde que a mesma chegar a Inglaterra, se formará e comporá do numero de officiaes e criados, que convier á sua dignidade, e do mesmo modo que a Rainha mãe os teve.

10.

No caso de Sua Magestade sobreviver ao Rei da Gram Bretanha, e de querer então voltar para Portugal ou para algum

1661 Junho 23 voluerit, liberè id facere poterit, et secum asportare omnes gemmas suas, bona, et mobilia: Rex item Magnæ Britanniæ Hæredes ac Successores suos per præsentes obligat, ut Majestatem Suam tutò, et honorificè transportari curent eo quo decet modo pro amplitudine Personæ Suæ propriis ipsorum sumptibus, et impensis. Dictos insuper Hæredes, ac Successores suos obligat prædictam triginta millia librarum summam prædictæ Reginæ annuatim persolvere non aliter, ac si in Anglia commorata esset.

11.

Quod pro meliori incremento Anglicæ rei et mercaturæ in Indiis Orientalibus, et quo Rex Magnæ Britanniæ melius instruatur ad assistendum, defendendum, ac protegendum subditos Domini Regis Portugalliæ in iis Regionibus a vi et invasione statuum Unitarum Provinciarum, Dominus Rex Portugalliæ de assensu et deliberatione Concilii sui dat, transfert, et per præsentes concedit, et confirmat Domino Regi Magnæ Britanniæ, Hæredibus, et successoribus suis in perpetuum, Portum et Insulam Bombaim in Indiis Orientalibus cum omnibus suis juribus, proficuis, territoriis et pertinentiis quibuscunque ac tam utile, quam directum, plenum et absolutum dominium, et supremum imperium ejusdem portus et insulæ, et præmissorum cum omnibus inde regalibus, liberè, plenè, integrè et absolutè; Necnon convenit, et concedit quod quieta et pacifica eorumdem possessio, cum qua fieri poterit celeritate Domino Regi Magnæ Britanniæ, vel personis ad hoc per dictum Dominum Regem Magnæ Britanniæ deputandis, et in usum suum in exequtionem hujus concessionis liberè tradatur cum effectu. Incolis dictæ Insulæ (ut subditis Domini Regis Magnæ Britanniæ, et Ejus Imperio, Coronæ, Jurisdictioni et Regimini subjectis) ibidem manere, liberoque Catholicæ Religionis exercitio gaudere permissis eodem modo quo jam faciunt, id quod semel dictum et semper intellèctum esto Eundem Ordinem obṡervatum iri pro exercitio et conservatione Romanæ Catholicæ Religionis in urbe Tingitana, omnibusque aliis locis, quæ a Rege Portugal-

outro paiz, podel-o-ha livremente fazer, e levar comsigo todas as suas joias, bens e moveis; e o Rei da Gram Bretanha obriga pelo presente os seus herdeiros e successores a mandarem transportar Sua Magestade com toda a segurança e honra, como convêm á dignidade da Sua Pessoa, fazendo elles todos os gastos e despezas. E alem d'isto obriga os ditos seus herdeiros e successores a pagarem annualmente a sobredita somma de trinta mil libras á dita Rainha, como se ella ficasse em Inglaterra, e não de outro modo. 1661 Junho 23

11.

Que para maior augmento do interesse e commercio inglez nas Indias Orientaes, e para o Rei da Gram Bretanha estar mais preparado para ajudar, defender e proteger os subditos d'El-Rei de Portugal n'aquellas Regiões contra a força e invasão dos Estados das Provincias Unidas, o Senhor Rei de Portugal com o consentimento e deliberação do seu conselho dá, transfere, e pelo presente concede e confirma para sempre ao Senhor Rei da Gram Bretanha e a seus herdeiros e successores o porto e ilha de Bombaim nas Indias Orientaes, com todos os seus direitos, proveitos, territorios e quaesquer pertenças, e o dominio tanto util como directo, pleno e absoluto, e o supremo governo de mesmo porto e ilha e das sobreditas cousas com os seus direitos reaes, livre, plena, integral e absolutamente; e tambem concorda e outorga que ao Senhor Rei da Gram Bretanha, ou ás pessoas que para isso forem deputadas pelo dito Senhor Rei da Gram Bretanha, se dará livremente com effeito a posse das mesmas cousas, quieta e pacifica, e para seu uso, em cumprimento d'esta concessão, com a maior brevidade que puder ser; permittindo-se aos habitantes da dita ilha (como subditos do Senhor Rei da Gram Bretanha, e sujeitos ao seu imperio, corôa, jurisdicção e governo) ficar alli e gosar do livre exercicio da Religião Catholica Romana do mesmo modo que já o fazem; e entender-se-ha de uma vez para sempre que, para o exercicio e conservação da Religião Catholica Romana na cidade de Tanger e em todos os mais logares que forem concedidos e

1661 Junho 23 liæ in potestatem Domini Regis Magnæ Britanniæ concedentur et tradentur, qui provisus fuit et concordatus super Redditionem Dunkerquæ in manus Anglorum, et cum Dominus Rex Magnæ Britanniæ classem suam ad capiendam possessionem dicti portus et Insulæ Bombaim miserit, instructiones habebunt Angli, ut Domini Regis Portugalliæ subditis per Indias Orientales omnem amicitiæ fiduciam, opem, et auxilium præstent, eosque in commercio, et navigationibus illic faciendis protegant.

12.

Quo subditi Domini Regis Magnæ Britanniæ pleniori beneficio mercaturæ, et commercii fruantur in omnibus Regis Portugalliæ dominiis, concordatum est quod ipsorum mercatores et factores (supra quod prioribus tractatibus concessum est) virtute hujus tractatus in omnibus, ubi velint, locis residere poterint, et speciatim quod degent et fruentur omnibus privilegiis, atque immunitatibus quantum ad mercaturam spectat, perinde ac ipsi Lusitani in urbibus, oppidisque Goæ, Cochim et Dio: Proviso quod subditi Domini Regis Magnæ Britanniæ in ullis dictorum locorum habitaturi numerum quatuor familiarum in uno loco non excedant.

13.

Iisdem privilegiis, libertatibus, atque immunitatibus subditi domini Regis Magnæ Britanniæ fruentur in oppido Bahia de todos os Sanctos, Pernambuco, et Rio de Janeiro in ditione Brasiliensi, et in omnibus aliis Domini Regis Portugalliæ Dominiis per Indias Occidentales.

14.

Si vero Dominus Rex Magnæ Britanniæ aut Subditi sui quovis postea tempore ab ordinibus generalibus fœderati Belgii, vel aliis quibuscunque recuperaverint ulla oppida, castra, vel territoria quæ ad Coronam Lusitanicam prius pertinebant, concedit Dominus Rex Portugalliæ de assensu et deli-

entregues ao poder do Senhor Rei da Gram Bretanha por El-Rei de Portugal, se ha de observar a mesma ordem que se estabeleceu e ajustou na entrega de Dunkerque nas mãos dos Inglezes. E quando o Senhor Rei da Gram Bretanha enviar a sua armada para tomar posse do dito porto e ilha de Bombaim, terão os inglezes instrucções para darem toda a segurança de amisade, soccorro e auxilio aos subditos do Senhor Rei de Portugal nas Indias Orientaes, e protegel-os no commercio e navegações que alli fizerem. 1661 Junho 23

12.

Para que os subditos do Senhor Rei da Gram Bretanha desfructem maior beneficio do trafico e do commercio em todos os dominios d'ElRei de Portugal, concordou-se que os seus mercadores e feitores (alem do que é concedido por Tratados anteriores) poderão, em virtude d'este Tratado, morar em todos os logares onde quizerem; e que especialmente residirão nas cidades e praças de Goa, Cochim e Diu, e ahi gosarão, no que pertence ao commercio, dos mesmos privilegios e immunidades que os Portuguezes, com tanto que os subditos do Senhor Rei da Gram Bretanha, que houverem de habitar em alguns dos ditos logares, não excedam em cada um o numero de quatro familias.

13.

Os subditos do Senhor Rei da Gram Bretanha gosarão dos mesmos privilegios, liberdades e immunidades na cidade da Bahia de Todos os Santos, em Pernambuco e Rio de Janeiro no senhorio do Brasil e em todos os outros Dominios do Senhor Rei de Portugal nas Indias Occidentaes.

14.

Se, porém, o Senhor Rei da Gram Bretanha ou os seus subditos em qualquer tempo futuro recuperarem dos Estados Geraes de Hollanda, ou de outros quaesquer, algumas cidades, fortalezas, ou terras, pertencentes anteriormente á Corôa Portugueza, o Senhor Rei de Portugal, com o consen-

1661 Junho 23 beratione Consilii sui supremum Imperium et plenum, integrum et absolutum dominium eorumdem et eorum cujuslibet eidem domino Regi Magnæ Britanniæ, Hæredibus et successoribus suis in perpetuum liberè, integrè et absolutè (excepta Mascata quæ nunc ab Arabibus incolitur). Et si quando Insula Zeilæ (vulgo Zeilam dicta) quocunque modo in potestatem Domini Regis Portugalliæ pervenerit, tenetur hoc tractatu, et se obligat Domino Regi Magnæ Britanniæ oppidum et portum Gallæ, et plenum et absolutum dominium inde concedere et transferre, et possessionem ejusdem oppidi et portus cum omnibus suis pertinentiis eisdem (*sic*) domino Regi Magnæ Britanniæ tradere cum effectu, reservato tamen sibi dicto domino Regi Portugalliæ oppido et portu Columbo; sed cinnamomi commercium æqualiter inter Anglos et Lusitanos est dividendum, sicut etiam siquando eadem Insula in potestatem Domini Regis Magnæ Britanniæ pervenerit, ipse tenetur dominium et possessionem oppidi et portus Columbo domino Regi Portugalliæ restituere et reddere cum effectu, cinnamomi commercio, eodem quo dictum est modo inter Anglos et Lusitanos diviso, et dividendo.

15.

Quarum omnium concessionum et privilegiorum consideratione quæ beneficio et utilitati Domini Regis Magnæ Britanniæ suorumque subditorum in universum tam loculenter conducunt et pro locis illis tanti valoris et momenti, quæ Domino Regi Magnæ Britanniæ et hæredibus suis in perpetuum tradentur, unde magnitudo imperii sui tam late extenditur, necnon ratione ipsius dotis quæ tantum exuperat modum omnium quæ cuivis unquam filiæ Portugalliæ antea datæ sunt, Dominus Rex Magnæ Britanniæ profitetur et declarat cum consensu et deliberatione concilii sui se rem et commodum Portugalliæ omniumque ejusdem dominiorum cordi habiturum, ac pro summis viribus suis sicut ipsam Angliam tam mari quam terra defensurum et illuc sumptibus suis transportaturum duas cohortes, quarum singulæ quingentis equitibus, duasque legiones, quarum singulæ mille peditibus consta-

timento e deliberação do seu Conselho, concede ao mesmo Senhor Rei da Gram Bretanha e aos seus herdeiros e successores para sempre, o supremo governo e o dominio pleno, inteiro e absoluto das mesmas ou de cada uma d'ellas, livre, integral e absolutamente (excepto Mascate, que está agora habitada pelos arabes). E se a ilha de Ceilão vier em algum tempo, por qualquer modo, ao poder do Senhor Rei de Portugal, fica obrigado por este tratado, e obriga-se a conceder e entregar ao Senhor Rei da Gram Bretanha a cidade e porto de Gale com o seu dominio pleno e absoluto, e a dar com effeito a posse da dita cidade e porto com todas as suas pertenças ao mesmo Senhor Rei da Gram Bretanha; reservando, todavia, o Senhor Rei de Portugal para si a cidade e porto de Columbo; mas o trato da canella hade repartir-se igualmente entre os Inglezes e Portuguezes: assim como tambem se a dita ilha em algum tempo vier ao poder do Senhor Rei da Gram Bretanha, fica este obrigado a restituir e entregar com effeito o dominio e posse da cidade e porto de Columbo ao Senhor Rei de Portugal, dividindo e devendo dividir-se o trato da canella do mesmo modo que fica dito, entre os Inglezes e Portuguezes. 1661 Junho 23

15.

Em consideração de todas as quaes concessões e privilegios, que concorrem tam claramente para o proveito e utilidade do Senhor Rei da Gram Bretanha e dos seus subditos em geral; e por aquelles logares de tanto valor e importancia, que se entregam ao Senhor Rei da Gram Bretanha e aos seus herdeiros e successores para sempre, com o que a grandeza do seu imperio tam largamente se dilata; e em rasão tambem do mesmo dote, que tanto excede a quantos jamais se deram a alguma filha de Portugal; promette e declara o Senhor Rei da Gram Bretanha, com o consentimento e deliberação do seu conselho, que tomará a peito os negocios e interesses de Portugal e de todos os seus dominios, e o defenderá como a propria Inglaterra com as suas maiores forças por mar e por terra; e mandará para alli á sua custa dois regimentos, cada um dos quaes constará de quinhentos cavallos, e dois terços

1661 Junho 23 bunt, qui omnes armati erunt Domini Regis Magnæ Britanniæ impensis; Postquam autem in Portugalliam advenerint, Domini Regis Portugalliæ stipendiis militabunt; Et si dictæ cohortes, aut legiones, vel pugnando, vel alio modo diminuantur, Dominus Rex Magnæ Britanniæ tenebitur eorum numerum suis sumptibus supplere; dictas autem cohortes, et legiones transportari faciet simul ac Domina Infanta in Angliam advenerit, si modo Dominus Rex Portugalliæ illud postulaverit.

16.

Promittit etiam Dominus Rex Magnæ Britanniæ cum consensu et deliberatione sui concilii se ad postulatum Domini Regis Portugalliæ, quando, et quotiescunque Portugallia invadetur, illuc missurum decem bonas naves bellicas, quando vero aut quotiescunque a Pyratis infestabitur tres aut quatuor naves bellicas, omnes nautis satis instructas, et cibariis pro octo mensibus a tempore, quo vela dabunt ab Anglia numerandis Domini Regis Portugalliæ mandatis obtemperaturas; Et si desiderabitur, ut amplius quam sex mensibus ibi maneant, Dominus Rex Portugalliæ tenebitur cibaria pro tempore, quo manebunt supplere, et pro uno præterea mense cum vela daturæ sunt versus Angliam; Quod si Dominus Rex Portugalliæ ab hostibus suis durius, arctiusque prematur, omnes Domini Regis Magnæ Britanniæ naves, quæ ullo tempore in Mediterraneo Mari vel Portu Tingitano fuerint, mandata habebunt, in ejusmodi casibus Domini Regis Portugalliæ jussis morem gerere, et ad ipsius opem ac præsidium se recipere; et ratione supradictarum concessionum ac donationum ex parte Regis Portugalliæ, Dominus Rex Magnæ Britanniæ, hæredes, et successores sui, nullo unquam tempore quicquam pro istiusmodi auxiliis reposcent.

17.

Ultra delectus quos Dominus Rex Portugalliæ virtute præteritorum tractatuum facere poterit, Dominus Rex Magnæ Britanniæ præsenti tractatu sese obligat, si forte Ulyssipona,

de mil infantes cada um, os quaes todos serão armados á custa do Senhor Rei da Gram Bretanha, e depois de chegarem a Portugal, militarão a soldo d'ElRei de Portugal; e se os ditos regimentos e terços, em combate ou por outro modo, perderem gente, será o Senhor Rei da Gram Bretanha obrigado a preencher esse numero á sua custa; e fará transportar os ditos regimentos e terços, logo que a dita Senhora Infanta chegar a Inglaterra, se o Senhor Rei de Portugal então o requisitar.

1661 Junho 23

16.

Promette tambem o Senhor Rei da Gram Bretanha com o consentimento e deliberação do seu conselho que elle, quando e quantas vezes Portugal fôr invadido, mandará para alli, a pedido d'ElRei de Portugal, dez boas naus de guerra; e tres ou quatro naus de guerra, quando e quantas vezes fôr infestado pelos piratas; todas bastantemente providas de marinheiros, e com viveres para oito mezes a contar do tempo em que se fizerem de vela de Inglaterra, para cumprirem as ordens do Senhor Rei de Portugal; e se fôr necessario demorarem-se mais de seis mezes alli, o Senhor Rei de Portugal será obrigado a fornecer os viveres para o tempo que se detiverem, e para mais um mez, quando houverem de fazer-se de vela para Inglaterra; mas se o Senhor Rei de Portugal fôr apertado mais dura e estreitamente pelos seus inimigos, todos os navios do Senhor Rei da Gram Bretanha que em qualquer occasião estiverem no Mar Mediterraneo, ou no Porto de Tanger, terão instrucções para n'estes casos cumprirem as ordens do Senhor Rei de Portugal, e para irem em soccorro e auxilio do mesmo: e em rasão das sobreditas concessões e doações por parte d'ElRei de Portugal, nunca o Senhor Rei da Gram Bretanha, nem seus herdeiros e successores pedirão cousa alguma por estes soccorros.

17.

Alem das levas que o Senhor Rei de Portugal puder fazer em virtude de tratados anteriores, o Senhor Rei da Gram Bretanha obriga-se pelo presente Tratado, no caso de Lisboa,

1661 Junho 23 Portus, vel quilibet alius locus maritimus a castellanis, ullisve aliis hostibus obsidiatur aut coerceatur, opportuna militum, naviumque auxilia præbere, prout rerum circumstantiæ, et necessitas Domini Regis Portugalliæ exigere videbuntur.

18.

Dominus Rex Magnæ Britanniæ profitetur, ac promittit ex consensu et deliberatione sui concilii, se nunquam pacem cum Castella initurum, quæ minimo ipsi impedimento directe, vel indirecte esse poterit, quo minus plenum et integrum auxilium Portugalliæ ferat, ad necessariam ejus defensionem, seque Dunkerquam aut Jamaicam Regi Castellæ nunquam redditurum, nec ullum unquam actum se prætermissurum qui opitulandæ Portugalliæ necessarius sit, licet eodem actu ad bellum cum Rege Castellæ gerendum adigatur.

19.

Item concordatum et conventum est a Domino Rege Magnæ Britanniæ, Quod dicta Principissa Portugalliæ, ratione dotis, quæ cum ea datur a Domino Rege Portugalliæ, renunciabit omnibus suis juribus et hæreditatibus tam paternis, quam maternis, vel ulli alii devolutioni tam terrarum et ædium quam mobilium, gemmarum, pecuniarumve quocunque jure vel nomine ad ipsam pertinentium, sicut etiam omnibus rebus, quæ ad ipsam in posterum pertinebunt (exceptis infra exceptis) quæque vel in ipsam derivatæ fuerint a Rege defuncto Patre suo, vel per mortem ejus ad ipsam descendere deberent, secundum leges Portugalliæ nomine dotis, vel quæ descensuræ sunt per mortem Reginæ Matris suæ secundum easdem leges: Proviso semper, quod dicta Domina Principissa nullo modo renunciat, nec renunciare voluit, nec intendit, alicui juri, hæreditati, titulo, clameo, vel interesse sibi, vel aliquibus hæredibus, vel descendentibus suis, ad vel in Coronam vel regnum Portugalliæ, vel aliquorum dominiorum ejusdem quovis modo competenti, vel competituro, sed ea omnia jura quæcunque ad dictum regnum et coronam, sibi,

Porto, ou outro qualquer logar maritimo ser bloqueado, ou apertado pelos Castelhanos, ou por alguns outros inimigos, a prestar os convenientes soccorros de tropas e navios, conforme parecerem exigil-o as circunstancias do caso e a necessidade do Senhor Rei de Portugal. 1661 Junho 23

18.

O Senhor Rei da Gram Bretanha declara e promette, com o consentimento e deliberação do seu conselho, que nunca fará paz com Castella, que possa directa ou indirectamente causar-lhe o minimo impedimento para deixar de dar a Portugal pleno e inteiro soccorro para a sua necessaria defensão; e que nunca entregará Dunkerque, ou a Jamaica ao Rei de Castella, nem deixará de praticar acto algum que seja necessario para ajudar Portugal, ainda que por esse acto se veja obrigado a ter guerra com o Rei de Castella.

19.

Foi tambem concordado e ajustado pelo dito Senhor Rei da Gram Bretanha que a dita Princeza de Portugal em rasão do dote, que com ella é concedido pelo Senhor Rei de Portugal, renunciará todos os seus direitos e heranças, tanto paternas como maternas, ou alguma outra devolução, assim de terras e edificios, como de moveis, joias, ou dinheiros, pertencentes á mesma por qualquer direito ou titulo; assim como todas as cousas que de futuro lhe hão de pertencer (excepto as abaixo exceptuadas) e que lhe provierem do fallecido Rei seu pae, ou por morte d'elle devessem pertencer á mesma segundo as leis de Portugal por titulo de dote, ou as que lhe houverem de caber segundo as mesmas leis por morte da Rainha sua mãe: Resalvando-se sempre que a dita Senhora Princeza de modo nenhum renuncia, nem quiz, nem entende renunciar direito algum, herança, titulo, reclamação ou interesse, que de qualquer modo lhe compita ou houver de competir, ou a alguns dos seus herdeiros e successores, á Corôa ou Reino de Portugal, ou alguns dos seus dominios; mas reserva total e expressamente para si e para seus her-

1661 Junho 23 hæredibus, et descendentibus suis totaliter et expressè reservat, quæ aliquo modo sibi competere possunt in futurum et ea retinet, et retinere vult integrè, et effectualiter, et nunc, et semper, et in perpetuum.

20.

Denique conventum et conclusum est quod prædicti Serenissimi Reges omnia et singula capita in præsenti tractatu contenta et stabilita sincerè ac bona fide observabunt, per suosque subditos, et incolas observari facient, neque illis directè, vel indirectè contravenient, aut a subditis suis, vel incolis directè vel indirectè contraveniri permittent, omniaque et singula, ut supra conventa, per litteras patentes manibus suis subscriptas et magnis sigillis sigillatas, ratihabebunt, et confirmabunt in sufficienti, valida et efficaci forma conceptas et exaratas, easdemque reciprocè intra tres menses, post datum præsentium, tradent seu habere facient, bona fide, realiter, et cum effectu.

In quorum omnium fidem et testimonium Nos Serenissimi Domini Regis Magnæ Britanniæ Commissarii ad hoc sufficientem potestatem habentes, præsentem tractatum manibus et sigillis nostris subscripsimus et subsignavimus. Actum apud Palatium Aulæ Albæ vicesimo tertio die mensis Junii anno Domini millesimo sexcentesimo sexagesimo primo.—Clarendon.—C. de Southampton.—Albemarle.—Ormond.—Manchester.—Edu. Nicholas.—Guill. Morice.

Dom Afonso por graça de Deos Rey de Portugal e dos Algarves daquem e dalem mar em Africa, Senhor de Guiné, e da Conquista, navegação e commercio da Ethiopia, Arabia, Persia e da India, etc. Faço saber aos que esta minha carta de poder geral e especial virem, que porquanto convem ajustar-se e effeituar-se com o favor de Deus o cazamento que se trata do muito alto e muito poderoso principe Carlos Rey

deiros e successores, todos esses direitos quaesquer ao dito reino e Corôa, que de algum modo lhe podem pertencer de futuro, e os retem e quer reter inteiramente e com effeito, agora e sempre, e perpetuamente. 1661 Junho 23

20.

Finalmente conveiu-se e concluiu-se que os ditos Serenissimos Reis observarão sinceramente e em boa fé todos e cada um dos capitulos conteúdos e estabelecidos no presente Tratado, e os farão observar pelos seus subditos e habitantes; e não os infringirão directa ou indirectamente, nem consentirão que os seus subditos e habitantes os infrinjam directa ou indirectamente; e ratificarão e confirmarão todas e cada uma das cousas, como acima se ajustaram, por cartas patentes assignadas por suas mãos e selladas com os sellos grandes, concebidas e exaradas em forma sufficiente, valida e efficaz, e as trocarão reciprocamente dentro de tres mezes da data do presente, ou as farão entregar em boa fé, realmente e com effeito.

Em fé e testemunho de todas as quaes cousas Nós Commissarios do Sereníssimo Rei da Gram Bretanha, que para isto temos poder sufficiente, assignamos e sellamos o presente Tratado com as nossas mãos e sellos. Feito no Palacio de Whitehall aos vinte e tres dias do mez de junho do anno do Senhor mil seiscentos sessenta e um. — Clarendon. — C. de Southampton. — Albemarle. — Ormond. — Manchester. — Edu. Nicholas. — Guill. Morice.

---

da Grão Bretanha meu Bom Irmão e Primo com a Infanta Dona Catharina minha muito amada e prezada Irmãa, por a confiança e satisfação que tenho da prudencia, zello e fidelidade de Francisco de Mello Conde da Ponte, do meu conselho de guerra, General de Artelharia do Exercito e Provincia de Alentejo, Comendador das Comendas de Sancta Maria de Montemor, São Pedro fins da Marinha, São Martinho das

1661 Junho 23 Freixedas, Sanctiago de Godofrens e São Salvador de Fornelos, da Ordem de Nosso Senhor Jesus Christo, e meu Embaixador extraordinario a elRey da Grão Bretanha meu bom Irmão e Primo, por este lhe concedo e outorgo meu inteiro e comprido poder, livre e bastante, segundo melhor e mais compridamente lhe devo conceder e outorgar, e em tal caso se requere de feito e de direito, e o constituo e faço meu procurador geral e especial para que por mym e em meu nome, e como se Eu prezente fora, possa tratar, capitular, concordar, asentar e firmar todas as couzas de qualquer natureza, qualidade, condição e importancia que sejão, tocantes e convenientes ao dito cazamento com quaesquer outros procuradores, commissarios, ou nomeados de elRey da Grão Bretanha, que mostrarem seus poderes e procurações em forma bastantes para o sobredito effeito, e guardarei e cumprirei tudo, o que por elle for capitulado e asentado com as condições, pactos e obrigações, e sob as penas e firmezas, que por elle fôr accordado e ajustado, porque para tudo lhe concedo e outorgo todo meu comprido poder, mandado geral e especial, com livre e geral administração; E por esta presente asseguro e prometo por minha fee e palavra Real, de ter, manter, guardar e com effeito realmente cumprir tudo o que por o dito meu Embaixador e procurador sobre o dito cazamento, fôr tratado, capitulado, outorgado, assentado e firmado, de qualquer natureza, qualidade e importancia que seja, e tudo haverei por firme e valioso em todo o tempo, sob expressa obrigação que para isso faço de todos meus bens patrimoniaes e da Corôa. E por certeza e firmeza de tudo mandei fazer a presente Carta e poder geral e especial por mym assinada, e sellada com o sello grande de minhas armas. Dada na cidade de Lisboa aos onze dias do mez de Janeiro de mil e seiscentos e sessenta e hum. Gaspar de Faria Severim a fiz. A RAYNHA.

Carolus Secundus Dei Gratia, Magnæ Britanniæ, Franciæ et Hiberniæ Rex, Fidei Defensor etc. Omnibus et singulis ad

Dom Afonso por graça de Deos Rey de Portugal e dos Algarves daquem e dalem mar em Africa, Senhor de Guiné e da conquista, navegação e commercio da Ethiopia, Arabia, Persia e da India, etc. Pella prezente dou todo o poder e faculdade necessaria a Francisco de Mello Conde da Ponte do meu Conselho de guerra, General de Artelharia do Exercito e Provincia de Alentejo, Comendador das Comendas de Sancta Maria de Montemor, São Pedro fins da Marinha, São Martinho das Freixedas, Sanctiago de Godofrens, São Salvador de Fornelos, e meu Embaixador extraordinario a elRey da Grão Bretanha, meu bom Irmão e Primo, para por Mym, e em meu nome poder celebrar acordos de paz, amizade, liga e quaesquer outros, de união, e conveniencia entre as duas Corôas de Portugal e Inglaterra, e para admittir a elles, quaesquer outros Principes ou Respublicas, fazer levas de Infanteria, Cavallaria, tratar com cabos mayores e menores e fretar navios ou esquadras, tudo no modo e forma e com as condições e pactos, que lhe parecer e tiver por convenientes, e o por elle feito nesta parte haverei por bom, firme e valioso, como se por mym fora feito e acordado, sem embargo de quaisquer leys, direitos, capitulos de Cortes, e costumes que haja em contrario, porque todos hey por derrogados para este cazo, como se delles fizera aqui particular e expressa menção, tudo de meu motu proprio, certa sciencia, poder Real e absoluto no melhor modo e forma que de direito puder ser. E por firmeza de tudo o que dito he, mandei passar esta carta, assinada e sellada com o sello grande de minhas armas. Dada na cidade de Lisboa aos onze dias do mez de Janeiro, Luis Teixeira de Carvalho a fez, Anno do Nascimento de Nosso Senhor Jesus Christo de mil e seiscentos e sessenta e hum. Gaspar de Faria Severim a fiz escrever. A RAYNHA. 1661 Junho 23

Carlos Segundo, pela graça de Deus, Rei da Gram Bretanha, França e Irlanda, Defensor da Fé, etc. A todos e a cada

1661 Junho 23 quos hæ litteræ pervenerint salutem. Cum Serenissimus Princeps Dominus Alfonsus eadem gratia Portugalliæ et Algarbiæ etc. Rex ad nos legatum suum extraordinarium miserit, qui nos de propensa ejus voluntate arctiorem nobiscum amicitiam conciliandi atque firmam inter nostros utrinque subditos pacem et benevolentiam mutuique commartii celebritatem, et frequentiam stabiliendi et conservandi, precipuè autem matrimonium inter nos et Serenissimam Principissam Dominam Catharinam Infantam Portugalliæ tractandi, et concludendi certiores reddidit: Nos qui quidem persuasissimum habemus nihil magis ad Dei Optimi Maximi gloriam et Christiani Orbis salutem conducere, quam ut Christiani inter sese Principes, et status Sanctam colant pacem et concordiam: Nihilque ad stabilitatem regnorum nostrorum perpetuandam efficatius, nec subditorum nostrorum votis acceptius esse posse quam ut prolem Regiam ex dicto matrimonio habeamus, prædicto Regis Portugalliæ desiderio lubentissimè annuimus et consentimus; Sciatis igitur quod nos spectatissima perquam dilectorum et fidelium nostrorum consanguineorum, et consiliariorum intimorum Eduardi Comitis Clarendeni, Summi Angliæ Cancellarii, Thomæ Comitis Southamptoniæ, Summi Angliæ Thesaurarii, Georgii Ducis Albemarlæ equorum nostrorum magistri, Jacobi Ducis Ormondiæ Domus nostræ Seneschalli, Eduardi Comitis Mancestriæ Domus nostræ Camerarii, Eduardi Nicholas Equitis aurati unius, atque Guilielmi Morice Equitis aurati alterius primariorum nostrorum secretariorum prudentia et integritate plurimum confidentes, eosdem fecimus, ordinavimus, et deputavimus, ac per præsentes facimus, ordinamus et deputamus nostros veros et indubitatos commissarios, deputatos, et procuratores, dantes et concedentes iisdem omnibus, sive quibusvis quatuor eorum plenam et omnimodam potestatem et authoritatem pariter, ac mandatum generale, et speciale cum præfato Serenissimi Portugalliæ Regis legato extraordinario ad hoc sufficientem authoritatem et postestatem habente, nostro nomine, de et super prefata arctiori amicitia, et pace, atque commercii celebritate et frequentia necnon de, et

um dos que a presente Carta virem, saude. Tendo-nos o Serenissimo Principe Dom Affonso, pela mesma graça Rei de Portugal e dos Algarves, etc. enviado o seu embaixador extraordinario, que nos informou da sua determinada vontade de assentar mais estreita amisade comnosco, e de estabelecer e conservar entre os nossos subditos de parte a parte firme paz e benevolencia, e assiduidade e frequencia de mutuo commercio, e principalmente de tratar e concluir o casamento entre nós e a Serenissima Princeza Dona Catharina, Infanta de Portugal: Nós que temos por certissimo que, para a gloria de Deus Omnipotente e bem da Christandade, nada contribue mais que observarem entre si os Principes e estados christãos inviolavel paz e concordia; e que para conservar a estabilidade dos nossos reinos e dominios nada póde haver mais efficaz, nem mais grato aos votos dos nossos subditos, que alcançarmos prole regia do dito matrimonio, annuimos e assentimos de muito boa vontade ao desejo d'ElRei de Portugal. Sabei portanto que, confiando nós muito da reconhecida prudencia e inteireza dos nossos muito amados e fieis parentes e Conselheiros intimos Eduardo Conde de Clarendon, Chanceller mór de Inglaterra, Thomaz, Conde de Southampton, Thesoureiro mór de Inglaterra, Jorge, Duque de Albemarle, nosso Estribeiro mór, Diogo, Duque de Ormond, Mordomo mór da nossa Casa, Eduardo Conde de Manchester, Camareiro da nossa Casa, Eduardo Nicholas e Guilherme Morice, ambos Cavalleiros dourados nossos Secretarios principaes, os fizemos, ordenámos e deputámos, e pela presente os fazemos, ordenâmos e deputâmos nossos verdadeiros e indubitaveis commissarios, deputados e procuradores; dando e concedendo a todos, ou a cada um dos quatro, pleno e omnimodo poder e autoridade igualmente, e mandado geral e especial para em nosso nome communicarem, tratarem e resolverem com o dito Embaixador extraordinario do Serenissimo Rei de Portugal, que para isso tenha autoridade e poder sufficiente, ácerca e a respeito da dita mais estreita amisade e paz, e da assiduidade e frequencia de commercio, bem como ácerca e a respeito do sobredito matrimonio; e

1661 Junho 23

1661 Junho 23 super predicto matrimonio communicandi, tractandi, et concludendi, ceteraque omnia et singula, quæ ad firmiorem pacem, majorem amicitiam et celebriorem inter nostra utrinque regna, dominia, et subditos exercendam commercii frequentiam conducere et facere possunt, faciendi, atque super iis, et super predicto matrimonio articulos, et instrumenta necessaria conficiendi et ab altera parte petendi et recipiendi. Denique omnia alia quæ ad præmissa, vel circa ea erunt necessaria expediendi. Promittentes bona fide et in verbo Regis Nos omnia ea et singula, quæ inter prædicti Regis Portugalliæ legatum, atque præfactos nostros commissarios, deputatos, et procuratores, aut eorum quatuor in præmissis, vel præmissorum aliquo erunt facta, pacta, et conclusa, rata, firma et grata habituros et ex nostra parte servaturos, et a subditis nostris servari curaturos. In cujus rei testimonium has literas nostras fieri fecimus patentes. Teste me ipso apud Westmonasterium Vicesimo quarto die aprilis anno regni nostri decimo tertio. CAROLUS REX.

Proinde præfactum tractatum viginti articulos continentem bene a nobis inspectum, omniaque et singula in iis comprehensa per præsentes nostras literas approbamus, ratihabemus, et confirmamus; in cujus rei testimonium eas literas manu propria signavimus, sigilloque nostro majori Regio, in Cancellaria nostra ornari jussimus. Datum in Curia et Urbe nostra Ulyssiponensi, die vigessimo octavo mensis Augusti. Ludovicus Teixeira de Carvalho fecit anno a Nativitate Christi millesimo sexcentesimo sexagesimo primo. Gaspar de Faria Severim a Consiliis Sacræ Regiæ Magestatis, statusque ejus secretarius subscripsi. LUDOVICA REGINA.

Artigo secreto do Tratado de 23 de Junho de 1661, entre ElRei D. Affonso VI de e ratificado em

(Public Record Office:—Treaties n.º 35)

Alfonsus Dei Gratia Rex Portugalliæ et Algarbiorum citra et ultra mare in Africa, Dominus Guineæ, atque adquisitio-

para fazerem todas e cada uma das cousas, que podem concorrer e cooperar para se effectuar uma paz mais firme, maior amisade e mais assidua frequencia de commercio entre os nossos reinos, dominios e subditos de parte a parte; e para sobre estas cousas e sobre o dito matrimonio fazerem os artigos e instrumentos necessarios, e pedil-os e recebel-os da outra parte; promettendo em boa fé e debaixo de palavra de Rei que Nós teremos por firme, válido e grato, e observaremos por nossa parte e faremos observar pelos nossos subditos tudo o que a respeito das sobreditas cousas, ou de alguma d'ellas, se tratar, pactuar e concluir entre o Embaixador do dito Rei de Portugal e os sobreditos nossos commissarios, deputados e procuradores, ou algum d'elles quatro. Em testemunho do que mandámos fazer esta nossa carta patente. Testemunha eu mesmo; em Westminster aos vinte e quatro dias de abril do anno decimo terceiro do nosso reinado. CARLOS REI.

1661 Junho 23

Pelo que, tendo Nós visto bem o sobredito Tratado, que contem vinte artigos, e todas e cada uma das cousas n'elles conteúdas, por esta nossa Carta o approvâmos, ratificâmos e confirmâmos; em testemunho do que assignámos esta Carta de nossa propria mão, e a mandámos sellar na nossa chancellaria com o nosso sello grande das Armas Reaes. Dada na nossa Corte e cidade de Lisboa aos vinte e oito dias do mez de agosto, Luiz Teixeira de Carvalho a fez, anno do nascimento de Christo de mil seiscentos e sessenta e um. Gaspar de Faria Severim, do Conselho de Sua Real Magestade e seu secretario de Estado a subscrevi. — LUIZA RAINHA.

Portugal e Carlos II da Gran Bretanha, assignado em Londres na mesma data

28 de Agosto

Traducção particular.)

Dom Affonso por graça de Deus, Rei de Portugal e dos Algarves d'aquem e d'alem mar em Africa, Senhor de Gui-

1661 Junho 23 nis, navigationis, et commercii Æthiopiæ, Arabiæ, Persiæ ac Indiæ etc. Notum facimus universis præsentes nostras litteras patentes approbationis, ratihabitionis et confirmationis, visuris, et inspecturis, quod vicessimo tertio die mensis Junii anni præsentis millessimi sexcentesimi sexagesimi primi apud Palatium Aulæ Albæ factus et conclusus fuit Articulus quidam secretus inter Franciscum de Mello comitem de Ponte a nostris conciliis belli, et generalem tormentorum bellicorum in Provintia Transtagana, nostrumque ad Serenissimum Carolum Secundum, Magnæ Britanniæ etc. Regem, legatum extraordinarium, et admodum Illustrissimo Eduardum Comitem Clarendeni Summum Angliæ Cancellarium, Thomam Comitem Southamptoniæ Summum Angliæ Thesaurarium, Georgium Ducem Albemarlæ, equorum Regis Magistrum, et Exercituum in Magna Britannia et Hibernia Capitaneum Generalem, Jacobum Ducem Ormondiæ Domus Regiæ Seneschallum, Eduardum Comitem Mancestriæ, Domus Regiæ Camerarium, Eduardum Nicholas equitem auratum, unum, atque Guilielmum Morice, equitem auratum, alterum, primariorum secretariorum Regis ex parte illius Commissarios et Deputatos, cujus tenor hic inscribitur.

Secretus Articulus, supra omnia et singula, quæ pacta et conclusa sunt in tractatu de Matrimonio inter Serenissimum ac Potentissimum Principem Carolum Secundum Magnæ Britanniæ Regem et Serenissimam Dominam Catharinam Infantam Portugalliæ hoc secreto articulo amplius conclusum et concordatum est:

Quod dictus Rex Magnæ Britanniæ summos conatus adibebit *(sic)* totasque vires et facultates suas applicabit quo bona et firma pax inter Serenissimum Portugalliæ Regem et Ordines Generales Fœderati Belgii conficiatur, dictumque Regem Portugalliæ includet in tali confœderatione quam cum dictis Ordinibus inibit, qui si ejusmodi conditionibus, quæ justæ, tuta, et honorificæ pro dicto Rege Portugalliæ esse possint concedere recusaverint, tunc dictus Rex Magnae Britanniæ cum classem suam ad capiendam possessionem Insulæ et Portus Bombaim miserit, tales ac tantas copias simul mittet

né, e da conquista, navegação e commercio da Ethiopia, Arabia, Persia e da India, etc. Fazemos saber a quantos esta nossa carta patente de approvação, ratificação e confirmação virem, que aos vinte e tres dias do mez de junho do presente anno de mil seiscentos e sessenta e um em Whitehall se fez e concluiu um artigo secreto entre Francisco de Mello, Conde da Ponte, do meu Conselho de Guerra e General de artilharia na provincia do Alemtejo, e nosso Embaixador extraordinario ao Serenissimo Carlos Segundo, Rei da Gram Bretanha, etc. e os muito illustres Eduardo, Conde de Clarendon, Chanceller mór de Inglaterra, Thomaz, Conde de Southampton, Thesoureiro mór de Inglaterra, Jorge Duque de Albemarle, Estribeiro mór do Rei e General dos exercitos na Gram Bretanha e Irlanda, Diogo Duque de Ormond, Mordomo mór da casa real, Eduardo Conde de Manchester, Camareiro da casa real, e Eduardo Nicholas e Guilherme Morice, ambos Cavalleiros dourados e Secretarios principaes do Rei, commissarios deputados por parte do mesmo; do qual o teor aqui se inclue.

1661 Junho 23

ARTIGO SECRETO

Alem de todas e de cada uma das cousas que se ajustaram e concluiram no Tratado de casamento entre o Serenissimo e muito Poderoso Principe Carlos Segundo, Rei da Gram Bretanha, e a Serenissima Dona Catharina Infanta de Portugal, n'este artigo secreto conclue-se e concorda-se mais:

Que o dito Rei da Gram Bretanha empregará as maiores diligencias e applicará todas as suas forças e meios para se fazer uma paz boa e firme entre o Serenissimo Rei de Portugal e os Estados Geraes das Provincias Unidas, e incluirá o dito Rei de Portugal em qualquer ajuste que fizer com os ditos Estados; e se estes recusarem acceder a condições que possam ser justas, seguras e honrosas para o dito Rei de Portugal, então o dito Rei da Gram Bretanha, quando mandar a sua armada tomar posse da ilha e porto de Bombaim, mandará ao mesmo tempo tropas em tanta quantidade, que

1661 Junho 23 quæ satis instructæ erunt tam viribus quam mandatis ad defendendum et protegendum Lusitanorum possessiones in Indiis Orientalibus: Et si acciderit quod dicti Ordines Generales Fœderati Belgii, aut subditi eorum intra vel post illud tempus, quo Rex Magnæ Britanniæ mediationem suam dictis Ordinibus obtulit ad pacem faciendam inter ipsos et Regem Portugalliæ, dictique Ordines oblatam mediationem acceptarunt, vel jam ceperint, vel posthac capturi sint ulla oppida et territoria a Rege Portugalliæ, dictus Rex Magnæ Britanniæ efficaciter instabit ut restitutio omnium et singulorum dictorum oppidorum et territoriorum Regi Portugalliæ fiat summisque viribus conabitur, ut similiter restituantur. Pro quibus singulis subsidiis, et auxiliis Regi Portugalliæ in prædictos fines præstitis Rex Magnæ Britanniæ nullam satisfactionem aut compensationem reposcet.

Item Conventum et conclusum est, Quod Articulus Prædictus et omne in eo contentum a dictis dominis Serenissimis Magnæ Britanniæ et Portugalliæ Regibus, utriusque partis sigillo magno munitus debita formâ et authentica infra tres menses proximè insequentes confirmabitur, et ratihabebitur, mutuaque instrumenta infra prædictum tempus hinc inde extradentur. In cujus fidem et testimonium, Nos commissarii Serenissimi Domini Regis Magnæ Britanniæ vi et vigore Commissionis Nostræ prædictum Articulum secretum manibus propriis subsignavimus et sigillis nostris munivimus. Actum apud Albam Aulam vicesimo tertio die Junii, anno millesimo sexcentesimo sexagesimo primo.

Clarendon C. T. Southampton. Albemarle. Ormond. Manchester. Edu. Nicholas. Guil. Morice.

Proinde præfactum articulum bene a Nobis inspectum, omniaque et singula in ipso comprehensa per præsentes nostras literas patentes approbamus, ratihabemus, et confirmamus, in cujus rei testimonium has literas manu propria signavimus, sigilloque nostro majori Regio in Cancellaria

irão sufficientemente apercebidas, tanto com forças, como com instrucções, para defenderem e protegerem as possessões dos Portuguezes nas Indias Orientaes. E se acontecer que os ditos Estados Geraes das Provincias Unidas, ou os seus subditos, dentro ou depois do tempo em que o Rei da Gram Bretanha offereceu a sua mediação aos ditos Estados para se fazer a paz entre elles e El-Rei de Portugal, e em que os ditos Estados acceitaram a mediação offerecida, já tenham tomado, ou depois d'isto venham a tomar alguns logares e territorios do Rei de Portugal; o dito rei da Gram-Bretanha instará com efficacia para que se faça a restituição de todos e de cada um dos ditos logares e territorios a El-Rei de Portugal, e esforçar-se-ha por todos os meios para egualmente se lhe restituirem. Por cada um dos quaes soccorros e auxilios prestados a El-Rei de Portugal para os ditos fins, o Rei da Gram Bretanha não pedirá pagamento nem compensação alguma.

1661 Junho 23

Igualmente se ajustou e concluiu que o dito artigo e tudo que n'elle se contem, sellado com o sello grande de cada uma das Partes em forma devida e authentica, será ratificado e confirmado pelos ditos Serenissimos Senhores Reis da Gram Bretanha e de Portugal dentro de tres mezes proximos seguintes, e se entregarão de parte a parte os respectivos traslados dentro do dito praso. Em fé e testemunho do que, nós commissarios do Serenissimo Senhor Rei da Gram Bretanha, em virtude e vigor da nossa commissão, assignámos de nossas proprias mãos o dito artigo secreto e o sellámos com os nossos sellos. Feito em Whitehall aos vinte e tres dias de julho do anno de mil seiscentos sessenta e um. — Clarendon.—C. T. Southampton.—Albemarle.—Ormond.—Manchester.—Edu. Nicholas.—Guil. Morice.

Pelo que, tendo Nós visto bem o sobredito Artigo, e todas e cada uma das cousas no mesmo conteúdas, por esta nossa Carta patente o approvâmos, ratificâmos e confirmâmos; em testemunho do que assignámos esta Carta de nossa propria mão, e a mandámos sellar na nossa chancellaria com o nosso

1661 Junho 23 Nostra ornari jussimus. Datum in Curia et Urbe nostra Ulysiponensi Die vigesimo octavo mensis Augusti. Ludovicus Teixeira de Carvalho fecit anno a Nativitate Christi millesimo sexcentesimo sexagesimo primo. Gaspar de Faria Severim a Conciliis Sacræ Regiæ Magestatis, statusque ejus Secretarius subscripsi. — LUDOVICA REGINA.

Carta d'ElRei D. Affonso VI, escripta em Lisboa a 19 de Julho de 1661, para o Conde de Valle de Reis, Presidente, Vereadores e Procuradores da Camara de Lisboa, communicando-lhes ter ajustado o casamento da Infanta D. Catharina com ElRei da Gram Bretanha, e resolvido dobrar as sisas por dois annos para se perfazer o dote que prometteu á mesma Infanta.

(Archivo da Camara Municipal de Lisboa, original, colligido no L.º 2.º de Consultas e Decretos d'ElRei D. Affonso VI, fol. 66.)

1661 Julho 19 Conde Prezidente amigo, Vereadores e Procuradores da Camara de Lisboa, e Procuradores dos mesteres della. Eu ElRey vos envio muito saudar. Despois de com maduro conselho haver mandado considerar a pratica que se moveo sobre o cazamento entre a Infanta Dona Catharina, minha muito amada e prezada Irmãa, e ElRey da Grão Bretanha meu bom Irmão e Primo; e se premeditarem, como convinha, as grandes conveniencias, que rezultarião a este Reino do ajustamento deste negocio, obrigando com tão forçosos vinculos a hum Principe tão poderoso, e com hũa liga tal, que corressem muito por sua conta os interesses desta Corôa em tempo que a continuação da guerra de vinte e hum annos, e tão vezinha, a acha tão diminuida de cabedaes, como vos he prezente; me pareceo, e aos ministros de mayor zello, e prudencia, devia estimar muito este tratado, e procurar o mais depressa que fosse possivel sua concluzão. Com estes motivos e outros que bem se deixão considerar, de que não he o de menor atensão, a paz que França celebrou com Cas-

sello grande das Armas reaes. Dada na nossa corte e cidade de Lisboa aos vinte e oito dias do mez de agosto. Luiz Teixeira de Carvalho a fez, anno do nascimento de nosso Senhor Jesus Christo de mil seiscentos e sessenta e um. Gaspar de Faria Severim do Conselho de Sua Real Magestade, e seu Secretario de Estado a subscrevi. — LUIZA RAINHA. 1661 Junho 23

---

tella, faltando ao que despois de varias promessas, capitulou com ElRey meu senhor e pay que Deus tem, ordenei ao Conde da Ponte do meu conselho de guerra, e meu embaxador extraordinario a ElRey da grão Bretanha ajustasse o negocio, e me avizasse: o que fez com esta permissão, escrevendo-me nas ultimas cartas o tinha conseguido, e com expressões do grande affecto, com que ElRey queria unir os interesses de ambas as Corôas, me mostra o fruito, que destes principios se hia já colhendo, com o bom estado em que já se achão as pazes de Holanda, por aquelle Rey haver aceitado a medeação dellas, e mandado de prezente ás nossas costas hũa poderosa armada a cargo do general Montagú para as segurar, dar guarda ás nossas frotas, e nos socorrer sendo necessario, alem do grande credito, que por este respeito ganhamos com todas as nações estrangeiras. Mas como o principal effeito deste ajustamento he o dote que promety á Infanta, desde aquelle tempo até o prezente se fôrão excogitando todos os meios de descobrir algum que bastasse para a soma, de que consta; E sem embargo de que minha fazenda contribue com a mayor quantidade; vendendosse, e empenhandosse e obrigando meus vassallos a que a comprem, ainda falta huma muito consideravel para se ajustar; e porque nestes termos he costume e obrigação do Reino esforçar-se a ajudar os negocios da utilidade commũa (como fez em outras occasiões, e particularmente quando as Infantas de Portugal cazárão fora do Reino) e pello conseguinte, este, que só poderá grangear aos naturaes a quietação e socego, que tanto lhes desejo; Resolvi se dobrassem as sizas por 1661 Julho 19

1661 Julho 19 tempo de dous annos, sem excepção de privilegiados, como me propozerão os ministros mais zelosos, e esse Senado, a quem o mandei communicar; querendo primeiro, para que se execute com a acceitação que espero, significar-vo-lo por esta carta, pois a diversão das campanhas prezentes, e a brevidade com que ElRey quer celebrar o casamento, não permitem se juntem logo Cortes. E fio de huns vassallos que se prezão de tão zelosos da conservação de sua patria, e tão leal como vos sempre mostrastes, que sendo este meyo tão pouco molesto aos povos, que não chegará a cobrança delle a quinhentos mil cruzados, e a execução tão facil, escuzando-se ministros e sallarios novos; e não querendo eu lançar mão do imposto nas moendas, decima dobrada, e outros que se me offerecêrão, não só o abraçareis, com a vontade que merece a que vos tenho, e a grande estimação que faço de vossas pessoas, mas reconhecereis desta meu animo, e confiança que nella podeis fazer para vossos particulares, em que me achareis muito lembrado do zello com que executardes esta resolução minha; advertindo que para o fim do mez de novembro que vem determino celebrar Cortes nesta cidade, para o que podereis nomear desde logo procuradores, que estejão prevenidos para este tempo, como tambem o estarão as mais Camaras do Reino, e os estados da nobreza, e ecclesiastico, e nellas espero ouvir meus vassallos, e ajustar com elles as cousas que podem ser mais uteis ao bem e conservação do Reino, e alivio e consolação de todos, que he o que mais trago diante dos olhos. Escripta em Lisboa a 19 de Julho de 1861. RAYNHA.

Para a Camara de Lisboa.

(Sobrescripto): — Por ElRey — Ao Conde de Valle de Reys, Prezidente, Vereadores e Procuradores da Camara de Lisboa e Procuradores dos mesteres della.

Participação de 5 de agosto de 1661, ao Senado da Camara de Lisboa, de se ter concluido o casamento da Infanta D. Catharina com o Rei de Inglaterra

(Arch. da Camara Municipal de Lisboa, original, colligido no L.º 2.º de Consultas e Decretos d'ElRei D. Affonso VI, fol. 63.)

Hoje chegou a este porto o Conde da Ponte do meu Conselho de guerra, e meu Embaxador extraordinario em Inglaterra, com nova de estar de todo ajustado o cazamento e de ficar já recebida a Infanta Dona Catherina minha muito amada e presada Irmã com ElRey meu bom Irmão e Primo. E porque esta nova he de tanto gosto para o Reyno, e della espero se sigão a meus vassallos grandes utilidades, me pareceu fazella presente ao Senado da Camara, para que o Presidente, e ministros delle, me ajudem a festejala com o amor, e demonstrações, que merece a estimação, que delles faço, e a boa vontade, que lhés tenho. Em Lisboa a 5 de Agosto de 1661. Com a Rubrica da Rainha. 1661 Agosto 5

Ao Senado da Camara.

Decreto de 3 de novembro de 1661, por que o Senado de Lisboa é auctorisado a vender alguns fóros para a ajuda das despezas que forem necessarias, quando a Armada Ingleza vier buscar a Rainha D. Catharina

(Arch. da Camara Municipal de Lisboa, original, colligido no L.º 2.º de Consultas e Decretos d'ElRei D. Affonso VI, fol. 113.)

Conforme aos ultimos avizos, que se recebêrão de Inglaterra, se entende será brevemente neste porto a Armada, que hade vir buscar a Raynha, minha muito amada e presada Irmã. E porque convem estê tudo prompto, para que por falta de cousa algũa se não detenha, nem deixe de partir a Armada, que se aqui invernar receberá grande danno, de mais do prejuizo, que causará a meu serviço; hei por bem, que o Senado da Camara desta Cidade venda logo a quanti- 1661 Novembro 3

1661 Novembro 3 dade de foros, que baste a tirar o dinheiro com que me serve para esta occazião, visto não achar pessoas, que comprem juros sobre suas rendas; e quando as ache, então poderá distratar os que agora vender. E do que a Camara nisto fizer me dará conta com toda a brevidade. Em Lisboa a 3 de Novembro de 1661. Com a Rubrica da Rainha.

Decreto de 23 de novembro de 1661, em que se facilita a compra de fóros do Senado de Lisboa, para ajuda do dote da Rainha da Gram Bretanha, D. Catharina

(Arch. da Camara Municipal de Lisboa, original, colligido no L.º 2.º de Consultas e Decretos d'ElRei D. Affonso VI, fol. 112.)

1661 Novembro 23 Por decreto de 3 do corrente mandey ordenar ao Senado da Camara, vendese logo a quantidade de foros, que bastasse a tirar o dinheiro, com que me serve para ajuda do dote da Raynha da Gram Bretanha, minha muito amada e presada Irmã, visto não achar pessoas, que comprem juros em suas rendas, e que quando se achassem, então se poderião distratar os foros, que agora vendesse. E por que não haverá quem com esta clausula compre os ditos foros, nem será justo, que hũa vez comprados, se desfaça a venda delles; hey por bem, que as pessoas, que os comprarem, o fação para sempre, e para que em tempo algum se lhes não possão tirar, nem desfazer a dita venda. Em Lisboa a 23 de Novembro de 1661. Com a Rubrica da Rainha.

Carta d'ElRei D. Affonso VI nomeando a Duarte da Silva seu procurador, para entregar a ElRei da Gran Bretanha, Carlos II, o dote da Infanta D. Catharina

(Torre do Tombo, Mss. de S. Vicente. T. 20.º, p. 268.)

1662 Abril 8 Dom Affonso por graça de Deus, Rey de Portugal, e dos Algarves, daquem, e dalém Mar em Africa, Senhor de Guiné, e da conquista navegação, commercio da Ethiopia, Arabia, Persia, e da India etc. Faço saber aos que esta minha Carta de poder, e procuração virem; que tendo respeito á muita confiança que faço da prudencia, verdade, e zello de meu serviço, que se acha em Duarte da Silva, fidalgo da minha caza, e ao acerto, com que procedeo nos negocios de que o encarreguei, esperando delle, que neste tão grande, de que hora o encarrego, proceda muito á minha satisfação, me praz e hey por bem nomeálo, como por esta nomeyo meu procurador, com poder de sobestabelecer, para entregar á ordem de Sua Magestade da Grão Bretanha ElRey Carlos Segundo meu bom Irmão e Primo o dote, que se lhe prometeo com a Infanta Dona Catharina, minha muito amada, e prezada Irmãa, e para receber, e beneficiar os effeitos delle, fazendo-os vender, e trocar para entregar o dinheiro na forma da Capitulação de que com esta se lhe entregará hum treslado, dispondo tudo de maneira que lhe parecer mais util á minha fazenda, e mais conveniente a meu serviço, cobrar quitações do que entregar, e fazer tudo o que lhe parecer, para melhor conclusão, e ajustamento do negocio; e o por elle, ou seus sobestabelecidos feito nesta parte, haverey por bom, firme, e valioso, como se por my fora feito, e acordado, sem embargo de quaesquer leys, direitos, e costumes, que haja em contrario, porque todos hey por derrogados pera este caso, como se delles fizera aqui particular e expressa mensão, tudo de meu motu proprio, certa sciencia, poder real, e absoluto, no melhor modo e forma, que de direito puder ser; e por firmeza de tudo o que dito he, lhe mandei dar esta carta por my assinada e sellada com o sello grande de minhas armas. Dada na cidade de Lisboa aos oito dias do mez de Abril. Luiz Teixeira de Carvalho a fez Anno do nacimento de nosso Senhor Jesus Christo de mil seiscentos e sessenta e dous. Pedro Vieira da Silva o fiz escrever. A RAYNHA.

1662 Abril 8

Registo do auto de assentamento do casamento de Carlos II com D. Catharina de Portugal

(Quadro elementar, T. 17.º, p. 262.)

1662 Maio $\frac{21}{31}$ O nosso muito gracioso Soberano, o Senhor Carlos Segundo, pela graça de Deus Rei da Gran-Bretanha e Irlanda, e defensor da fé, e a muito illustre Princeza Dona Catharina, Infanta de Portugal, filha do fallecido D. João Quarto, Rei de Portugal, e irmã do presente Rei D. Affonso, fôrão casados em Portsmouth, quinta feira vinte e um de Maio (estylo antigo) do anno de Nosso Senhor de 1662, decimo quarto do reinado de Sua Magestade, pelo muito reverendo padre em Christo, Gilberto, Bispo de Londres, e Deão da real capella, na presença de toda a nobreza dos reinos de Sua Magestade e de Portugal.

Fim do Tomo II

INDICE

DOS

DOCUMENTOS CONTIDOS N'ESTE TOMO